니체 씨의 발칙한 출근길

니체 씨의 발칙한 출근길

직장인을 위한 제대로 먹고사는 인문학

이호건 지음

아템포

프롤로그

"니체 씨를 소개합니다"

애인 있어요?

오랫동안 연락이 되지 않던 친구를 모처럼 만나면 서로 안부를 묻게 되는데, 이때 반드시 묻는 질문이 있다. "그래, 결혼은 했니?" 이때 아니라고 하면 추가 질문이 이어진다. "그럼, 만나는 사람은 있고?" 표현은 달라도 맥락으로 보면, "애인은 있니?" 하고 묻는 셈이다. 친구의 안부를 확인하는 데 있어 '애인이 있는지'의 여부는 무엇보다 중요하다. 아무리 '폼' 나는 옷을 입고 높은 자리에 앉아 돈을 많이 벌지라도 친구 곁에 애인이 없다면, 그건 왠지 '앙꼬' 없는 찐빵 같다. 겉만 번듯할 뿐 알맹이가 빠졌다. 따라서 애인의 존재는 매우 중요하다. 애인은 내가 소중한 존재임을 인식시켜주고, 지치고 슬픈 마음을 쓰다듬어준다. 아무래도 애인이 없다면, 그렇지 않아도 험난한 인생길이 더욱 외롭고 처량할 수밖에 없다. 그래서 나도 물어보고 싶다. "애인 있어요?"라고. 만약 없다면, 지금 당장 만드시기 바란다. "롸잇 나우!"

직장인에게도 '애인'은 필요하다. 힘겨운 직장생활에서 길을 밝혀주고 지친 마음을 위로해줄 애인. 나라면 그런 애인을 '멘토mentor'라 부르겠다. 앞서 "애인은 있니?"라고 친구에게 했던 질문은 "멘토 있어요?"라고 바꾸어 직장인에게 물을 수도 있겠다. 몸이 아프면 병원에 가야 하듯 직장생활이 고달플 땐 멘토를 찾아가야 한다. 그런데 찾아갈 멘토조차 없다면? 그건 아무래도 서글픈 일이다. 고통스러워도 어금니를 꽉 물고 참아내는 수밖에.

삶에서 애인이 필요하듯 직장생활에는 멘토가 중요하다. 멘토란 말은 그리스신화에 나오는 오디세우스의 친구 '멘토르Mentor'에서 유래했다. 오디세우스는 트로이전쟁에 참가하면서 어린 아들 텔레마코스를 멘토르에게 맡겨 돌보고 가르치게 했다. 이처럼 우리는 어려운 상황에 처하면 자신을 돌봐줄 누군가를 찾게 되는데, 그가 바로 '멘토'다. 오늘날 멘토는 자신을 올바르게 이끌어주는 '현명하면서도 신뢰할만한 지도자나 스승'이라는 뜻으로 쓰인다.

비틀어서 다시 한 번 물어보자. "당신의 멘토는 현명하고 믿을만한가?" 만약 당신이 믿고 따르는 멘토조차 사리에 어둡거나 슬기롭지 못하다면? 그래서 그조차 직장생활을 힘겨워하고 미래를 불안해한다면? 이것 역시 끔찍한 일이다. 그의 말이라면 추호도 의심 없이 믿고 따랐건만 정작 멘토에게도 제대로 된 삶의 지혜가 없다면, 이는 곧 돌팔이 의사에게 치료를 받은 꼴이 된다. 따라서 멘토의 '존재' 이전에 멘토의 '자격'을 먼저 확인해야겠다.

대개 같은 직장에서 근무하는 선배를 멘토로 삼는 경우가 많다. 좋은 일이다. 하지만 멘토의 자격으로 논한다면, 선배 역시 자기 앞에 놓인 인생을 어떻게 살아갈지 고민하는 범부凡夫일 확률이 높다. 제 앞가림도 힘든 처지라 타인의 인생에 감 놔라 배 놔라 할 입장이 못 된다. 선배도 대부분의 직장인들이 그러하듯 무한경쟁과 끝없는 성과 압력으로 만성 스트레스에 시달릴 뿐 아니라, 미래에 대한 불안과 공포가 끊이질 않는다. 어쩌면 선배에게도 자신을 이끌어줄 멘토가 절실할지 모른다.

상황이 이렇다 보니 멘토를 필요로 하는 사람은 넘쳐나지만 그 필요를 충족시켜줄 멘토는 찾기 힘든 게 현실이다. 아무리 멘토가 절실해도 주변에서 적임자를 찾기란 쉽지 않은 일이다. 자격을 갖춘 멘토를 찾는 일부터가 문제다. 그래서 오늘도 멘토를 찾아 정처 없이 헤맨다. 무림 고수를 찾아서 강호를 떠도는 낭인浪人처럼. 나로서는 이러한 현실이 안타깝다. 그래서 많은 사람들이 그토록 갈망하던 멘토를 한 명 추천하고자 한다. 평소 멘토를 원했지만 이런저런 이유로 훌륭한 멘토를 만나지 못한 사람이라면 관심을 가져도 좋겠다.

니체 씨를 소개합니다

내가 소개할 멘토는 '니체Friedrich Wilhelm Nietzsche, 1844~1900' 씨다. 사실 그는 꽤나 유명한 사람이다. '철학'이라는 말만 들어도 머리에 쥐가 나는 사람조차 그의 이름 정도는 알고 있다. 대체로 그에 대한 평가는 상반된다. '안티anti'이거나 '마니아mania'이거나. 전자의 사람들이 그에 대해 가지는 이미지는 대략 이렇다.

길게 기른 콧수염에다 작고 왜소한 체격으로 지독한 비판을 쏟아내는 독설가, "신은 죽었다!"고 외치는 무신론자, 청혼한 여성에게 거절당한 뒤 평생을 독신으로 지낸 비非호감 사내, 모든 것을 의심하며 기존의 가치들을 가차 없이 전복해버린 비非도덕주의자, 망치를 들고 철학 하면서 스스로를 '다이너마이트'라고 부르는 파괴자, 정신이상으로 투병하다가 끝내 정신병원에서 생을 마친 자, 파시즘에 철학적 이론을 제공한 위험한 사상가 등 대체로 부정적 이미지가 많다.

하지만 그를 따르는 '무리'도 많다. '광팬'이나 '마니아'라고 칭해도 무방한 그들은 니체 씨를 추앙하고 그의 철학에 열광한다. 어느 정도인가 하면, 그를 따르는 자들이 하는 철학을 오늘날 사람들이 '현대 철학'이라 부를 정도다. 당연히 그는 현대 철학의 창시자 내지는 기초를 제공한 철학자라 불러도 무방하겠다. 상식적인 말이겠지만, 그를 추종하는 사람들은 그와 그의 사상을 따뜻한 눈으로 바라보며 긍정적인 해석을 내린다.

20세기에 가장 큰 영향을 미친 철학자이면서 인류사에서 가장 중요한 철학자, 예술가적 쾌활함으로 자유정신을 노래하는 계몽가, 인간과 세상에 대한 병의 징후를 진단하고 치유하는 정신의 치료사, 자신만의 도덕 목록을 가지고 웃고 춤추며 건강하게 살기를 가르치는 교육자, 삶에 환멸을 느끼고 절망하는 이에게 '스스로 자신을 사랑하고 긍정할 줄 아는 건강한 삶'을 강조하는 철학적 의사 등 그가 보여준 사유의 전환은 현대 철학에 정초定礎를 제공했다고 평가된다.

니체 씨에 대한 평가가 이토록 극과 극인 이유는 무엇일까? 아마도 중요한 이유 중 하나는 그(또는 그의 사상)에 대한 몰이해나 오해 때문일 것이다. 특히, 니체 씨를 부정적으로 평가하는 쪽은 그의 진면목을 잘 모르거나 오해했기 때문에 싫어하는 경우가 대부분이다. 마치 음악의 진가를 모르면 클래식도 지루하게 느껴지는 것처럼. 하지만 그런 사람들조차 그의 본 모습을 제대로 알게 된다면 아마도 마니아 대열에 합류할지도 모른다.

니체, '언더그라운드 가수'에서 '팝 가수'로

이탈리아의 소설가 이탈로 칼비노Italo Calvino는 고전classic을 "너무도 유명하지만 아무도 안 읽은 책"이라고 표현했다. 유명해서 이름은 들어봤지만 실제로 읽어보지는 않는 사람들의 위선을 꼬집는 말이다. 원래도 그렇지만, 칼비노의 정의로 보더라도 니체의 책들은 분명히 '고전'이다. 그의 저작들은 너무도 유명하지만 실제로 꼼꼼히 읽어본 사람은 많지 않기 때문이다. 그래서 니체는 언제나, 그리고 여전히 '이방인'이고 '외계인'이다. 그러다 보니 그의 주옥 같은 글들이 많은 사람들의 삶에 별다른 영향도 변화도 주지 못하는 실정이다.

반면 '니체 씨'를 추종하는 일단一團의 무리도 있다. '마니아'라 불리는 이들은 일반인이 아니라 전문가, 구체적으로 말하면 '평소 철학에 관심을 갖고 깊이 연구(또는 학습)하는 집단'이다. 이들은 니체 씨를 추앙하며, 그의 저작들을 꼼꼼히 독해한다. 그의 책 속에서 통찰과 삶의 지혜를 얻어내려고 노력한다. 니체 씨를 가수에 비유하면, '언더그라운드'라 부르는 편이 타당하다. 유명하지만 소수 마니아 계층 안에서만 소비되는 가수다. 일반 대중에게는 그저 이름은 들어본, 그래서 굳이 새롭지도 않은, 따라서 별로 궁금하지도 않은, 그 결과 딱히 그의 사상을 펼쳐봐야겠다는 욕구조차 들지 않는.

현실이 이렇게 된 데는 무엇보다 독자의 얕은 독서력이 한몫 했겠지만, 한편으로는 그를 추종하는 연구자(특히 저자들)의 몫도 부인하기는 어렵다. 시중에는 니체 씨의 사상을 소개하는 책이 유독 많다. 개별 철학자로 보자면 그보다 많이 소개된 인물은 손에 꼽을 정도다. 하지만 그럼에도 일반인들까지 폭넓게 끌어들이는 데는 성공하지 못했다. 대다수 니체 관련 저작들이 주로 '마니아를 위한 책'으로 만들어졌기 때문이다(물론, 최근에는 일반인을 위한 책들이 출간되는 추세이긴 하다). 그래서 여전히 마니아가 아닌 외부, 즉 일반 대중의 눈길을 사로잡기에는 미흡한 면이 있다. 특히 대다수 직장인(샐러리맨)을 사로잡을만한 '무언가'는 여전히 부족하다. 니체 씨는 유명하긴 하지만, 아직도 일반인들에게는 '가까이 하기엔 너무 먼 당신'이다.

명민한 사람이라면 이미 눈치 챘겠지만, 이 책은 전문가가 아닌 '일반인'을 위해 쓰였다. '언더그라운드 가수'인 니체를 '팝 가수'로 변신시키고자 하는 것이 '프로듀서'로서의 나의 목표이자, 이 책을 집필하게 된 동기다. 나 또한 전문가가 아니어서(더구나 철학을 전공하지도 않아서) 일반인이 전문가용 철학서에서 느끼는 난해함과 낯섦을 너무도 잘 안다. 처음 참석한 파티에서 아는 사람이 아무도 없을 때 느끼는 어색함과 비슷한. 그래서 이 책에서는 철저하게 일반인, 그것도 초보자의 눈높이에 맞추려고 노력했다. 평소 니체에 대한 관심은 있었지만, '마니아용 해설서'에 흥미를 느끼지 못한 사람을 위한 '손쉬운 니체 사용설명서'라 불러도 좋겠다. 문턱을 확 낮춘, 그래서 철학에 대한 사전지식이 거의 없는 사람조차 조금의 노력만 기울인다면 충분히 이해할 수 있는 그런 책을 쓰고자 했다. 한 명이라도 더 관심을 가져야만 그를 '팝 가수'로 만들 수 있지 않겠는가.

한 가지 더. 실용적 측면에서의 목적을 미리 말해두고 싶다. 이 책의 성격이 초보자용 입문서라고 해서 단순히 니체의 사상을 전달하기 위한 목적이 아님을 밝혀둔다. 비트겐슈타인이 철학의 목적을 "파리에게 파리통에서 빠져나갈 출구를 가리켜주는 것"이라고 했듯이, 나 또한 이 책을 통해 직장인들에게 '출구'를 가리켜주고자 한다. 많은 사람들이 직장생활에서 경험하거나 느낀 고민 또는 갈등에 대해 니체의 지혜를 빌려 새로운 통찰과 해결 방안을 찾는 데 도움을 주고자 했다. 말하자면, '흔들리는 직장인을 위한 니체의 어드바이스'이거나, 서두에서 말한 바대로 '니체를 멘토 삼아 슬기롭게 직장생활 하기' 쯤 되겠다.

니체 씨를 깊이 공부한 많은 연구자들이 한결같이 하는 말이 있다. 한 세기도 훨씬 넘은 과거에 살았던 니체의 사유가 여전히 '현재적'이라는 것이다. 그의 시선과 통찰이 오늘날에도 여전히 유효하다는 말이다.

나는 여기서 한 걸음 더 나아가, 니체 씨는 오늘날 직장인에게도 좋은 '과외선생'이 된다고 믿는다. 직장생활을 하면서 대다수 직장인들이 느끼는 여러 가지 고민들에 대해 니체 씨는 훌륭한 멘토가 되어 '족집게' 처방을 내려줄 것이다. '족집게'라고 해서 가볍게 볼 필요는 없겠다. (그를 추앙하는 무리의 표현이긴 하지만) 그는 20세기 최고의 영향력을 미친 철학자이며, 수많은 마니아(전문가)들이 그의 철학적 깊이와 높이에 매료되었을 정도니까. 나는 니체 씨의 처방이 절망한 이에게 희망을, 상심한 이에게 위안을, 슬픔에 빠진 이에게 기쁨을 줄 것이라 믿는다. 부디 이 책을 읽는 독자들은 니체 씨의 어깨에 올라서서 삶에 대한 깊은 통찰과 유용한 혜안을 얻기 바란다. 더불어 니체 씨에게도 무한한 애정과 관심을 가져주면 좋겠다.

2015년 새봄을 기다리면서

이 호 건

저자 일러두기

본문에 나오는 니체의 인용문은 기본적으로 '책세상'에서 나온 《니체전집(전 21권)》에서 발췌하였으나, 해석이나 설명의 용이성을 위해 일부 내용들은 타 문헌에서 재인용하였다.

차 례

2장 | **가치 전도,** 가치의 '가치'를 되묻다

3장 | **도덕,** 삶을 후퇴시키는 약자의 선택

4장 | **인생,** 다시 한 번 되새겨봐야 할 삶의 질문들

5장 | **변화,** 끝없는 변신과 진화는 강자의 전략

6장 | **자아,** 삶이란 자신을 알고 사랑하고 넘어서는 것!

1장

자유, 저항을 극복한 자만의 특별한 권리

01 : 독립

독립이란 강자만의 특권이다

Q

사표를 쓸지 말지 고민이네요

벌써 직장생활 10년차에 접어든 오상수 과장. 그동안 한눈팔지 않고 나름 열심히 살았다고 자부한다. 하지만 아무리 열심히 살아도 팍팍한 삶은 좀처럼 나아질 기미를 보이지 않는다. 월말이면 적지 않은 금액이 월급 통장에 찍히지만 순식간에 사라지고 만다. 악어가 먹이를 채가듯이 카드 값에다 대출이자, 아이들 학원비 등으로 순식간에 통장 잔고는 바닥을 드러낸다. 그래서 좀처럼 마이너스 인생에서 헤어나질 못한다. 경제적인 부분만 여유가 없는 것이 아니다. 업무도 그렇다. 일단 하는 일이 재미가 없다. 그뿐만 아니라 해도 해도 일은 끝이 없다. 야근을 밥 먹듯이 해도 목표 달성은 언제나 힘겹기만 하다. 또 인간관계로 인한 스트레스도 이만저만 아니다. 시도 때도 없이 '갈구는' 상사, 내 맘처럼 움직여주지 않는 부하직원 등 주변에는 정나미가 떨어지는 사람들로 넘쳐난다. 무엇 하나 만족스러운 것 없는 직장생활은 오 과장을 지치게 한다.

상황이 이렇다 보니 오 과장은 언제부터인가 사표를 가슴에 품고 산다. 지인들 중에는 보란 듯이 사표를 던지고 나온 뒤, 이전보다 훨씬 여유 있고 인간답게 사는 사람도 있다. 그런 사람을 볼 때면 부럽기도 하면서 한편으로는 '나도 이번 기회에 사표를 내던지고 새로운 삶을 살아볼까?' 하는 생각이 들기도 한다. 이제 오 과장은 어떻게 하는 것이 좋을까? 과감히 사표를 내던지는 것이 좋을까, 아니면 힘이 들더라도 참고 현재의 직장생활을 계속하는 편이 더 나을까?

A

직장인이라면 누구나 한 번쯤은 사표를 쓰고 싶을 때가 있다. 해도 해도 끝이 없는 과도한 업무, '세상에 저런 인간이 다 있을까'라는 의구심을 불러일으키는 무지막지한 상사, 상식 밖의 뻔뻔한 요구를 아무렇지도 않은 듯이 해대는 진상 고객들. "삶은 고해苦海"라고 부처가 말했듯이 직장도 '고통의 바다'다. 직장생활에서 만나게 되는 이런 고통은 우리로 하여금 사표를 던지고 싶은 유혹에 빠져들게 한다. 심한 경우 아예 사표를 가슴에 품고 다니는 사람도 있다. '한번만 더 수틀리면 이번에는 기필코 사표를 던지고 말리라'는 굳은 결심까지 하면서.

사표를 가슴에 품고 하루하루 살아가는 직장인은 어느 순간 과감히 결단을 내릴 수 있을까? 정말로 마음에 들지 않는 상황이 발생하면, 그 즉시 사표를 내던질 수 있을까? 대부분의 사람이 경험하듯이, 생각과는 달리 막상 실행에 옮기기는 쉽지 않다. 현실이 발목을 잡고 있기 때문이다. 매달 닥쳐오는 대출이자가, 아이의 분윳값이, 자녀의 학원비가, 못미더워하는 배우자의 매서운 눈초리가 결단을 머뭇거리게 만든다. 대체로 사람들은 자신을 얽매고 있는 삶의 질곡에서 벗어나기가 어렵다. 따라서 독립선언은 마음처럼 쉽지 않다.

이렇듯 직장인에게 사표란 고통의 바다인 직장으로부터의 탈출이며 자유를 향한 독립선언이다. 하지만 한편으로는 망망대해에 맨몸으로 돌진하려는, 불확실하면서도 신중하지 못한 행동이기도 하다. 따라서 독립선언은 '무한' 도전이 아니라, '무모한' 도전이 되기 쉽다. 무모한 도전임을 알기에 대부분 선택을 뒤로 미룬다. 아직은 때가 아니라고 말하면서. 그렇다면 사표를 쓰는 일, 다시 말해 독립선언은 정말 '선택'의 문제일까? 그것은 의지만 가지면 누구나 마음대로 선택할 수 있는 것일까? 결론부터 말하면 그렇지 않다.

독립선언은 의지나 태도의 문제가 아니라 능력의 문제라고 보는 편이 타당하다. 능력 있는 사람, 준비된 사람만이 기존의 울타리를 벗어나서 과감히 독립을 선언할 수 있기 때문이다. 이러한 사실은 중·고등학교 시절에 가출을 해본 사람이라면 쉽게 이해할 수 있다. 아이들은 야심 차게(?) 독립선언을 해도 며칠 못 간다. 대부분 얼마 못 버티고 백기를 들며 투항하고 만다. 왜? 춥고 배고프기 때문이다. 독립할 능력도 없고 준비도 되지 않았기에 두 손 들고 다시 집으로 돌아오는 것이다. 결국, 능력이 뒷받침되지 못한 야심은 치기 어린 해프닝으로 끝나고 만다. 진정한 가출은 경제적·사회적 자립이 가능해야 감행할 수 있는 법이다.

직장에서의 독립선언도 마찬가지다. 멀쩡하게 다니던 직장에 과감히 사표를 던지는 행위는 그럴만한 자격을 갖춘 소수의 사람만이 할 수 있는 일이다. 그렇지 못한 사람은 오히려 직장에서 독립하라고 요구할까 봐 무서워한다. 철학자 니체는 독립을 강자의 특권에 속한다고 말했다.

> 독립이란 극소수의 인간에게만 가능한 것이며, 강자의 특권에 속하는 것이다. 아무 거리낌 없이 아주 당연한 권리라고 생각하여 그것을 시도하는 사람이라면 강한 인간일 뿐만 아니라 무모하리만큼 대담한 인간일 것이다. ——《선악의 저편》

니체는 독립의 권리가 아무에게나 주어지지 않는다는 사실을 통찰했다. 그의 주장처럼 "독립이란 극소수의 인간"에게만 주어지는 특별한 권리다. 그가 말하는 '극소수의 인간'은 강자를 말한다. 강자는 "무모하리만큼 대담"해 보이는 독립선언을 "아무 거리낌 없이" 시도하는 사람이다. 그것이 가능한 이유는 무엇일까? 독립할 준비가 되어 있기 때문이다. 약자는 왜 독립선언을 하지 못하는가? 독립할 준비가 안 되어 있기 때문이다. 준비가 되어 있지 않기에 하고 싶어도 하지 못하는 것이다. 결국 능력의 문제다. 독립獨立은 말 그대로 '홀로 섬'을 뜻한다. 다른 것에 예속되거나 의존하지 않고 독자적으로 존재하는 상태를 말한다. 홀로 설 준비가 안 된 사람은 기존의 예속이나 의존 상태에서 벗어날 수 없다. 결국 독립한다는 것은 홀로 설 준비가 된 자, 강자만이 누릴 수 있는 특별한 권리다.

그렇다면 강자가 아닌 사람은 어떻게 해야 할까? 마음에 들지 않더라도 고통의 바다에서 허우적대며 살아야 할까? 그렇지는 않다. 언젠가는 독립을 선언하고 자유를 찾아야 한다. 어떻게? 너무 상식적인 이야기 같아서 식상하게 들릴지 모르겠지만, 독립을 하려면 힘을 길러야 한다. 니체의 주장처럼 독립은 강자만이 할 수 있는 권리이기에 자신도 힘을 길러 강자가 되어야 한다. 그래야만 무모하면서도 대담해 보이는 독립선언을 과감히 시도할 수 있다. 그렇다면 힘은 어떻게 기를 수 있는가?

> 나무가 악천후나 폭풍을 겪지 않고 자랑스럽게 하늘 높이 자라날 수 있겠는가? 외부에서 가해지는 불운이나 역경, 증오, 질투, 고

> 집, 불신, 냉혹, 탐욕, 폭력 등은 이것들이 아니라면 덕의 위대한 성장이 불가능한 유익한 환경에 속하는 것은 아닐까? 나약한 천성을 지닌 자를 멸망케 하는 독은 강한 자를 강화시킨다. 이때 강한 자는 이것을 독이라고 부르지 않는다. ―《즐거운 학문》

힘을 길러서 강자가 되기 위한 방법으로 니체는 "역경을 이겨내라"고 조언한다. 그는 "나무가 악천후나 폭풍을 겪지 않고 자랑스럽게 하늘 높이 자라날 수 있겠는가?" 하고 반문하면서 삶에서 겪게 되는 불운이나 역경이 오히려 우리를 성장시키는 유익한 환경이라고 주장하였다. "외부에서 가해지는 불운이나 역경, 증오, 질투, 고집, 불신, 냉혹, 탐욕, 폭력" 등은 오히려 위대한 성장을 가능케 하는 호의적인 조건이며, 이를 이겨내는 과정에서 강자가 될 수 있다는 논리다.

여기서 놓치지 말아야 할 부분이 있다. 외부 환경적 요인보다 개인의 천성이 삶에서 위대한 성장을 이루는 데 더 중요하다는 사실이다. 살면서 만나게 되는 불운이나 역경이 언제나 나쁘게 작용하는 것만은 아니다. 사람에 따라서는 불운이나 역경이 오히려 성장의 밑거름이 되기도 한다. 살다 보면 종종 생각지도 못한 어려움이나 좋지 못한 상황에 맞닥뜨리게 되는데, 약자에게는 그러한 역경이 '독'이자 '불운'이 된다. 하지만 강자에게는 그 상황이 오히려 '행운'으로 작용할 수도 있다. 강자는 역경을 이겨내는 과정에서 한 단계 높이 성장하기 때문이다. 따라서 강자는 그것을 "독이라고 부르지 않는다". 역경이 그를 강화시켜주는 기회가 되는데, 굳이 '독'이라고 부를 이유가 있을까. 이처럼 우리가 삶에서 만나게 되는 역경은 '야누스'적이다. 두 가지 서로 다른 얼굴을 한 채 우리에게 나타난다. 나약한 사람에게는 그를 멸망시키는 악마의 모습으로, 강한 자에게는 위대한 성장을 도와주는 천사의 모습으로.

역경이 성장의 기회가 되기도 한다는 니체의 주장은 흔히 우리가 목격하는 이야기이기도 하다. 우리 주변에는 위대한 성취를 이룬 후, 자유로운 삶을 사는 사람들이 간혹 있다. 그들은 한결같이 현재의 성공과 자유가 거저 주어진 것이 아니라, 과거의 역경과 고난을 극복했기에 가능했다고 말한다. 그들에게 역경이나 고난은 현재의 성공을 있게 한 가능 조건인 셈이다. 결국 삶에서 만나는 역경은 우리를 망하게도, 흥하게도 할 수 있다. 중요한 것은 그것을 받아들이는 우리의 천성과 능력이다. 역경을 성장의 기회로 만드는 것이 필요하다.

이제 처음으로 돌아가 보자. 사표를 가슴에 품고 사는 오 과장은 어떻게 하는 것이 좋을까? 사표를 쓰는 것이 좋을까, 아니면 그냥 참고 사는 것이 좋을까? 사실 이것은 별 의미가 없는 질문이다. 사표를 내는 것, 다시 말해 독립선언은 의지의 문제가 아니라 능력의 문제이기 때문이다. 솔직하게 말하면, 오 과장은 지금 사표를 쓸지 말지를 고민하고 있는 것이 아니다. 사표를 쓰고 싶은 마음은 있지만, 아직 준비가 되지 않아서 실행에 옮기지 못하고 있을 뿐이다.

오 과장에게 필요한 것은 사표를 쓸지 말지의 '선택'이 아니다. 언제라도 독립선언을 할 수 있는 '준비'가 필요하다. 준비가 안 된 상태에서는 선택의 여지가 없다. 사표를 쓰고 싶어도 못 쓴다. 준비가 되어야만 비로소 사표를 쓸지 말지 선택이 가능해진다. 결국 준비가 먼저다. 그렇다면 준비는 어떻게 해야 할까? 지금 오 과장 앞에 놓인 역경을 피하지 않고 극복하는 것이 가장 좋은 방법이다. 역경을 이겨내기 위해 노력하는 과정이 성장의 기회가 되기 때문이다. 또 이를 계기로 해서 강자로 거듭날 수 있다. 만약 오 과장이 강자가 된다면, 더 이상 이러한 문제로 고민할 필요가 없다. 독립은 강자의 특권이기 때문이다.

정리해보자. 직장생활을 하다 보면 한 번씩 사표를 쓰고 싶은 생각이 들 때가 있다. 하지만 과감히 사표를 내고 독립을 선언하는 일은 결코 쉬운 일이 아니다. 그것은 준비된 자, 능력 있는 강자만이 누릴 수 있는 특권이다. 강자는 어떻게 만들어지는가? 강자는 삶에서 만나는 역경과 고난을 극복해냄으로써 만들어진다. 결국 인생에서의 완성(성공)은 역경을 피함으로써 주어지는 것이 아니라 역경에 맞서 그것을 극복함으로써 달성될 수 있는 것이다. 역경을 극복한 강자만이 어떠한 형태로든(사표를 쓰든 안 쓰든) 자유를 만끽할 수 있다. 자유롭고 싶은가? 그렇다면 역경을 회피하지 말고 극복해야 한다. 역경이 오히려 우리를 성장시킨다.

02 : 자유

저항이 없다면 자유도 없다

Q

직장에서 자유가 없다고 느껴질 때

오상수 과장은 요즘 들어 직장생활에서 갑갑함을 느낄 때가 많다. 새로 온 팀장 때문이다. 예전 팀장은 대체로 부하직원에게 업무를 믿고 맡기는 타입이었는데, 새로운 팀장은 스타일이 정반대다. 일일이 간섭하고, 수시로 체크한다. 아무리 사소한 일이라도 자기가 세세하게 알고 있어야 직성이 풀린다. 그러다 보니 부하직원 입장에서는 죽을 맛이다. '까칠한 시어머니'를 모시고 시집살이를 하는 것처럼 불편하고 갑갑하다.

상황이 이러하더라도 사원이나 대리는 그나마 참을만하다. 팀장이 아니더라도 시어머니 노릇 하는 선배들 틈에서 단련이 되었기 때문이다. 문제는 중간관리자 역할을 맡고 있는 오 과장이다. 나름 '짬밥'도 먹을 만큼 먹은 데다 후배들 보는 눈도 있는데, 권한은 전혀 주지 않고 마치 신입사원 대하듯 하기 때문이다. 팀장이 지나치게 간섭하는 탓에 업무는 업무대로 재미가 없고, 무엇보다 체면이 말이 아니다. 명색이 관리자임에도 권한은 거의 없이 사사건건 간섭을 당하는 모습에 후배들 보기도 민망하다. 한마디로 지금의 오 과장에게는 자기 마음대로 할 수 있는 자유가 전혀 없는 상황이다. 새로운 팀장에게 자유를 박탈당한 오 과장은 이제 어떻게 해야 할까?

A

동물원에 가서 철창 속 동물들을 볼 때면 그들이 안쓰럽게 느껴질 때가 있다. 좁은 울타리 안에 갇혀 자유를 빼앗겼다는 생각 때문이다. 본능을 억압당한 채 자유를 잃어버린 동물에게는 아무리 깨끗한 보금자리와 맛있는 먹이가 주어진다 해도 그 신세가 처량할 수밖에 없다.

어디 동물만 그런가. 인간도 마찬가지다. 우리도 누군가에 의해 자유를 억압당하는 상태가 되면 철창 속 동물과 별반 다를 게 없다. 자유롭지 않기에 행복과도 거리가 멀어질 수밖에 없다. 산해진미에 비단금침을 둘렀더라도 자유가 없다면 우리의 신세도 처량하고 구차해진다. 자유란 생명체라면 누구나 가지고자 하는 본능이며 행복한 삶을 위한 전제 조건이기 때문이다.

이 대목에서 질문 하나. 현대인들은 대부분 자유로운 삶을 살고 있을까? 불행히도 이 질문에 대한 대답은 부정적이다. 대부분 자유롭지 못한 삶을 살고 있다. 여러 가지 삶의 질곡들이 우리를 속박하고 있기 때문이다. 대체로 아이들은 부모 때문에 자유롭지 못하다고 느낀다. 부모가 자유를 속박하는 주범이다. 그래서 빨리 어른이 되고 싶어 한다. 왜? 자유로워지기 위해서다. 어른이 되면 자유가 주어질 것이라는 아이의 생각은 옳은 것일까? 전혀 그렇지 않다. 어른이 되어도 자유는 쉽사리 주어지지 않는다. 외려 그전보다 더 자유가 없다고 느끼기도 한다. 요컨대 나이와 세대를 불문하고 현대인에게는 자유가 없다.

아이들은 무엇 때문에 자유를 누리지 못하는가? 아무래도 가장 큰 원인은 교육이다. 교육이 아이의 자유를 침해하는 정도는 심각한 수준이다. 부모들조차 "요즘 애들은 참 불쌍하다"고 말할 정도다(말은 그렇게 하지만, 정작 사교육을 줄여주는 경우는 없다). 요즘은 초등학생도 자유롭게 놀 시간이 거의 없다. 학교 수업을 마치기 무섭게 학원과 태권도장을 전전해야 한다. 동네 아파트마다 딸려 있는 놀이터는 제 기능을 상실한 지 오래다. 눈코 뜰 새 없이 '바쁘신 몸'들에게는 그곳을 방문할 시간조차 허락되지 않기 때문이다. 오늘날 초등학생에게는 '놀 자유'는 없고, '공부할 자유(?)'만 있다.

이러한 현상은 중·고등학교에 진학해서도 계속된다. 아니 점점 더 심해진다. 학생들은 학교 수업이 끝나면 오히려 더 바쁘다. 학원 다니고 과외 받느라, 학원 숙제(학교 숙제가 아니다!) 하느라 정신이 없다. 사정이 이렇다 보니 공부 외에 무엇인가를 자유롭게 해본다는 것은 상상조차 하지 못한다. 심지어 사춘기도 어물쩍 넘어가기 일쑤다. 아이들에게는 사춘기를 만끽할 자유도 허락되지 않기 때문이다. '공부할 자유'만 있기에 오늘날 청소년에게는 질풍노도의 격정을 표현하거나 만끽할 자유가 주어지지 않는 경우가 많다. 비유하자면, 철창 속에 갇혀 있는 동물의 신세와 별반 다르지 않다. 오늘날 청소년들은 어쩌면 자유 본능을 상실한 채 '사육'되고 있는지도 모른다.

성인이 되어 직장생활을 시작하면 상황은 달라질까? 얼핏 직장인은 학생 때보다는 확실히 자유로워 보인다. 벌이가 있으니 어느 정도의 경제적 자유도 있고, 성인이다 보니 행동도 학생 때보다는 자유롭다. 자신이 번 돈을 마음대로 쓸 수도 있고, 직장과 일을 마음대로 선택할 수도 있다. 이러한 선택 가능성 때문에 성인들은 스스로 자유롭다고 여기기 쉽다. 하지만 이러한 생각은 매우 피상적이면서도 지극히 단편적 사고일 뿐이다.

엄밀하게 말하면, 대부분의 직장인에게 경제적 자유는 허락되지 않았다. 소비할 자유만 조금 주어졌을 뿐이다. 이러한 사실은 간단히 증명될 수 있다. 지금 당장 자신의 경제력을 넘어서는 소비를 한번 해보면 된다. 그러면 자신에게 경제적 자유가 없다는 사실을 금방 실감할 수 있다. 얼마 지나지 않아서 카드 청구서가, 배우자의 매서운 눈초리가 자유를 옥죄어올 것이다.

행동의 자유도 마찬가지다. 성인들에게 주어지는 자유는 대부분 '직장을 선택하기 전'까지다. 막상 직장을 선택하고 난 후에는 상황이 달라진다. 어떤 직장을 다니기로 선택한 뒤에는 자신에게 직업 선택의 자유도, 업무 선택의 자유도 없다는 사실을 금세 깨닫게 된다. 내가 어떤 업무를 해야 할지, 누구와 함께 일할지, 언제 퇴근할지 등 사소해 보이는 것조차 자유가 없음을 통감하게 된다. 직장에서는 대개 '내가 선택한' 일이 아니라, '나에게 주어진' 일을 한다. 일에서도 자유보다는 의무가 먼저다. 따라서 개인의 생각이나 욕구가 개입될 여지는 거의 없다. 한마디로 자유가 없다(대신 월급이 주어질 뿐이다. 그런 의미에서 보자면 월급은 자유를 포기한 대가인지도 모른다). 자유가 없기에 직장인의 삶은 대체로 재미가 없다. 따라서 다소간의 자유가 주어지는 퇴근시간이나 주말을 간절히 기다린다.

간혹 자신에게 자유가 없음을 인식한 직장인 중에는 탈출을 감행하는 사람도 있다. 그는 자유를 찾아서 과감하게 사표를 던진다. 직장에서 벗어나 자유를 선택한 사람은 자신의 기대처럼 자유로운 삶을 계속 이어갈 수 있을까? 물론 개인마다 다르겠지만, 대부분 얼마 못 가서 원상복귀하고 만다. 왜? 일차적으로는 경제적인 문제가 발목을 잡기 때문이다. 하지만 또 다른 이유도 있다. 사표를 내던짐으로써 얻게 된 무한 자유가 정작 자신에게 행복을 가져다주지 않기 때문이다. 자유가 없을 때는 자유처럼 소중한 것이 없다고 생각되다가도 막상 자유가 무한히 주어지면 그다지 매력적인 것이 못 된다. 바쁘게 살다가 며칠간 주어지는 휴가는 소중한 시간이겠지만, 일 년 내내 주어지는 휴가는 오히려 끔찍한 시간이다(그래서 사람들은 이를 '휴가'라 부르지 않고 '실직失職'이라고 부른다). 목이 마를 때는 그것이 무엇보다 소중하게 느껴지지만, 막상 물이 무한정 주어지면 그다음에는 별로 소중하게 생각되지 않는 것과 같은 이치다.

우리가 대체로 자유롭지 않다는 자각에 이르렀다면, 이제 '자유란 무엇인가?'에 대해 숙고해볼 필요가 있겠다. 사전적으로 자유自由란 '자기 마음대로 할 수 있는 상태'를 말한다. 외부적인 구속이나 제약에서 벗어나 자기가 하고 싶은 대로 하는 것이 자유다. 하지만 자유를 사전적인 의미로만 이해하는 경우에는 문제가 발생하기 쉽다. 생각해보자. 가령, 어떤 학생이 수업시간 중에 갑자기 공부가 하기 싫어졌다. 그래서 자기 마음대로 교실을 박차고 나와 PC방에 가서 게임을 했다고 치자. '자유'를 선택한 학생은 어떻게 될까? 결과는 굳이 말하지 않더라도 쉽게 예상할 수 있을 것이다.

철학자 니체는 자유를 '자기 마음대로 할 수 있는 상태'라고 해석하지 않았다. 그는 자유가 누구에게나 쉽게 주어지지 않는다는 사실을 통찰했기 때문이다. "자유는 그 누구에게도 기적의 선물처럼 하늘에서 떨어지지 않는다."(《즐거운 학문》) 그렇다면 자유는 누구에게, 어떻게 주어지는 것일까? 먼저 자유에 대한 그의 주장을 들어보자.

> 자유는 무엇에 의해 측정되는가? 극복되어야 할 저항에 의해, 위에 머물기 위해 치러야 할 노력에 의해. 최고로 자유로운 인간 유형은 최고의 저항이 끊임없이 극복되는 곳에서 발견될 수 있을 것이다. ―《우상의 황혼》

니체에 따르면, 자유는 누구에게나, 그리고 아무렇게나 발견되는 성질의 것이 아니다. 자유는 무엇인가를 극복하려는 '저항'과 관련 있다. 이는 저항이 없다면 자유도 없다는 말이기도 하다. 만약 자신을 억누르는 조건에 아무런 저항 없이 순순히 따르기만 하는 사람에게는 자유도 주어지지 않는다.

예를 들어보자. 밤 9시를 자녀의 통행금지시간으로 강제하는 엄격한 아버지가 있다고 하자. 이때 자녀는 아버지가 내건 조건에 순순히 따를 수도 있고, 저항할 수도 있을 것이다. 어떤 경우가 더 자유로울까? 순응하기로 결정한 자녀는 아버지와의 관계에 별 문제가 없을 것이다. 아버지 또한 밤 9시 이전까지는 자녀가 뭘 하든 상관하지 않고 내버려둘 것이다. 만약 자녀가 아버지가 정한 통금시간에 저항한다면? 아마도 아버지는 진노하면서 더 강하게 자녀를 구속하려 들 것이다. 둘 중 누구에게 더 많은 자유가 주어진 것일까?

얼핏 순응한 자녀가 더 자유로워 보인다. 하지만 그것은 잘못된 판단이다. 순종과 자유를 혼동했을 뿐이다. 순응한 자녀는 아버지와의 관계만 좋을 뿐 그에게 자유가 주어진 것은 절대 아니다. 이는 감옥에 갇혀 있는 수감자가 간수와 관계가 좋다고 해서 자유로운 몸이 될 수 없는 것과 같은 이치다(약간의 간섭을 덜 받을 뿐이다. 그곳에서는 이런 죄수를 '모범수'라 부른다). 자유는 저항한 자녀에게 있다. 그는 귀가시간에 대한 자유를 얻으려고 아버지가 설정한 통금시간에 저항한 것이다. 물론 그 선택으로 인해 아버지와의 관계는 나빠졌겠지만.

저항한 자녀에게 자유가 주어졌다는 점을 수긍한다 하더라도 그 선택으로 인해 아버지와의 관계가 틀어져 자녀의 안위존망安危存亡이 심히 걱정되기도 한다. 그래서 논의를 좀 더 이어가보자. 저항을 선택한 자녀는 결국 어떻게 될까?

자녀가 자유를 얻기 위해 저항하기를 멈추지 않는다는 사실을 전제한다면, 크게 두 가지 시나리오를 그려볼 수 있겠다. 우선, 아버지가 자녀의 저항에 지쳐서 포기하는 경우가 있을 수 있다. 자녀의 승리다. 이 경우는 당연히 통금시간도 해제된다. 자녀에게는 귀가시간에 대한 자유가 전리품으로 주어진다. 다른 한편으로는 아버지가 계속해서 통제하길 멈추지 않을 수도 있다. 그러면 어떻게 될까? (앞서 저항을 멈추지 않는다고 전제했으므로) 자녀도 계속 저항할 것이다. 자녀가 계속해서 저항하는 한 그에게는 귀가시간의 자유를 누릴 상황이 이어진다. 두 경우 모두 자녀에게 자유가 주어진 셈이다. 결국 자녀가 저항하는 한 아버지가 어떻게 나오더라도 자녀에게는 자유가 주어진다. 이와 같이 자유는 거저 주어지지 않는다. 저항을 극복하기 위한 노력의 결과로 얻게 되는 것이다.

인간은 누구나 자유를 원한다. 하지만 자유는 아무에게나 허락되지 않는다. 자유는 조금이라도 높은 곳으로 오르려는 사람, 그러기 위해 저항을 기꺼이 극복하는 사람에게만 허락된다. 원치 않는 삶의 조건이 우리의 자유를 구속하려 들 때가 많다. 또 저항하기조차 힘들 정도로 현실의 무게가 느껴질 때도 있고, 자신의 바람과는 달리 복종을 요구하는 삶의 명령이 존재하기도 한다. 이럴 때면 차라리 현실을 외면해버리거나 자신을 옥죄는 명령에 순순히 따르는 것이 더 편한 경우도 있다. 하지만 니체는 이러한 수동적인 선택을 결코 긍정적으로 보지 않았다. 그에게 자유란 힘든 현실조차 외면하지 않고 마주보며, 명령에 저항하는 정신을 의미한다. 주어진 삶의 조건을 묵묵히 감내해내는 것이 아니라, 저항을 통해 그것을 넘어섬으로써 진정으로 자유롭게 된 상태를 지칭하는 것이다.

그렇기에 자유는 아무에게나 주어지는 손쉬운 권리가 아니다. 최고의 저항을 극복해낸 사람에게만 주어지는 특별하면서도 예외적인 권리다. 이때 '저항을 극복한다'는 의미는 단순히 본능적 욕구를 따르거나 목적 없는 일탈과는 구분된다. 그것은 더 높은 곳을 향해 나아가려는 노력을 의미한다. 예컨대 학교 공부가 싫어서 PC방에서 게임을 하는 학생이나 회사생활이 지겨워서 별 목적 없이 사표를 쓰는 직장인의 행위를 자유라고 말하기는 어렵다. 그것은 방종이나 일탈에 불과하다. 단순히 자신이 하고 싶은 대로 하는 행위는 자유가 아니라 본능의 노예가 되는 것을 의미할 뿐이다.

니체가 말하는 자유란 자기가 하고 싶은 대로 하는 것이 아니라, 자신의 모든 저열한 본능과 욕구를 통제하는 능력을 의미한다. 그것은 자신이 설정한 위대한 목표를 향한 본능과 욕구에 모든 에너지를 집중시킬 수 있는 능력이다. 이러한 능력에는 부단한 노력이 수반되어야 함은 물론이다. 잘 알다시피, 연어는 알을 낳기 위해 강의 상류를 향해 거센 물결을 거슬러 올라가며 말 그대로 사투를 벌인다. 거센 물살이라는 저항을 극복하려는 연어의 처절한 몸짓이야말로 자유를 향한 투쟁의 대표적인 이미지다. 따라서 자유란 본능대로 행하는 것이 아니라, 본능을 '거스르는' 힘에 더 가깝다.

이처럼 현재 상태보다 더 높은 곳을 향해 저항을 극복함으로써 새롭게 태어나는 능력이 바로 '자유'이며, 그러한 정신이 '자유정신'이다. 니체는 자유정신에 대해 "스스로 자기 자신을 다시 소유하는 자유롭게 된 정신"이라고 표현했다. 저항을 극복하고 더 높은 단계로 나아감으로써 새롭게 태어나게 되고, 그 과정에서 진정한 의미의 자유를 획득하게 되는 것이다. 결국 니체가 말하는 자유란 마음대로 하는 것이 아니라, 자신을 새롭게 만들기 위해 목표에 집중하는 노력을 의미한다(니체는 "자신을 다시 소유한다"고 표현했다). 이런 의미에서 보자면, 자유는 선택의 문제가 아니라 목표를 향해 최고의 노력을 다한 사람만이 누릴 수 있는 소중한 권리다.

이제 처음으로 돌아가 보자. 새로운 팀장으로 인해 자유를 박탈당한 오 과장은 이제 어떻게 해야 할까? 자유를 되찾아야 한다. 어떻게? 그것은 니체가 조언했듯이 저항을 극복함으로써 가능하다. 자신에게 권한 위임을 해주지 않는 것에 저항하고, 팀장의 업무 스타일을 극복해야 한다. 팀장의 업무 스타일을 극복한다는 것은 단지 팀장에게 반론을 제기하거나 반대 입장에 서는 것을 의미하는 것이 아니다. 오히려 팀장을 '넘어선다'는 의미다. 부하직원에게 권한을 위임하지 않고 모든 것을 세세하게 챙기는 팀장의 업무 스타일에도 불구하고 그를 뛰어넘어 그로부터 권한을 넘겨받는 것을 뜻한다. 그것이 가능할까? 그것은 오 과장이 저항 극복을 통해 새롭게 태어남으로써 가능해진다. 팀장에게 자신만큼은 굳이 세세하게 챙기지 않아도 문제없다는 인식을 심어주면 된다. 오 과장에 대한 팀장의 인식이 바뀔 때 비로소 팀장의 저항을 극복하게 된다. 그러면 오 과장에게 자유는 전리품처럼 주어질 것이다. 결국 자유는 팀장이 주는 것이 아니라 저항을 극복함으로써 오 과장 스스로 쟁취하는 것이다.

정리해보자. 인간은 누구나 자유롭고 싶어 하지만, 자유는 아무에게나 쉽게 주어지지 않는다. 니체는 자유가 저항을 극복하려는 노력에 의해 주어진다고 주장하였다. 그가 말하는 자유는 우리가 흔히 생각하는, '자기 마음대로 하는 행위'와는 구분된다. 본능이나 일탈이 아니라, 저항을 극복하려는 힘이다. 즉 자신의 목표를 이루기 위해 저항을 극복하고 본능을 거스르는 힘을 말한다. 저항을 극복하기 위해서는 최고의 노력이 필요하다. 결국 자유는 더 높은 곳을 향해 끊임없이 노력하는 자에게만 사후적으로 주어지는 특별한 선물인 셈이다. 자유롭고 싶다면 지금보다 더 높은 곳을 향해 저항하고 노력해야 한다. 그 저항과 노력이 우리를 더욱 자유케 할 것이다.

03 : 보직

높이 오르려면 뿌리를 깊게 내려야 한다

Q 높은 자리에 올라가기 위해서는 어떻게 해야 할까?

현재 몸담고 있는 조직에서 임원이 되기를 희망하는 오상수 과장은 최근 들어 경력관리의 필요성을 절실하게 느꼈다. 얼마 전 자신의 멘토였던 강 부장이 회사를 떠나면서 했던 말이 아직도 그의 뇌리에 남아 있기 때문이다. 강 부장은 오 과장에게 "지금부터 자네도 경력관리에 좀 더 많이 신경을 써야 해" 라는 조언을 남기고 쓸쓸히 조직을 떠났다. 그도 그럴 것이 강 부장도 한때는 매우 촉망받는 인재였다. 주변 사람들도 그가 임원이 될 것이라는 점에 대해 의심하는 사람이 없을 정도였다. 유능하면서도 성실한 성품을 지닌 데다 조직이 필요로 할 때면 어려운 보직도 마다하지 않았다. 하지만 그 결과, 경력관리에는 독이 되었고 결국 임원으로 승진하지 못한 채 조직을 떠났다. 그런 강 부장을 곁에서 지켜본 오 과장은 안타까운 심정과 함께 자신도 이제부터 경력관리에 신경을 써야겠다고 마음먹었다.

그런데 문제는 어느 방향으로 경력을 개발해야 할지 판단이 서지 않는다는 데 있다. 그동안 경영기획팀, 인사팀, 총무팀 등에서 다양한 직무를 경험했지만 어느 것 하나 '이 일을 하면 임원까지 갈 수 있겠구나' 하는 확신이 드는 보직이 없었다. 남들이 괜찮은 곳이라고 말하는 자리도 막상 가서 일을 해보면 의외로 허드렛일이 많고 승진의 길이 막막하기는 마찬가지였다. 조직에서 임원이 되기 위해서는 어떤 보직이 좋을까? 어떻게 해야 높은 자리에까지 올라갈 수 있을까?

A

'꽃보직'이라는 말이 있다. 이 표현은 원래 매우 중요하고 핵심적인 보직을 비유적으로 표현한 말인데, 최근에는 정반대의 의미로 쓰인다. 즉 별로 하는 일 없이 놀고먹으면서 지낼 수 있는 편안한 보직을 일컫는다. 다시 말해, 할 일은 별로 없으면서 월급을 많이 받는 자리가 '꽃보직'이다. 가끔씩 언론에 회자되는 일부 공기업의 비상임이사가 전형적인 예다. 매일 출근할 필요도 없고 전문성도 크게 필요하지 않으며 업무량도 많지 않은데, 일 년에 수천만 원씩 꼬박꼬박 챙겨준다. 꽃처럼 아름다운 자리라고 해서 말 그대로 '꽃보직'이다.

아름다운 꽃이라면 누구나 좋아하는 것이 인지상정이듯이 '꽃보직' 또한 선망의 대상이다. 물론 다른 사람의 입장에서야 꽃보직에 앉아 별로 하는 일도 없이 놀고먹는, 다시 말해 무위도식無爲徒食하는 행태가 못마땅할 수도 있다. 하지만 그런 사람조차 막상 자신에게 그런 자리가 주어진다면 굳이 마다하지 않을 것이다. 아니 좀 더 솔직하게 표현하면, 대부분의 사람들이 자신에게도 꽃보직이 주어지기를 희망한다. 얼마나 좋겠는가. 무위도식하는데도 많은 월급을 받을 수 있으니 말이다.

그렇다면 하는 일도 별로 없이 놀고먹을 수 있는 꽃보직은 정말로 좋은 자리일까? 전혀 그렇지 않다. 아름다운 꽃이 오래가지 못하듯 대체로 꽃보직도 오래가기 어렵다. 왜? 생각해보자. 어떤 조직에서 놀고먹는 꽃보직 자리가 하나 있고, 모든 사람이 그 자리가 꽃보직이라는 사실을 안다고 해보자. 앞서 말했듯이 대부분의 사람은 앞 다투어 그 자리에 앉기를 바랄 것이다. 그런데 누군가가 혼자서 계속 독차지하고 있다면 나머지 사람들은 그 상태로 내버려둘까? 절대 그렇지 않다. 많은 사람이 서로 차지하려고 심하게 다툴 것이다. 이런 이유 때문에 꽃보직을 한 사람이 영원히 독차지하기는 어렵다. 권력의 지형에 따라 부침浮沈이 심할 수밖에 없다(실제로도 꽃보직이라 불리는 공기업 비상임이사 자리는 빈번하게 바뀌는 경우가 많다. 정권이 바뀌면 낙하산을 타고 또 다른 사람이 내려오기 때문이다).

또 민주적이고 개방적인 조직일수록 꽃보직 자리가 유지되기 어렵다. 꽃보직에 앉아서 남보다 적게 일하고도 많이 가져가는 사람이 있다는 사실은 조직 내부에 불평등이 존재한다는 것인데, 민주적인 조직에서는 이러한 불평등을 마냥 방치해두지 않는다. 따라서 설령 꽃보직이 있다 하더라도 머지않아 조직 통폐합이나 업무분장 변경 등의 절차를 통해 그 자리가 없어지기 쉽다. 요컨대 꽃보직은 그 특성상 한 사람이 계속해서 독차지하기란 좀처럼 쉬운 일이 아니다.

그것만이 전부가 아니다. 하는 일 없이 놀고먹는 꽃보직이 결코 좋은 자리가 아니라고 주장하는 것은 앞서 말한 '지속의 어려움' 때문만은 아니다. 더 큰 문제는 꽃보직에 앉은 다음에 발생한다. 생각해보자. 꽃보직에 앉아서 오랫동안 무위도식하던 사람이 그 보직을 떠나게 되면 어떻게 될까? 물론 개인차는 있을 수 있겠지만, 대부분의 경우 꽃보직에 오래 머물렀던 사람은 다른 보직으로 갈아타기가 어렵다. 꽃보직에 앉아 무위도식하느라 정작 전문성이나 역량을 개발하는 데 등한시했기 때문이다.

속담에도 "신선놀음에 도끼자루 썩는 줄 모른다"는 말이 있듯이 꽃보직에 앉아서 신선놀음만 하다 보면 전문성을 쌓을 필요성을 망각하기 쉽다. 무위도식하느라 자신의 '내공'이 소진되는 줄도 모른다. 그래서 꽃보직을 떠나 다른 보직으로 옮겨가기가 어렵다. 설령 옮겨갔다 하더라도 적응하기가 어렵고, 오래 버티기도 힘들다. 또 그런 이유 때문에 사람들은 꽃보직에만 오래 있었던 사람들을 선호하지 않는다. 이래저래 갈 곳이 없어서 결국 조직에서 도태되고 만다. 이것이 꽃보직의 일반적인 말로다. 달콤한 음식이 건강에 나쁜 것처럼 무위도식할 수 있는 꽃보직은 경력관리에 치명적이다.

그렇다면 놀고먹는 보직이라는 뜻이 아닌 '중요하고 핵심적인 보직'이라는 의미의 '꽃보직'은 어떨까? 조직에서 다른 곳보다 중요하고 핵심적이며 아름다운 자리인 '꽃보직'은 실제로 존재하는 것일까? 현실적으로 표현해보면, 임원 승진이 보장되는 요직要職은 존재하는 것일까? 결론부터 말하면, 그런 자리는 없다. 조직에서 임원 승진이 보장되는 자리나 역할은 존재하지 않는다.

생각해보자. 어떤 보직이라 할지라도 그 보직에 있는 모든 사람이 임원이 되는 경우는 없다. 그중에서 돋보이는 일부만 임원이 된다. 또 어떤 보직이든 임원이 절대 나오지 않는 자리도 없다(물론 임원 승진 비율에서 차이가 있는 경우는 있지만, 이 또한 절대적인 것은 아니다). 따라서 임원 승진이 보장되는 '보직'은 존재하지 않는다. 중요한 것은 '자리'가 아니라 '사람'이다.

지금까지의 논의에 동의한다면, '조직에서 높은 자리에 오르기 위해서는 어떤 보직이 좋을까?'라는 질문은 '어떻게 하면 높은 자리에 올라갈 수 있을까?'라는 지극히 상식적이고도 합당한 질문으로 바꾸는 것이 좀 더 타당할 것이다. 조직에서는 어떻게 하면 높은 자리(구체적으로 말하면 임원)로 승진할 수 있을까? 불행히도 이 질문에 대한 명쾌한 답은 없다. "길은 걸어가야 만들어진다道行之而成"고 장자莊子가 주장했듯이 정해진 길이란 없기 때문이다. 조직에서 임원으로 승진하기 위해 반드시 거쳐야 할 방법(길)은 존재하지 않는다. 방법이 없다고 해서 실망할 필요는 없다. 구체적인 방법까지는 아니더라도 조직에서 높은 자리에까지 올라가고 싶어 하는 사람을 위해 필요한 조언을 남겨놓은 철학자가 있기 때문이다. 그가 바로 니체다. 니체는 조직에서 높은 자리에 오르려고 하는 사람에게 나무의 비유를 통해 의미 있는 통찰을 제공한다. 먼저 그의 주장을 들어보자.

> 뭘 그리 놀라는가? 사람도 나무와 다를 바 없다. (……) 나무가 더욱 높고 환한 곳을 향해 뻗으려 하면 할수록 그 뿌리는 더욱더 힘차게 땅속으로, 저 아래로, 어둠 속으로, 나락으로, 악 속으로 뻗어 내려가려고 한다. ___《차라투스트라는 이렇게 말했다》

니체는 산허리에 위태롭게 매달려 있는 나무를 보면서 높은 곳에 오르려는 사람에게 필요한 전제 조건을 발견했다. 산허리에 위태롭게 매달려 있는 나무가 더욱 높은 곳을 향해 가지를 뻗으려면 어떻게 해야 할까? 먼저 자신의 뿌리를 더욱 힘차게 땅속으로 뻗어 내려가야 한다. 그래야만 가지를 더 높고 환한 곳으로 뻗어나갈 수 있는 것이다. 만약 땅속으로 뿌리를 내리지 않고 가지만 하늘을 향해 뻗게 되면 어떻게 될까? 겨우 산허리에 매달려 있던 나무는 뿌리째 뽑혀버리고 말 것이다. 결국 높은 곳을 향해 가지를 뻗어나가기 위해서는 먼저 땅속으로 깊이 뿌리를 내려야 한다. 가지가 아니라 뿌리가 관건인 셈이다.

니체는 "사람도 나무와 다를 바 없다"고 주장했다. 조직에서 높은 곳으로 올라가려면 먼저 땅속으로 깊이 뿌리를 내려야 한다. 즉 자신의 분야에서 바닥에서부터 기초를 튼튼히 다지는 작업이 선행되어야 한다는 말이다. 그렇지 않으면 뿌리가 약한 나무가 가지의 무게를 견디지 못해 송두리째 뽑히고 말듯이 기초가 튼튼하지 못한 사람도 위로 올라갈수록 밑천이 바닥나 더 이상 올라가지 못하고 중간에서 꺾이고 만다. 탑을 높이 쌓기 위해서는 기초를 튼튼히 다져야 하듯이 조직에서 높이 올라가려면 자신의 전문분야에서 기본을 충실히 다지는 일이 선행되어야 한다. 이때 어떤 보직이 좋은지는 별로 중요한 문제가 아니다. 앞서 보았듯이 자리가 아니라 사람이 더 중요하기 때문이다.

이제 처음의 질문으로 돌아가 보자. 높은 자리에 오르기 위해 좋은 보직(꽃보직)을 찾고 있는 오상수 과장은 이제 어떻게 해야 할까? 꽃보직을 찾아 헤매기보다는 자신의 위치에서 기초를 다지는 데 더 많은 노력을 기울여야 한다. 자리보다는 사람이 더 중요하기 때문이다. 또 나무가 높이 올라가려면 땅속으로 뿌리를 깊이 내려야 하듯 먼저 기본을 충실히 다지는 데 더 많은 시간과 노력을 투자해야 한다. 자신의 분야에 대한 전문지식도 익히고, 다양한 실무경험도 쌓아야 한다. 어렵고 힘든 일도 회피하지 말고 직접 부딪혀 배워야 한다. 튼튼한 뿌리가 높게 뻗은 나무의 성장 조건이듯 자신이 맡은 분야의 기초 실무 역량이 조직에서 높이 성장할 수 있도록 해주는 든든한 밑거름이 되기 때문이다. 흔들리지 않고 높이 성장하려면 뿌리를 깊이 내려야 한다. 나무의 높이는 잎이나 줄기가 아니라 뿌리의 튼실함이 결정한다.

04 : 혁신

높이 올라갈수록, 날 수 없는 사람들에게는 작게 보인다

Q 새로운 시도를 하려는데 다른 사람들이 비웃을 때

조강민 차장은 최근 신제품 개발 프로젝트 팀으로 발령이 났다. 이 팀의 목적은 지금까지 전혀 없던, 완전히 다른 개념의 신제품을 개발하여 해당 산업에서 혁신을 불러일으키는 것이다. 만약 성공하기만 하면 현재 3~4위 수준에 머물고 있는 시장 지위를 순식간에 1위로 올려놓을 수도 있는 기회가 된다. 한마디로 회사의 명운이 달린 중요한 프로젝트라 할 수 있다. 조강민 차장은 자신에게 새로운 프로젝트가 맡겨진 것에 대해 긍정적으로 생각했다. 일은 힘들겠지만 회사를 획기적

으로 발전시킬 수 있는 좋은 기회라고 여겼다. 실패할 우려도 있지만, 그보다 성공이 가져다줄 이익과 성취감이 더 크다고 믿었다. 그래서 그는 새로운 시도에 대해 적극적이다. 무언가 혁신적인 것을 만들어 내려면 실패의 위험도 어느 정도 감수해야 한다고 믿는다.

그러나 다른 사람들의 생각은 조 차장과 달랐다. 신규 프로젝트 팀의 취지에 대해서는 공감하지만 실제 성공 가능성에 대해서는 회의적인 시각이 많았다. 경쟁사보다 기술 수준이 낮다는 점, 회사의 투자 여력이 크지 않다는 점 등 현실적 한계를 지적하면서 자칫 무리했다가는 오히려 자신에게 불이익이 오지나 않을까 걱정하는 눈치다. 상황이 이렇다 보니 조강민 차장은 은근히 따돌림을 당하는 기분이 들었다. 뭔가 새로운 시도를 하자고 발의하면 적극적으로 호응을 해주기는커녕 "괜한 일을 만들지 말라"며 눈치 주기 일쑤고, 심지어 "그래, 너 잘났다. 얼마나 잘하나 두고 보자"는 식으로 비웃기까지 한다. 다른 사람들의 부정적인 반응에 조 차장은 '혼자서만 괜한 짓을 하는 건 아닐까?' 하는 의구심이 들기도 했다. 다른 한편으로는 말로만 '도전'이니 '혁신'이니 부르짖지만 실제로는 실패가 두려워 도전 자체를 시도하지 않는 상황이 안타깝기도 했다.

무엇인가 새로운 혁신을 시도하려는데, 동료들이 비웃는 상황에서 조 차장은 어떻게 하는 것이 좋을까?

A

바야흐로 '창조의 시대'다. 《창조적 경제Creative Economy》의 저자 존 호킨스는 "이제 좋은 아이디어만 가졌다면 누구라도 돈을 벌 수 있다"고 말한다. 신문이나 뉴스를 통해 아이디어 하나만으로 수백억을 번 사람의 기사를 접할 때도 많다. 확실히 과거에 비해 지금은 창조적 능력을 가진 사람이 주목받고 그것을 통해 엄청난 부를 얻을 수 있는 시대인 것만은 확실해 보인다. 요컨대 우리는 창조적 능력을 갖추는 일이 새로운 기회이자 꿈이 된 시대에 살고 있다.

그렇다면 사람들은 자신에게 엄청난 부를 안겨줄 수도 있는 '창조'를 기꺼이 시도하려고 할까? 다시 말해, 스스로 창조적 삶을 살려고 노력할까? 물론 개인차가 있겠지만, 대부분의 사람들은 창조적으로 살려고 하지 않는다. 왜 그럴까?

알다시피, 에디슨은 어릴 적에 병아리의 부화 이야기를 듣고는 자신이 직접 알을 품고 몇 시간을 기다린 적도 있었다. 무엇이든 직접 체험해보고 눈으로 확인해야 직성이 풀리는, 어린 에디슨은 그야말로 호기심이 왕성한 아이였다. 이러한 성격 탓에 그는 정상적인 학교생활을 할 수 없었다. 수업시간에 항상 질문을 해대며 사사건건 물고 늘어지는 통에 교사들 눈에는 비판적인 아이로만 비쳤기 때문이다. 결국 에디슨은 교사들에게 골치 아픈 아이로 낙인 찍혔고, 어머니는 아이를 집에 데리고 와서 홈 스쿨을 시킬 수밖에 없었다. 요즘으로 치면, 일반 학교가 아니라 대안학교에 다닌 셈이다.

흔히 인류사에 위대한 족적을 남긴 사람들은 평범한 사람들 눈에는 비정상으로 보이기 마련이다. 보통 사람들로서는 상상조차 할 수 없는 생각이나 행동을 하기 때문이다. 어린 에디슨이 그랬던 것처럼. 어디 에디슨만 그랬는가. 코페르니쿠스의 이론을 지지하며 처음으로 지동설을 주장했던 갈릴레이가 그랬고, "신은 죽었다!"는 혁명적 주장을 한 철학자 니체가 그랬다.

사실 따지고 보면, 역사는 평균적인 생각을 지닌 보통 사람들에 의해 발전해온 것이 아니라 평균적인 생각에서 벗어난, 특별한(또는 특이한) 생각을 가졌던 사람들 때문에 발전해왔다. 다시 말해, '정상'보다는 '비정상적인' 생각의 소유자들에 의해 새로운 전환과 혁명적 발전이 가능했던 것이다.

그렇다면 평균적인 생각에서 벗어나 새로운 발전을 이루어낸 사람들은 평범한 사람들에게 존경받고 추앙받았을까? 불행히도 대부분 그렇지 못했다. 오히려 이상한 사람으로 오해되거나 비정상으로 낙인찍히기 일쑤였다. 요즘 표현을 빌리면, '왕따' 당하기 십상이었다. 왜 그랬을까? 그 이유는 평범한 사람들이 보기에 그들의 행동에는 이해되지 않는 구석이 많기 때문이다. 생각해보라. 병아리를 부화시키겠다고 몇 시간씩 달걀을 품고 있는 행동을 이해할 수 있겠는가. 항상 타인과 비슷하게 정규분포 안에서만 생각하고 행동하는 사람은 정규분포를 벗어난 '아웃라이어outlier'를 좀처럼 이해하기 어렵다. 이해가 되지 않기에 '비정상'이라며 오해할 수밖에 없다.

철학자 니체는 정규분포 바깥에서 사유하고 행동하는 '아웃라이어'들을 지지하고 격려해준다. 아마도 자신도 같은 부류여서 그랬는지도 모를 일이다(이것도 동병상련일까?). 먼저 그의 이야기부터 한번 들어보자.

> 잊지 말 것—우리가 높이 올라가면 올라갈수록, 날 수 없는 사람들에게 우리는 더욱 작게 보인다. ___《아침놀》

니체는 인간을 새에 비유했다. 또 그가 보기에 모든 새(인간)가 날 수 있는 것은 아니었다. 대부분의 새는 날지 못하는데, 그중 몇몇만 날아서 하늘 높이 올라갈 수 있었다. 어떤 새가 그럴까? 정규분포를 벗어난 '아웃라이어'가 하늘 높이 날 수 있다. '정상적'인 사람들과 달리 새로운 생각과 행동으로 도전을 즐기는 자만이 하늘 높이 날아오를 수 있다는 것이다. 이들은 하늘 높이 날고 있기 때문에 보통의 날지 못하는 사람들이 보지 못하는 것을 볼 수 있다. 즉 하늘 높이 나는 아웃라이어는 평범한 사람은 보지 못하는 세상을 볼 수 있으며, 이를 통해 새로운 창조가 가능해진다는 것이다.

그렇다면 높이 나는 새(사람)는 날지 못하는 평범한 새(사람)들에게는 어떻게 비칠까? 하늘 높이 날고 있는 비행기가 손톱만큼 작아 보이듯이 높이 나는 새도 지상에서 보면 매우 작게 보인다. 실제 크기를 가늠하기 어렵다. 사람도 마찬가지다. 뱁새가 봉황의 깊은 뜻을 알지 못하듯 높은 곳을 향해 날아가고자 하는 사람의 고귀한 정신을 범인들은 이해하기 어렵다. 그래서 그 진정한 뜻과 가치를 알지 못한다. 오히려 범인들로부터 비정상 취급을 당하기도 하고 따돌림을 당하는 경우도 있다.

독일 철학자 헤겔은 자신의 책《법철학》서문에서 "미네르바의 올빼미는 황혼녘에야 비로소 날개를 편다"는 유명한 말을 남겼다. 미네르바Minerva는 로마신화에 나오는 지혜의 여신이다. 그녀의 상징인 올빼미는 철학을 의미한다. 헤겔은 "어쨌든 철학은 너무 늦게 도착한다"는 말로 그 말의 의미를 부연 설명했다. 즉 현실에서 실제적 활동이 이루어지고 난 뒤 어둑어둑해지는 황혼녘에 이르러서야 비로소 철학이 이루어진다는 말이다. 여기서 철학이란 새로운 학설이나 주장을 의미한다. 요컨대 새로운 철학(학설이나 주장)은 평범한 사람들에게 곧바로 이해되지 않고, 시간이 한참 흐른 뒤에야 비로소 그것의 진가眞價가 드러난다.

헤겔의 주장대로라면, 새로운 철학이나 학설을 주장하는 사람, 새로운 것을 창조하려는 자는 기본적으로 외로울 수밖에 없다. 다른 사람이 그의 작품(철학이나 창조물)의 진정한 가치를 이해하지 못하기 때문이다. 그래서 생전에는 그의 진가를 인정받지 못하다가 그가 죽은 후 비로소 빛을 발하는 경우도 있다. 후기 인상주의 화가였던 빈센트 반 고흐가 그랬고, 니체가 그랬다(공교롭게도 그들은 공통적으로 말년에 심각한 정신질환을 앓았다고 전해진다). 니체는 자신의 책《선악의 저편》에서 이런 현상에 대해 다음과 같은 말을 남겼다.

> 가장 위대한 사건과 사상은 가장 늦게 이해된다. 동시대의 세대는 그러한 사건을 경험하지 못한다.

안타까운 일이지만, 뛰어난 천재들 중에는 이처럼 당대當代에는 주목받지 못하고 사후에 유명해진 경우가 많다(이것도 천재의 숙명일까?).

처음의 질문으로 돌아가 보자. 창조의 시대를 사는 우리는 스스로 창조적인 삶을 살려고 노력하는가? 대부분의 경우 그렇지 않다. 왜 그럴까? 그 이유는 창조적인 삶에는 위험이 뒤따르기 때문이다. 대체로 창조적인 시도는 성공할 가능성보다 실패할 확률이 높다. 지금까지 누구도 해본 적이 없는 새로운 시도이기에 실패하는 것은 어찌 보면 지극히 당연한 일이다. 잘 아는 바와 같이 에디슨도 2000번이 넘는 실패 끝에 전구를 발명했다. 높은 실패 가능성은 시도 자체를 꺼리게 만드는 원인이 되기도 한다. 실패에 대한 우려는 새로운 시도를 좌절시키고, 창조적 삶을 회피하게 만든다.

사람들이 창조적 삶을 꺼리는 데는 또 다른 이유도 있다. 다른 사람들에게 비정상이라고 놀림을 받거나 따돌림을 당할 위험성이 바로 그것이다. 또 자신의 창조적인 생각이 당대의 사람들에게 이해되지 못할 위험도 있다. 니체의 주장처럼 "위대한 사상은 가장 늦게 이해"되기 때문이다. 그래서 대부분 정규분포를 벗어난 생각이나 행동을 꺼리고, 창조적 생각은 외면해버린다. 입으로는 창조를 외칠지 모르지만, 머리와 손발은 그와 반대로 움직인다. 한마디로 '정상'을 벗어난 생각이나 튀는 행동은 스스로 자제하며, 평범하고 안전하게 살려고 노력한다.

그렇다면 한 번도 정규분포를 벗어나지 않고, 위험 없이 안전하게 사는 것은 현명한 선택일까? 그렇지 않다. 어느 누구도 완벽하게 위험을 피하며 살 수도 없거니와 실패 없는 삶을 살 수도 없다. 인생을 살다 보면 누구에게나 몇 번의 위기와 실패는 찾아오기 마련이다.

어쩌면 인생이란 성공과 실패가 어우러져 빚어내는 변주곡變奏曲인지도 모른다. 리듬의 변화가 없으면 음악이 단조로울 수밖에 없듯이 (실패 없이) 성공만으로 이루어진 삶이라면, 그것은 '복받은 인생'이 아니라 오히려 '따분한 인생'일 수도 있다. 인생이라는 음악은 성공과 실패가 적절히 변주되어야 아름다운 선율이 나오는 법이다. 실패를 없애는 것이 중요한 것이 아니라, 실패를 통해 얼마나 삶을 아름답게 변주시키는가 하는 점이 더 중요하다. 요컨대 삶에서 실패나 위험은 불필요한 것만은 아니다.

한편, 우리가 살면서 실패나 위험을 경험해야 하는 또 다른 이유는 그것이 삶의 진정한 의미를 알게 해준다는 데 있다. 우리는 실패를 통해 진정한 자신의 모습을 파악할 수 있다. 어떤 일에 실패한 다음에야 비로소 '자신이 어떤 사람인지', '자신의 본성과 한계는 어디까지인지'를 알 수 있다. 이는 입사시험에 합격한 사람보다는 낙방한 사람이 자신의 모습에 대해 더 진지하게 생각하게 되는 것과 같은 이치다. 또 실패를 통해 진정한 우정이나 사랑도 확인할 수 있다. 진정한 친구인지의 여부는 잘나갈 때보다 어려움에 처했을 때 더욱 명확히 드러난다. 사랑도 마찬가지다. 진정한 사랑은 어려움에 직면했을 때 더욱 선명해진다. 행복도 마찬가지다. 실패를 하고 나면 그전에는 대수롭게 여기지 않았던 것들이 삶에서 소중한 행복 요소가 됨을 절감하게 된다. 이는 건강을 잃어본 뒤라야 건강의 소중함을 깨닫는 것과 같은 이치다.

요컨대 실패나 위기가 없으면 진정한 자신도, 진정한 우정(사랑)도,

진정한 행복도 알 수 없다. 따라서 인생에서 실패나 위험은 필수불가결한 요소다. 어쩌면 이것을 알아가는 과정이 인생인지도 모른다.

이제 동료들로부터 비웃음을 당하고 있는 조 차장에게로 돌아가 보자. 새로운 혁신을 시도하려는 그를 사람들은 왜 지지해주지 않고 비웃는 것일까? 그 이유는 그들이 조 차장을 이해하지 못하기 때문이다. 니체의 주장처럼 "날지 못하는" 동료들의 눈에는 "높이 나는" 조 차장이 작아 보이기 때문이다. 그들의 비웃음은 조 차장의 진가를 발견하지 못한 무지에서 비롯된 것이다. 마치 뱁새가 봉황의 깊은 뜻을 모르듯이.

그렇다면 이제 조 차장은 어떻게 해야 할까? 다른 사람의 시선에 동요되지 말고 자신의 길을 가야 한다. 실패의 위험에도 불구하고 더 높이 날아서 새로움을 창조해야 한다. 타인의 시선보다는 자신의 삶을 살아가는 것이 더 중요하고, 안주하는 것보다는 창조가 더 중요한 가치이기 때문이다. 다른 사람이 뭐라고 하든 자신이 생각한 대로 사는 것, 하늘 높이 나는 것이 중요하다.

정리해보자. 진정한 삶을 위해서는 다른 사람들의 시선이나 평가를 의식하기보다 자신의 생각대로 살아야 한다. 자신의 내면에 솟아나는 창조성을 분출시키며 살아야 한다. 이때 다소간의 위험이 뒤따르는 것은 어쩔 수 없다. 또한 다른 사람의 평가를 너무 의식해서도 안 된다. 높이 나는 새는 작게 보이기 마련이다. 다른 사람에게 크게 보이기 위해 낮게 날 수는 없는 노릇이다. 중요한 것은 타인의 평가가 아니라 '얼마나 높이 나는가'이다. 그러기 위해서는 정규분포를 벗어나 기꺼이 위험과 맞서려는 용기가 필요하다. 숱한 실패에도 포기하지 않고 다시 일어서는 패기도 필요하다. 용기와 패기만이 자신을 더욱 높이 날게 만든다는 사실을 잊지 말자!

05 : 멘토

훌륭한 아버지가 없다면, 그런 아버지를 자신에게서 만들어내야만 한다

Q 아직까지 훌륭한 멘토를 만나지 못했어요!

박성진 과장은 스스로 인복人福이 없는 사람이라고 생각한다. 평범한 집안에서 태어나 지금까지 단 한 번도 경제적 여유를 누리지 못하고 늘 바동거리며 살아왔다. 부유한 집에서 경제적으로 풍요롭게 사는 친구들을 볼 때면 부러운 마음이 들면서, 한편으로는 '나는 왜 저런 부모를 만나지 못했을까?' 하며 하늘을 원망한 적도 있었다. 타고나지 못한 것은 부모 복만이 아니었다. 박한 인복은 직장에서도 계속 이어졌다.

입사 후 처음 배치된 부서에서도 인복이 없긴 매한가지였다. 인간미라고는 눈곱만큼도 없으면서 실적만 부르짖는 팀장에다 사소한 일마저 후배를 부려먹기 바쁜 선배들뿐이었다. 신입사원을 챙겨주고 차근차근 업무를 가르쳐주기는커녕 모두 자기 잇속만 챙기기에 바빴다. 그래서 박 과장은 선배나 멘토의 도움 없이 홀로 고군분투하며 지금껏 지내왔다. 상황이 이렇다 보니 훌륭한 멘토의 도움을 받으며 성장해온 다른 팀의 동기를 보면 '나도 저런 멘토를 만났으면' 하고 부러운 마음이 들 때가 많았다.

지금껏 훌륭한 멘토를 만나지 못해서 인복 없음을 한탄하는 박 과장은 이제 어떻게 하는 것이 좋을까?

A 결혼한 여성이 아직 미혼인 친구에게 '왜 결혼을 하지 않느냐'며 이유를 묻자, 친구는 이렇게 답했다.

"내가 아직 결혼하지 않은 이유는 지금까지 괜찮은 사람을 만나지 못했기 때문이야. 지금이라도 괜찮은 사람이 나타나기만 하면 언제든지 결혼할 생각이야. 주위에 괜찮은 사람 있으면 소개 좀 시켜줘."

결혼하지 못한 이유에 대해 "지금까지 괜찮은 사람을 만나지 못했기 때문"이라고 말하는 친구는 조만간 '괜찮은 사람'을 만나 결혼할 수 있을까? 모를 일이다. 그런데 친구의 말을 듣고 있자니 이런 의문이 뇌리를 스친다. 도대체 '괜찮은 사람'이란 어떤 사람을 말하는 것일까? 또, '괜찮은 사람'과 그렇지 못한 사람은 명확히 구분되는 것일까? 친구는 지금껏 단 한 번도 괜찮은 사람을 만난 적이 없을까? 정말 그래서 결혼하지 못한 것일까? 오지랖 넓게 다른 사람의 인생사(특히, 결혼 문제)에 지나치게 관여하는 듯 보이기도 하지만, 이런 질문을 던지다 보면 생각지도 못한 통찰에 이를 수 있다. 좀 더 숙고해보자.

먼저, 친구가 말하는 '괜찮은 사람'이란 어떤 이를 말하는 것일까? 우리는 그것이 개인마다 다르다는 점을 잘 안다. 사람마다 선호하는 유형이나 기준이 다르기 때문이다. 사전적 의미에서 '괜찮다'는 말은 '별로 나쁘지 않고 보통 이상이다'라는 뜻이다. 사전적 의미로 보면 '괜찮다'의 수준이 의외로 높지 않음을 알 수 있다. '보통 이상'이면 되기 때문이다. 따라서 "지금까지 괜찮은 사람을 만나지 못했다"는 친구의 말은 거짓에 가깝다(최소한 사전적으로 풀이하면 그렇다는 말이다). 지금까지 '보통 이상'의 사람을 전혀 만나보지 못했을 리는 없기 때문이다. 얼추 그가 만나는 사람의 절반은 '괜찮은 사람'이다. 결국 미혼의 친구가 말하는 '괜찮은 사람'이란 사전적 의미처럼 '보통 이상의 사람'을 지칭하는 것이 아니다. 보통 수준을 뛰어넘는 '매우 뛰어나거나 특출한 사람'이라고 해석하는 편이 옳다(따라서 보통 수준의 '괜찮은 사람'을 소개했다가는 별로인 사람을 소개했다고 핀잔을 듣기 십상이다). 친구는 외모가 매우 뛰어나면서 능력(또는 재산)도 특출한 사람을 단지 '괜찮은 사람'이라고 겸손하게(?) 표현했을 뿐이다.

두 번째 질문으로 넘어가보자. 괜찮은 사람과 그렇지 못한 사람은 명확히 구분되는 것일까? 그렇지 않다. 대체로 사람은 누구나 괜찮은 면과 그렇지 못한 면을 동시에 가지고 있다. 따라서 특정한 사람을 절대적으로 '괜찮은 사람' 또는 '그렇지 못한 사람'으로 단정지어 구분하기는 어렵다. 또 '괜찮다'는 기준은 보는 사람마다 다르다. 내가 보기에 괜찮은 사람이 타인에게는 별로인 경우도 많고, 그 반대의 경우도 허다하다.

가령, 다른 사람에게 이성을 소개받을 때 사람을 평가하는 기준이 개인마다 차이가 크다는 사실을 통감하는 경우가 많다. 주선자의 말로는 '외모가 괜찮다'고 해서 한껏 기대를 안고 나갔는데, 막상 만나보면 실망과 함께 '도대체 그(주선자)는 어딜 보고 그런 평가(외모가 괜찮다는)를 내렸나?' 하는 의구심이 들 때도 있다. 상대방의 외모가 주선자의 말처럼 '그냥 괜찮은(?)' 보통 수준인 경우가 그렇다. 그렇다고 해서 운 나쁘게 이러한 상황에 처했더라도 주선자에게 잘못은 없다. 잘못은 전적으로 본인에게 있다. '괜찮다'는 말의 의미를 '매우 뛰어나다'고 오해한

본인의 잘못이다. 요컨대 기준의 상이함과 해석의 모호함 때문에 괜찮은 사람과 그렇지 못한 사람은 명확히 구분되지 않는다.

세 번째 질문. 친구는 지금까지 단 한 번도 괜찮은 사람을 만난 적이 없을까? 앞서 말했듯이 '보통 이상'의 괜찮은 사람이라면 만나지 못했을 리가 없다. 또 '매우 뛰어난 사람'이라는 의미의 괜찮은 사람이라 하더라도 결과는 마찬가지다. 주위를 둘러보면 외모나 능력이 매우 뛰어난, 소위 '킹카(또는 퀸카)'를 어렵지 않게 발견할 수 있다. 학교에도 있고, 직장에도 있다. 거리를 지나다가도, 지하철 안에서도 종종 목격하게 된다. 그렇다면 친구는 거짓말을 한 것일까? 아니다. 여기서 문제가 되는 것은 '만난 적이 없다'는 말의 의미다. '만나다'라는 말은 '서로 마주 보거나 눈앞에 대하다'라는 의미다. 길거리이건 학교이건 지하철이건 서로 마주 보거나 눈앞에 있는 대상은 모두 '만난' 사람이다. 결국, 친구가 '만난 적이 없다'고 표현한 본뜻은 '마주 보거나 눈앞에 대한 적이 없다'는 의미가 아니라, '연인관계로 발전하지 못했다'는 말이다.

세 번째 질문까지 숙고한 결과, 우리는 미혼의 친구가 한 말의 진정한 뜻을 이해하게 된다. 그가 "지금까지 괜찮은 사람을 만나지 못했다"라고 한 말의 참뜻은 "지금까지 매우 뛰어난 사람과 구체적인 연인관계로 발전하지 못했다"는 의미다. 마주 보거나 만난 적은 있지만 실제 연인관계로 이어지지 못한 것이다. 물론 이러한 분석이 친구에게 그다지 유쾌한 일은 아닐 것이다. 결혼을 하지 못한 근본적인 이유가 환경 때문이 아니라 (자신의) 능력 문제로 귀결되기 때문이다. 또 "지금이라도 괜찮은 사람이 나타나기만 하면 언제든 결혼할 수 있다"는 친구의 주장도 무색한 변명일 가능성이 높다. '괜찮은' 상대가 그 친구와 연인관계로 발전하는 것을 거부할 수 있기 때문이다.

그렇다면, 친구는 어떻게 해야 할까? 앞으로도 영원히 '솔로'로 지내야 하는가? 지금까지는 그다지 유쾌하지 못한 분석을 했으니 이제부터는 다소 희망적인 논의를 전개해보자. 먼저 예술 작품을 감상해보자.

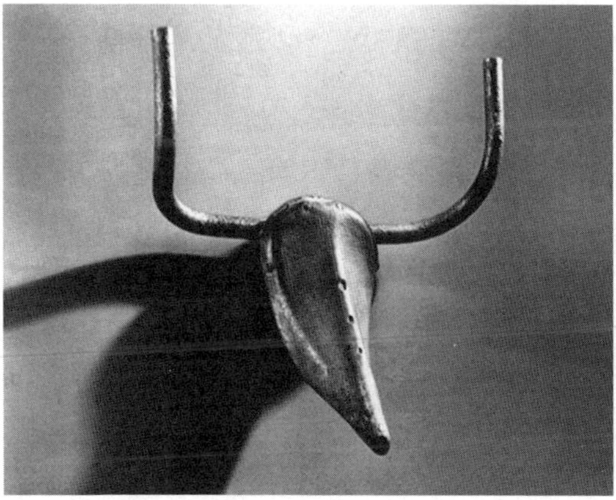

황소 머리, 피카소(1942)

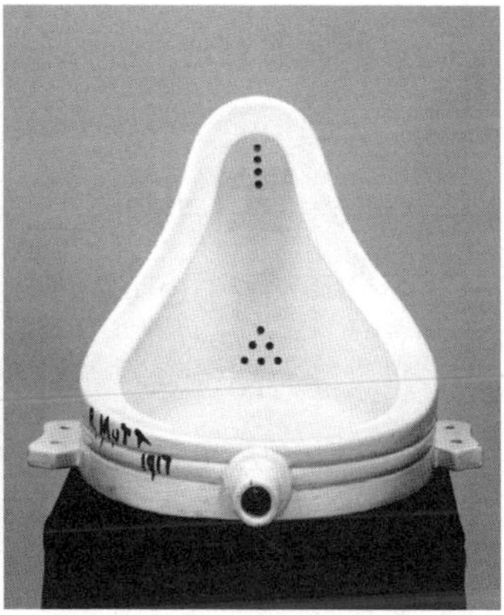

샘, 마르셀 뒤샹(1917)

왼쪽 작품은 파블로 피카소의 〈황소 머리〉라는 작품이다. 무엇으로 만든 것일까? 아마도 눈치 챘겠지만, 자전거 부품들이다. 피카소는 주변에서 흔히 볼 수 있는 자전거 안장과 핸들을 떼어내어 황소 모양을 창조해냈다. 작품을 보고 있노라면 '저 정도면 나도 만들 수 있겠다'는 생각이 들기도 한다. 심지어 '이런 것도 예술품인가?' 하는 생각에 당혹스럽기까지 하다. 당혹감을 잠시 뒤로하고, 오른쪽에 있는 한 가지 작품을 더 감상해보자. 이건 정도가 좀 더 심하다. 마르셀 뒤샹이라는 화가의 〈샘〉이라는 작품이다. 뒤샹은 화장실에 있는 소변용 변기를 옮겨와서 예술 작품이라고 우기고(?) 있다. 아무리 유명한 작가의 작품이라도 이런 것까지 예술품이라고 인정해줘야 할까?

처음 보는 사람이라면 다소 당혹스러울 수 있겠지만, 사실 뒤샹의 〈샘〉은 현대 미술에서 매우 중요한 위치를 차지하는 예술품이다. 이 발칙한 작품으로 인해 '레디메이드ready-made'라는 말이 생겨났으며, 이후 현대 미술의 스펙트럼이 무한대로 넓어졌기 때문이다. 뒤샹이 작품 〈샘〉을 통해 주장하는 바는 무엇일까? 레디메이드, 말 그대로 '이미 만들어진 기성품'이란 뜻이다. 이전까지 사람들의 인식 속에는 예술이란 화가가 직접 창조한 아름다운 것을 뜻했다. 그런데 뒤샹이 이러한 고정관념을 깨부수었다. 그는 이미 만들어진 기성품에서 아름다움을 발견하는 것도 예술이라고 주장한 것이다. 어떤 대상물(오브제)도 예술가의 관심과 창조 행위에 따라 그 본질이 달라진다는 논리다. 화장실 변기도 갤러리에 놓이는 순간 그 본질이 변하게 된다. 갤러리에 전시된 변기는 이제 설비가 아니라 예술 작품이 된다. 작가에 의해 예술품으로 창조된 것이다. 요컨대 기존에 존재하는 것에서 아름다움을 발견하는 것이 바로 '예술'이며, 그렇게 발견된 대상은 '예술품'이 된다.

다시 미혼의 친구 이야기로 돌아가 보자. 친구는 아직까지 괜찮은 사람(실은 매우 뛰어난 사람, 이상형)을 만나지 못해서 결혼하지 못하고 있다. 그렇다면 친구는 이제 어떻게 해야 할까? 본인이 이상형을 직접 찾아 나서는 것이 좋을까, 아니면 주변 사람이 소개해주기를 기다려야 할까? 피카소나 뒤샹이라면 이렇게 조언하지 않았을까. "레디메이드, 예술을 하라"고. 다시 말해, 애써 새로운 이상형을 찾거나 기다리지 말고 주변에 있는 사람 중에서 아름다움을 발견하라고 충고할 것이다. 레디메이드, 즉 예술적 감각으로 주변 사람 중에서 이상형을 창조하란 뜻이다(현대 미술에서는 모든 오브제가 예술의 대상이 된다. 따라서 이상형도 예술의 대상이 되지 말란 법이 없다).

"레디메이드 하라"는 주장이 다소 황당하게 들릴 수도 있겠지만, 전혀 일리가 없는 것은 아니다. 앞에서도 논의했듯이 괜찮은 사람과 그렇지 않은 사람이 명확히 구분되지 않으며, 누구에게나 괜찮은 면과 그렇지 못한 면이 동시에 내재되어 있다는 사실을 인정한다면 이제 방법을 바꿀 필요가 있다. 주변 사람 중에서 후보자 한 명을 고른 다음 괜찮은 면을 발견하거나 창조하면 된다. 발견이든 창조든 관계없이 괜찮은 면이 내 눈에 포착되는 순간, 그 사람이 바로 '괜찮은 사람'이 되는 것이다. 물론 이것이 가능하기 위해서는 자신에게 예술적 감수성이 필요한 것은 두말할 나위도 없다.

누구나 느끼겠지만, 현실에서는 좀처럼 이상형을 만나기 어렵다. 흔히 우리는 가까운 사람 중에는 '괜찮은 사람'이 별로 없다고 느낀다. 특히 결혼을 전제할 경우 더욱 그렇다. 주변 사람들 중에서 결혼 대상 후보에 오른 사람들은 대체로 치명적인 약점을 하나씩 가지고 있다[좀 괜찮아 보이는 사람은 대부분 임자가 있거나 유부남(녀)이다. 물론 이것은 치명적인 약점이다]. 그렇다 보니 이상형은 '천연기념물'이거나 '가까이 하기엔 너무 먼 당신'이 되고 만다. 결국 이래저래 솔로생활을 청산하기 어렵다. 왜 주변에는 이상형이 없는 것일까? 혹시 인연이 안 되어서, 아니면 신이 나에게만 가혹한 운명(이상형을 만나지 못하게 가로막는)을 내려서? 그렇지 않다. 주위에는 이상형이 지천으로 널려 있다. 다만 내가 발견하지 못했을 뿐이다. 이는 전적으로 자신의 예술 능력이 부족한 탓이다. 그래서 '레디메이드' 하지 못하는 것이다. 운명이나 환경을 탓할 문제가 아니라는 말이다.

니체도 예술적 감수성이 풍부한 사람이었다. 그는 이상형을 만나지 못한 솔로들을 위해 이런 말을 남겼다. "참된 사람은 스스로 대상을 창조한다." 그의 주장대로라면, 이상형은 인연이 있어 만나는 것이 아니라 스스로 창조하는 것이다. 어떻게? '레디메이드' 하면 된다. 주변 사람들에게서 이상형의 가능성을 발견하고 창조하면 되는 것이다. 니체는 또, "훌륭한 아버지가 없다면 그런 아버지를 자신에게서 만들어내야만 한다"고 말했다. 이 말은 이렇게도 해석할 수 있지 않을까? '괜찮은 이상형이 없다면, 스스로가 그런 이상형이 되어야만 한다'고.

박 과장에게로 눈을 돌려보자. 훌륭한 멘토를 만나지 못해서 인복이 없음을 한탄하는 박 과장은 이제 어떻게 해야 할까? 피카소나 뒤샹의 조언대로라면 '레디메이드' 하면 된다. 함께 근무하는 사람 중에서 훌륭한 멘토를 '발견'하면 된다. 그게 아니라면 '발명'이라도 해야 한다. 가르침을 줄만한 사람이 도무지 없으면, 타산지석의 묘라도 살려야 한다. 바른 길을 알려주는 것도 가르침이지만, 그른 길을 알려주어 가지 않게 하는 것도 좋은 가르침이다. 이것도 안 되면, "훌륭한 아버지가 없다면 그런 아버지를 자신에게서 만들어내야만 한다"고 니체가 말했듯이, 박 과장 스스로 훌륭한 멘토가 되어 누군가에게 훌륭한 가르침을 주어야 한다. 만약 그렇다면 박 과장에게는 더 이상 멘토가 필요 없다. 이미 남에게 가르침을 줄 정도인데 무슨 가르침이 더 필요하겠는가.

훌륭한 멘토나 괜찮은 이상형을 만나고 싶은가? 그렇다면 예술을 해야 한다. '레디메이드' 해야 한다. 그(그녀)를 만나기 위해 엉뚱한 먼 곳에서 헤매지 말고, 가까운 곳으로 눈을 돌려야 한다. 주변 사람 중에서 멘토나 이상형을 발견해야 한다. 그게 안 되면 발명(창조)이라도 해야 한다. 시인 김춘수도 〈꽃〉이라는 시에서 이렇게 노래하지 않았던가. "내가 그의 이름을 불러주었을 때 그는 나에게로 와서 꽃이 되었다." 내가 누군가의 이름을 불러주면 그는 나에게로 와서 '꽃(이상형)'이 된다. 나에게 호명되고, 창조된 사람이 바로 나의 이상형이다. 그는 내가 창조한 것이다. 또한 그를 불러 이상형으로 변화시킨 나는 '예술가'다. 결국 내가 예술가가 되면 이상형을 창조할 수 있다. 이것이 인생을 살면서 예술이 필요한 이유임과 동시에 누구나 예술가가 되어야 하는 이유이기도 하다. 이제부터 우리는 예술을 해야 한다. 사랑도 예술이고, 인생도 예술이다.

06 : 신神

신이 죽었다면 스스로가 신이 되어야 하는 것이 아닐까?

Q

하늘처럼 모시던 상사가 떠나버려 허탈한 생각이 들 때

오상수 과장은 갑자기 뒤통수를 맞은 기분이다. 그가 하늘처럼 모시고 따랐던 이 본부장이 갑자기 회사를 관두게 된 것이다. 이 본부장은 오 과장에게는 특별한 존재였다. 능력도 탁월하고 리더십도 좋아서 오 과장이 믿고 따랐던 몇 안 되는 상사였다. 언제나 어떤 길로 가야 할지 방향을 제시해주고, 어렵고 힘든 일이 있어도 언제나 힘이 되어주는 든든한 조력자였다. 한마디로 오 과장의 후견인이자 '비전'이었다.

그랬던 이 본부장이 최근에 회사의 경영진과 업무 추진 과정에서 마찰을 빚은 일도 있었고, 마침 다른 회사에서 스카우트 제의를 받더니 갑자기 회사를 떠나버린 것이다. 이러한 사태는 오 과장의 입장에서는 꿈에도 생각지 못한 일이다. 그는 지금껏 현재의 조직에서 이 본부장과 함께 끝까지 갈 거라고 믿었고, 능력 있는 그가 자신을 잘 이끌어줄 것이라고 철석같이 믿었다. 그랬던 그가 갑자기 퇴직해버리고 나니 오 과장은 당황스러움과 함께 뒤통수를 맞은 기분이 들었다. 하늘처럼 모시던 상사가 갑자기 퇴직해버린 상황에서 이제 오 과장은 어떻게 해야 할까?

A

좋아했던 유명인이 자살했을 때 자신도 삶의 의미를 잃고 함께 목숨을 끊는 경우가 있다. 이러한 현상을 가리켜 '베르테르 효과'라고 부른다. 이것은 독일의 문호 괴테가 1774년에 출간한 소설 《젊은 베르테르의 슬픔》에서 유래되었다. 작품에서 남자 주인공인 베르테르는 여주인공인 로테를 열렬히 사랑하지만 그녀에게 약혼자가 있다는 사실을 알고는 실의에 빠져 끝내 권총 자살로 생을 마감하고 만다. 이 소설은 당시 문학계에 새로운 바람을 일으키며 일약 베스트셀러가 되었다.

그런데 작품이 유명해지자 문제가 생겼다. 실의에 빠져 고민하던 베르테르의 모습에 공감한 많은 젊은이들이 자살을 따라 하는 현상이 발생했다. 갑자기 자살률이 급증하는 사태가 벌어진 것이다. 이 때문에 유럽 일부 지역에서는 이 책의 발간이 중단되는 일까지 벌어졌다. 이처럼 베르테르 효과란 자신이 롤모델로 삼거나 존경하던 인물 또는 영향력 있는 유명인이 자살할 경우, 그 사람과 자신을 동일시해서 자살을 시도하는 현상을 일컫는다. 미국의 사회학자인 필립스가 20년 동안 자살을 연구하면서 유명인의 자살이 언론에 보도된 뒤 자살률이 급증한다는 사실을 밝혀내면서 이를 '베르테르 효과'라고 이름 붙였다.

자신이 열렬히 좋아했던 사람이 죽는다면 그것은 분명히 슬픈 일이다. 하지만 아무리 좋아했기로서니 단순히 슬퍼하는 수준을 넘어서 목숨까지 끊는 행위는 좀처럼 납득하기 어렵다. 이러한 베르테르 효과를 어떻게 이해해야 할까? 그렇다면 어떤 사람이 베르테르 효과에 감염되는 것일까? 정확히는 알 수 없지만, 설득력 있는 추론 중 하나는 그 대상이 당사자에게는 평범하지 않은 특별한 사람, 다시 말해 '절대적인 존재'이기 때문이라는 주장이다. 자신과 평범한 관계인 사람이 죽었다고 해서 그런 극단적인 선택을 하는 경우는 드물다. 가령 친구가 갑자기 세상을 떠났다고 치자. 이는 무척 슬픈 일이지만 이 때문에 자신도 따라서 목숨을 끊는 일은 거의 없다. 어떤 사건으로 인해 목숨까지 버리는 행위는 그 일이 자신의 삶과 존재의 의미조차 사라지게 만드는 '절대적인' 사건이기에 가능한 일이다. 그 사람 없이는 이제 더 이상 아무런 삶의 목적도, 의미도 가질 수 없기 때문에 목숨까지 버리는 것이다.

이런 의미로 보자면, 베르테르 효과는 다분히 '종교적'이라고 볼 수 있다. 자신의 삶에 있어 '절대적인' 존재인 그 대상은 마치 '신神'과도 같기 때문이다. 절대적인 대상이 없어졌기에, 다시 말해 신이 죽었기에 자신이 존재할 하등의 이유를 찾을 수 없는 것이다. 따라서 함께 생을 마감하는 것이다. 그렇다면 절대적인 신이 죽었다는 사실만으로 자신의 존재 이유까지 부정하는 행위는 합당한 것일까? 이 대목에서 "신은 죽었다!"는 혁명적인 주장으로 유명한 니체의 생각을 한번 들어보자.

> 신은 죽었다! 신은 죽어버렸다! 우리가 신을 죽인 것이다! 그런 행위를 할 자격이 있으려면 우리 스스로 신이 되어야 하는 것이 아닐까? 이보다 더 위대한 행위는 없었다. 우리 이후에 태어난 자는 이 행위 때문에 지금까지의 역사보다 더 높은 역사에 속하게 될 것이다! ___《즐거운 학문》

니체 하면 가장 먼저 떠오르는 말이 "신은 죽었다!"는 선언일 것이다. 그는 왜 이런 극단적인 주장을 한 것일까? 니체는 '절대적인' 신을 부정하였다. 신에 대한 숭배가 자신의 삶을 부정하는 결과를 낳기 때문이다. 삶의 중심에 절대적인 신이 자리하고 있으면, 정작 자기 자신은 주변으로 밀려나고 만다. 중심에서 벗어난 사람은 삶의 주인으로 살기 어렵다. 매 순간마다 자신의 뜻이 아닌 '신의 뜻'대로만 살아야 하기 때문이다. 스스로 삶의 주인이 되기 위해서는 중심에 자리하고 있는 신을 바깥으로 끌어내야 한다. 이런 의미에서 니체는 "신은 죽었다!"는 선언을 넘어서 "우리가 신을 죽인 것이다!"라고 주장하였다. 삶의 주인이 되고자 하는 자는 자신의 삶을 지배하는 신을 죽여야 한다는 논리다.

여기까지만 보면 니체는 분명히 무신론자로 이해된다. 하지만 그가 "신은 죽었다!"고 주장한 이후의 말까지 해석할 필요가 있다. 그는 말한다. "우리가 신을 죽인 것이다!" 신이 스스로 죽은 것이 아니라, 우리가 신을 죽여버린 것이라는 끔찍한 주장이다. 더 나아가 그는 우리가 신을 죽일 자격이 있으려면 "우리 스스로 신이 되어야 하는 것은 아닐까?" 하고 되물었다. 이 지점이 중요한 포인트다. 니체는 "신은 죽었다!"는 선언을 통해 절대적이고 초월적인 신의 존재는 부정하였지만, 모든 신의 존재를 부정한 것은 아니다. 우리가 신을 죽였기 때문에 대신 그 자리에 "우리 스스로 신이 되어야 한다"고 역설하고 있는 것이다. 이렇게 보면 그의 주장은 무신론이라기보다는 범신론汎神論에 가깝다. 절대적인 신이 없어진 자리에 우리 스스로 그 역할을 대신해야 한다고 주장하고 있기 때문이다.

한번 생각해보자. 니체의 주장처럼 한낱 인간이 하늘 같은 '신'을 죽이는 일이 쉬운 일일까? 절대 그렇지 않다. 신을 절대적인 존재로 인식하는 사람은 감히 신을 죽인다는 상상조차 하기 어려운 일이다. 그럼 어떻게 해야 할까? 인간이 신을 죽이기 위해서는 먼저 신에 대한 인식부터 바꾸어야 한다. 신을 '절대적인' 존재로 인식하는 것이 아니라 '만만한' 존재로 격하시켜야 한다. 이제 신은 절대적인 존재가 아니라 인간과 별반 차이가 없는 평범한 존재가 되었다. '평범한' 신이라면 우리가 죽이지 못할 이유가 없게 된다.

아울러 이러한 논리라면 이제 우리가 신이 되는 것도 불가능한 일은 아니다. 니체는 "신은 일종의 억측이다. 만약 신들이 존재한다면, 내가 신이 아니라는 사실을 어떻게 참고 견뎌낼 수 있겠는가?" 하면서 절대적인 신의 존재를 우리 인간과 같은 수준으로 끌어내렸다(아니, 인간을 신의 위치로 격상시켰다고 보아야 하나? 어쨌거나). 마침내 우리는 신과 비슷한 위치에 서게 되었다. 신과 동격同格이 된 것이다. 따라서 이제 우리가 신이 되는 것도 불가능한 일이 아니게 되었다. 요컨대 절대적인 신이 죽은 자리에 내가 신이 되어 자리 잡고 있어야 비로소 자신이 원하는 삶을 살아갈 수 있다는 뜻이다.

세속적인 종교를 신봉하는 사람이라면 신의 존재 자체를 부정하는 니체의 주장이 불편하게 들릴 수도 있다. 하지만 신의 존재 여부가 인간의 생각이 만들어낸 환상에 불과하다는 데 동조하는 인문학자들도 많다. 프랑스 소설가 앙드레 지드는 "내가 신을 생각하기를 멈추면 신은 존재하기를 멈추는 것이었다. 다만 나의 찬미하는 마음만이 신을 창조하고 있었다"면서 인간의 마음이 신의 존재를 만들어냈다고 주장했다. 불교 시인인 김달진도 신의 본질에 대해 종교인답지 않은 주장을 펼친다. "가지가지의 형태와 본질을 가지고 역사에 나타난 모든 신은 결국 인간의 신이었다. 신의 신이 아니었다. (……) 그러므로 우리는 언제나 신에게서 인간밖에 본 것이 없다." 시인 이성복도 신에 대해 매우 '인간적인' 해석을 내놓았다. "신은 우리와 같은 공단에서 일하는데, 언제나 야근을 도맡아 한다. 그에게는 애인도, 누이도, 고향도 없다." 그들의 주장을 정리하면, 신은 인간과 다른 절대적인 존재가 아니며, 인간이 만들어낸 "일종의 억측"에 불과하다는 말이다.

처음으로 돌아가 보자. 하늘같이 믿고 따랐던 상사가 갑자기 회사를 그만둔 상황에서 오 과장은 이제 어떻게 해야 할까? 니체라면 "신이 죽었으니 이제 네가 신이 되라"고 조언하지 않았을까. 그렇다. 절대적으로 숭배하던 상사가 떠났다는 것은 (절대적으로 믿던 신의 존재가 없어진 것처럼) 매우 불안한 사건이다. 그렇지만 다른 쪽으로 생각해보면 매우 좋은 기회가 될 수도 있다. 이제 스스로 신이 될 수 있는 기회가 주어진 셈이다. 신의 도움 없이 자신의 삶을 스스로 펼쳐나갈 수 있는 무한한 가능성이 열렸기 때문이다. 이 지점에서 오 과장에게 도움이 될 니체의 주장을 하나 더 살펴보자.

> 실제로 우리 철학자들, '자유로운 정신들'은 늙은 신이 죽었다는 소식에서 새로운 아침놀이 비치는 듯한 느낌을 받고 있다. (……)

> 마침내 우리의 배가 다시 출항할 수 있게, 모든 위험을 향해 출항할 수 있게 된 것이다. (……) 바다가, 우리의 바다가 다시 열렸다.
>
> ___《즐거운 학문》

니체의 관점에서 보자면, "신이 죽었다!"는 소식은 매우 긍정적인 신호다. 새로운 아침놀이 비치고 있는 셈이다. 이제 '신의 배'가 아니라 '우리의 배'가 다시 출항할 수 있게 되었다. "우리의 바다가 다시 열린" 것이다. 하늘같이 믿고 따랐던, 신적인 존재와도 같았던 상사가 사라졌다는 사실은 이제 '자신의 배'가 출항할 수 있는 기회가 주어졌다는 신호다. 이제 비로소 '신(상사)의 뜻' 대로가 아니라 자신의 뜻대로 삶을 살아갈 수 있는 계기가 만들어진 것이다. 달리 표현하면, 절대적인 상사의 그늘에서 벗어날 수 있는 절호의 기회다. 이 상황은 불안해할 것이 아니라 기뻐해야 할 일이다. 물론 불안하고 위험이 뒤따르기도 하겠지만 용기를 가지고 새로운 바다를 향해 힘차게 노를 저어 나가야 한다. 활짝 펼쳐진 미래의 가능성을 향해 자신을 내던져야 한다. 이제부터는 누구에게도 의지하지 말고 스스로 '신'이 되어야 한다. 스스로 신이 되어야 비로소 자신의 삶을 주인으로서 살아갈 수 있는 법이다.

2장

가치 전도, 가치의 '가치'를 되묻다

VALUE

07 : 희망

희망은 실로 재앙 중에서도 최악의 재앙이다

Q 버릇처럼 매주 복권을 사게 됩니다

대부분의 사람이 그러하듯이 정그래 과장도 미래에 대한 불안감이 적지 않다. 특별히 부도날 염려를 하지 않아도 될 만큼 탄탄한 직장에 다니면서 남들에 비해 결코 적지 않은 연봉을 받고 있음에도 미래에 대한 전망은 그다지 희망적이지 않기 때문이다. 생각해보면 하루하루 열심히 살고 있지만 노후를 대비해 특별히 준비해둔 것도, 준비하고 있는 것도 없다. 그렇다고 해서 현재 상태가 딱히 문제가 되는 것도 아니어서 당장 무엇이라도 해야겠다는 생각은 없다. 미래가 약간 불안하긴 하지만 그럭저럭 일상을 보내고 있다. 물론 정 과장도 미래에 대한 불안 때문에 무엇인가 준비해야 한다고 생각한다. 하지만 현실은 그를 한가하게 내버려두지 않는다. 해도 해도 끝이 없는 업무, 위에서 수시로 떨어지는 긴급한 과제들, 해결을 필요로 하는 여러 가지 인간관계 등이 매번 발목을 잡는다. 그래서 미래를 위한 투자나 준비는 항상 뒷전으로 밀려나기 일쑤다. 그 결과, 미래에 대한 희망도 아득히 멀어지고 있다.

상황이 이렇다 보니 정 과장은 매주 로또 복권을 사는 게 버릇이 되었다. 복권만이 미래에 대한 희망을 품게 해주기 때문이다. 운 좋게 1등에 당첨된다면 한방에 '인생역전'이 가능하다. 물론 정 과장도 1등 당첨 확률이 매우 낮다는 것을 잘 알고 있다. 그래도 그는 매주 복권을 구매한다. 왜냐하면 잠깐 동안이지만, 복권 구매만으로 미래에 대한 작은 희망이라도 가질 수 있기 때문이다. 매주 그렇듯이 오늘도 정 과장은 로또 복권을 샀다. 매주 로또 복권을 사는 정 과장은 과연 1등에 당첨되는 행운을 얻을 수 있을까? 설령 1등에 당첨되지 않더라도 미래에 대한 조그마한 희망이라도 품을 수 있기에 그의 행동은 충분히 의미 있는 것일까?

A

여기 사랑을 갈구하는 두 남자가 있다. 영수와 철수. 그들은 각자 마음에 드는 이상형을 찾아서 구애에 나섰다. 그러나 결과는 둘 다 좋지 못했다. 그들에게 상대가 보인 반응은 대체로 이랬다.

영수의 그녀 나는 당신이 전혀 끌리지가 않아요. 그러니 앞으로 두 번 다시 나를 찾지 마세요!

철수의 그녀 당신이 싫지는 않지만, 그렇다고 끌리지도 않네요. 시간이 지나면 마음이 바뀔지도 모르겠지만, 지금은 아니에요.

영수는 단호하게 퇴짜를 맞은 반면, 철수는 거절을 당하긴 했으나 그래도 약간의 여지가 남아 있다. 둘 중에서 누가 더 잘된(?) 것일까? 우리는 누구에게 더 많은 위로의 말을 건네야 할까?

우리는 대개 '희망'을 긍정적으로 해석하려는 경향이 있다. 현실이 아무리 힘겹고 고통스러워도 당사자에게 희망이 있고 그 끈을 놓지 않는 한 인생은 살만한 것이며 심지어 아름답기까지 하다고 말한다. 희망이 고통을 견디게 하고, 지금보다 나은 미래를 꿈꾸게 하기도 한다. 하지만 희망이 언제나 긍정적인 결과로 이어지는 것은 아니다. 왜냐하면 현실의 고통을 감내하는 데는 도움을 주지만, 궁극적으로 현실의 문제를 없애거나 미래를 바꾸어주지는 않기 때문이다.

니체는 희망을 부정적으로 해석했다. 먼저 그의 주장을 들어보자.

희망은 실로 재앙 중에서도 최악의 재앙이다. 왜냐하면 희망은 인간의 고통을 연장시키기 때문이다. ―《인간적인 너무나 인간적인 1》

니체는 희망을 '재앙'이라고 표현했다. 희망이 오히려 "고통을 연장시키기 때문이다". '정말 희망이 고통을 줄까?' 하고 의아해할지 모르겠지만, 그의 주장을 찬찬히 따져보면 수긍이 간다. 앞의 경우를 살펴봐도 그렇다. 완전하게 퇴짜를 맞은 영수는 얼마 동안은 마음의 상처가 크겠지만 곧 새로운 이상형을 찾아 나설 수도 있다. 하지만 철수의 상황은 약간 다르다. 일말의 가능성 때문에 새로운 사랑을 찾아 나설 수도 없다. 그에게는 약간의 '희망'이 남아 있기 때문이다. '혹시 상대의 마음이 바뀌지나 않을까' 하는 생각 때문에 현재 상태에서 벗어나지 못한다. 하지만 현실에서 그는 여전히 구애에 실패한 사람일 뿐이다. 그러니 고통스러울 수밖에. 결국 철수가 가진 약간의 희망은 그의 고통을 연장시키고, 새로운 사랑을 찾아 나설 기회마저 봉쇄해버린다.

살면서 무엇인가에 대해 희망을 가진다는 것은 긍정적으로 작용하기도 하지만, 니체의 주장처럼 재앙이 되기도 한다. 희망希望이란 '미래에 대해 어떤 기대를 가지고 바라는 상태'를 말한다. 하지만 기대가 있다고 해서 곧 기쁨이 보장되는 것은 아니다. 가령 추운 겨울밤에 정류장에서 마지막 버스를 기다리고 있다고 치자. 마지막 버스가 끊겼는지 아닌지는 정확히 모른다. 이런 상황이라면 계속 기다리는 편이 나을까, 아니면 그냥 포기하고 다른 교통수단(택시)을 이용하는 것이 현명한 선택일까? 막차에 대한 기대를 포기한 사람이라면 아마 택시를 타고 귀가할 것이다. 하지만 막차에 대한 기대(희망)를 버리지 못한 사람이라면 언제 올지 모를 버스를 마냥 기다릴 수밖에 없다. 추위에 벌벌 떨면서 언제 올지도 모를 고도Godot를 기다리는 사람처럼. 이처럼 미래에 대한 기대, 즉 희망은 우리를 고통에 빠뜨리기도 한다.

희망은 왜 우리에게 고통을 줄까? 철학자 스피노자는 자신의 책《에티카》에서 희망을 이렇게 정의했다. "희망은 우리가 그 결과에 대해 어느 정도 의심하는 미래나 과거의 사물 관념에서 생기는 불확실한 기쁨이다." 그의 정의가 다소 어렵게 느껴지기도 하지만(원래 철학자들은 별것 아닌 것에 대해서도 어렵게 말하는 경향이 있다), 정리하면 대략 이런 말이다. 희망은 '결과가 어느 정도 의심되는 기쁨'이다. 결과가 의심된다는 말은 불확실하다는 뜻이다. 다시 말해 희망은 '결과가 불확실한 기쁨'이다. 기쁨이긴 하지만 결과가 불확실하기에 온전한 것이 아니다. 앞으로 어찌될지 모른다.

니체가 희망이 고통을 연장시킨다고 주장한 이유를 눈치 챘는가? 그 이유는 결과에 대한 '불확실성' 때문이다. 결과가 불확실하기 때문에 또 다른 선택도 하지 못한 채 현재 상태에 머무르고 만다. 이러지도 저러지도 못하고 그 자리에서 헤어나지 못한다. 만약 결과가 확실하다면 아무리 힘들어도 현재의 고통을 감내하거나 포기하고 다른 선택을 할 수 있을 것이다. 하지만 희망을 가진 사람은 결과에 대한 불확실성 때문에 다른 선택을 하지 못한 채 현재의 고통을 감내할 수밖에 없다. 마치 혹시 나타날지도 모를 이상형을 기다리다가 혼기婚期를 훌쩍 넘긴 노총각(노처녀)이 쓸쓸함을 견디듯이.

몇 년째 고시를 준비하는 수험생이 고통스러운 이유도 이와 유사하다. 고시 준비생의 고통은 시험을 준비하는 데 들여야 하는 노력 때문만은 아니다. 피나는 노력에도 불구하고 자신이 합격할 수 있을 것인지의 여부가 '불확실하기' 때문이다. 그래서 수차례 낙방해도 포기하지 못한다. '혹시나?' 하는 마음 때문이다(하지만 대부분 '역시나!'로 끝난다). 결국 고시 합격에 대한 희망은 그로 하여금 다른 선택을 가로막고 현재 상태를 지속하게 만드는 동인動因으로 작용한다. 그러나 대개의 경우 그 결과는 고통으로 점철되고 만다.

이처럼 희망은 우리를 고통의 굴레로 밀어 넣을 수도 있다. 그렇다면 희망을 갖지 않는 편이 좋을까? 당연히 그렇지는 않다. 미래에 대한 희망 없이는 현재의 삶을 긍정할 수도, 충실할 수도 없다. 희망은 우리로 하여금 삶에 대해 열정을 쏟게 만들고 무엇인가에 몰입하게 하는 긍정적인 효과가 있다. 하지만 모든 희망이 긍정적인 것은 아니다. 앞의 예에서처럼 어떤 희망은 오히려 다른 선택을 가로막고 현재 상태에 머물게 함으로써 고통을 연장시키기도 한다.

긍정을 주는 희망과 고통을 주는 희망. 둘의 차이는 무엇일까? 어떻게 구분할 수 있을까? 그것은 희망이 갖는 '불확실성'을 자신이 얼마나 제거할 수 있는지에 달렸다. 자신의 노력으로 결과에 대한 불확실성을 어느 정도 제거할 수 있다면, 그 희망은 삶에 대한 긍정으로 바뀔 것이다. 내가 노력하기만 하면 그 희망을 현실로 바꿀 수 있기 때문이다. 반면, 아무리 많은 노력을 기울여도 불확실성이 완화되거나 없어지지 않는다면, 그 희망은 자신의 삶을 황폐하게 만들 수도 있다. 전자의 경우를 '희망'이라고 부른다면, 후자는 '희망고문'이라고 부르는 것이 타당하다. 희망한 대로 되지 않으리라는 것을 어느 정도 예상하면서도 '혹시 될지도 모른다'는 가느다란 끈을 놓지 않는 희망고문은 우리의 고통을 연장시킬 뿐이다.

그렇다면 희망 속에 내포되어 있는 불확실성은 어떻게 제거할 수 있을까? 지극히 상식적인 말이지만, 그 방법은 희망에 상응하는 노력과 실천이다. 희망에 걸맞은 노력과 실천이 전제된다면 불확실성을 상당 부분 없앨 수 있다. 그 결과, 희망이 실제로 이루어질 것이라는 믿음을 갖게 되고, 그 믿음은 또다시 우리의 노력과 실천을 배가시키는 선순환 작용으로 이어진다. 그러다 보면 희망은 마침내 현실이 된다. 반면, 노력이나 실천이 뒷받침되지 않는다면 희망은 여전히 불확실한 상태로 남을 수밖에 없다. 이때 희망은 약간의 위안을 줄지는 모르겠지만, 현실의 고통까지 없애주지는 못한다. 오히려 그 희망으로 인해 고통이 계속 연장될 뿐이다.

이제 니체가 희망을 고통이라고 주장한 이유를 이해했을 것이다. 니체도 희망 자체를 부정하지는 않았다. 아무런 노력 없이 단지 희망을 갖는 것만으로 남루한 현실의 고통에서 위로 받으려는 사람들의 비겁함을 질타하고 있을 뿐이다. 삶에서 희망이 긍정적인 의미를 갖기 위해서는 그것을 이루기 위한 노력과 실천이 전제되어야 한다. 노력과 실천이 뒷받침되지 않는 희망은 거짓 희망에 불과하다. 그것은 희망이 아니라 희망고문이다. 시인 이성복도 단지 희망에 매달리는 것을 경계하며 이런 말을 남겼다.

"희망 그 자체는 낙관적인 것이라 하더라도 희망에 매달리는 일은 그리 낙관적인 것이 아니다."

이제 매주 로또 복권을 사는 정 과장에게로 시선을 돌려보자. 그는 왜 매주 복권을 구매하는가? 그것이 그에게 다소간의 희망을 주기 때문이다. 혹시 이번 주에는 1등에 당첨되어 인생역전이라도 이룰 수 있지 않을까 하는 기대라도 가질 수 있기 때문이다. 그렇다면 정 과장이 복권을 구매함으로써 갖는 기대는 희망일까, 희망고문일까? 당연히 희망고문이다. 당첨 확률이 제로에 가까워 그의 기대가 현실로 이루어지지 않을 것이기에 그렇고, 노력한다고 해서 당첨 확률이 높아지지도 않기에 그렇다. 따라서 '혹시나?' 하는 기대는 '역시나!'로 끝나버린다. 결국 매주 복권을 구매하지만, 현실은 개선되지 않고 고통만 지속될 뿐이다.

그렇다면 이제 정 과장은 어떻게 해야 할까? 더 이상 희망을 가지지 말아야 할까? 그렇지 않다. 미래에 대한 희망을 포기해서는 안 된다. 중요한 것은 그 희망을 현실로 바꾸려는 노력과 실천이다. 희망이 가진 불확실성을 제거하기 위한 노력과 실천. 그러기 위해서는 '로또 복권 1등 당첨' 같은 무모한 희망을 가져서는 안 된다. 자신의 힘으로 변화시킬 수 있는 미래를 목표지점으로 설정하고 그것을 이루기 위해 부단히 노력하고 실천해야 한다. 거듭 말하지만, 노력과 실천이 뒤따르지 않는 희망은 거짓 희망이요, 희망고문이다. 무엇인가를 희망하고 있는가? 그렇다면 그에 걸맞게 노력하고 실천해야 한다. 그렇지 않으면 그 희망이 우리를 고통의 늪에서 더욱 헤어 나오지 못하게 만들지 모른다.

08 : 습관

습관은 손을 기민하게 만들지만 생각은 무디게 한다

Q 익숙해진 업무를 계속하는 게 좋을까?

오상수 과장은 10년째 같은 부서에서 동일한 업무를 맡고 있다. 어느덧 그는 부서에서 가장 오래 근무한 사람이 되었다. 직원이 새로 발령받아 오면 업무 OJT는 항상 오 과장이 도맡아서 한다. 자기 분야에서만큼은 전문가나 달인이라고 불려도 전혀 이상할 것이 없다. 따라서 오 과장은 업무로 인한 스트레스는 거의 받지 않는다. 어떤 일이라도 별 고민 없이 뚝딱 해치우기 때문이다. 물론 이러한 오 과장의 능력은 10년째 같은 일을 해오면서 쌓인 노하우 때문이다. 한마디로 습관이 되어 익숙해진 탓이다. 그래서 남들보다 빠르면서도 손쉽게 일을 처리할 수 있게 된 것이다.

주변 사람들은 어려운 일도 거침없이 해내는 오 과장의 능력을 부러워한다. 하지만 그런 오 과장에게도 고민은 있다. 매번 같은 일을 습관적으로 하다 보니 재미가 없고 싫증이 날 때가 많다. 업무에 대한 권태를 느끼기 시작한 것이다. 그래서 팀을 옮겨볼까 생각하기도 했지만, 지금껏 쌓아놓은 노하우를 버리고 처음부터 다시 새로운 일을 시작하는 것도 엄두가 나지 않았다. 오 과장은 권태롭긴 하지만 습관이 되어 익숙해진 업무를 계속하는 것이 좋을까, 아니면 새로운 일을 찾아 나서는 것이 좋을까?

A 시작하기 전에 퀴즈 하나만 풀어보자. 나는 누구일까?

나는 당신의 영원한 동반자입니다. 또한 당신의 가장 훌륭한 조력자일 뿐 아니라 가장 무거운 짐이 되기도 합니다. 나는 당신을 성공으로 이끌기도 하지만, 끝없는 실패의 나락으로 끌어내리기도 합니다. 하지만 나는 전적으로 당신이 하는 대로 그저 따라가기만 할 뿐입니다.

그러나 정말 아이러니하게도 당신 행동의 90%가 나에 의해 좌우됩니다. 나는 당신의 행동을 빠르고 아주 정확하게 좌지우지하고, 또한 그것이 나에게는 매우 쉬운 일입니다. 당신이 어떻게 행동하는지 몇 번 보고 나면 나는 자동적으로 그 일을 해냅니다. 나는 위대한 사람들의 하인일 뿐 아니라 실패한 모든 이들의 주인이기도 합니다.

나는 인공지능 기계처럼 정밀하지만 그렇다고 해서 기계는 아닙니다. 나를 당신의 이익을 위해 이용할 수도 있고, 당신의 실패를 위해 사용할 수도 있습니다. 그것은 나와는 아무런 상관이 없습니다. 나를 착취하십시오. 나를 훈련시키십시오! 그리고 나를 확실하게 당신 것으로 만든다면 나는 당신의 발 앞에 이 세상을 가져다줄 것입니다. 만일 당신이 나를 가볍게 여긴다면 나는 당신을 파멸의 길로 이끌 것입니다.

나는 바로…… (　)입니다.

이 이야기는 스티븐 코비 박사의 세계적인 베스트셀러《성공하는 사람들의 7가지 습관》에 소개되어 유명해졌다. 무엇에 대한 설명일까? 바로 '습관'이다. 코비 박사는 좋은 습관을 들이기만 하면 누구나 성공에 이를 수 있다고 주장한다. 반대로 좋은 습관을 들이지 못하면 인생에서 실패할 수밖에 없다는 의미이기도 하다. 개개인이 가진 습관이 '자동적으로' 행동하게 만듦으로써 성공과 실패를 결정해준다는 논리다. 요컨대 성공하고 싶은 사람이라면 좋은 습관을 만들기 위해 노력하라는 말이다.

이렇게 한번 물어보자. (코비 박사의 주장처럼) 삶에서 좋은 습관을 들이는 것은 정말 필요한 일일까? '지극히 당연한 것을 왜 물어보는가?' 하고 의아해할 수도 있겠지만, 미리부터 단정 짓지 말고 '습관'이라는 주제에 대해 다시 한 번 생각해볼 필요가 있겠다. 어쩌면 '좋은 습관을 들이는 것이 무조건 좋다'는 생각도 우리가 별 생각 없이 받아들인 '습관적인' 반응일 수도 있으니 말이다.

사전적 의미로 습관習慣은 '익혀서 익숙해진 행동'이다. 어떤 행위를 오랫동안 되풀이하는 과정에서 저절로 익힌 행동 방식을 말한다. 즉 어떤 행위를 반복하면서 생긴 비교적 고정된 반응 양식이 '습관'이다. 사람은 누구나 자기만의 습관을 가지고 있다. 아침에 눈을 뜨자마자 담배를 찾는 사람이 있는가 하면, 스마트폰부터 집어 드는 사람도 있다. 이것은 '생각한 후'에 한 행동이 아니라 '저절로 일어난' 것이다. 의식이 아니라 습관이 이끈 행동이다. 습관은 우리가 의식하지 못하는 사이에 사전에 입력된 대로 한 치 오차도 없이 행동하게 만든다. 마치 사전에 프로그래밍이 된 로봇처럼.

우리가 습관에 대해 숙고해봐야 할 이유는 그것이 행동을 통제하는 데만 그치지 않는다는 데 있다. 그것은 우리의 '의식'이나 '생각'에까지 영향을 미친다. 사람들은 '습관적으로' 생각하는 경우가 많다. 예를 들어보자. 사람들은 대부분 '반드시 대학을 가야 한다'거나 '결혼을 꼭 해야 한다'고 생각한다. 하지만 이러한 생각은 깊이 숙고한 후에 내린 결론일까? 그렇지 않다. 별 생각 없이 당연하다고 받아들인 결과일 뿐이다. 다시 말해 우리의 의식이 '습관적으로' 그러한 논리를 수용했을 따름이다. 습관적으로 받아들였다는 것은 깊이 생각하지 않았다는 뜻이기도 하다.

이처럼 습관은 의식적인 행동이나 생각을 방해한다. 명민한 철학자 니체가 습관의 이러한 작용을 놓쳤을 리가 없다. 그는 습관이 사람들로 하여금 '행동은 빠르게, 생각은 무디게' 만든다고 보았다. 먼저 습관에 대한 그의 발견을 알아보자.

> 모든 습관은 우리의 손을 더 기민하게 하고, 우리의 지적 기민함을 더 무디게 한다. ―《즐거운 학문》

니체는 습관이 "우리의 손을 더 기민하게" 만든다고 보았다. 습관의 이러한 특성은 작업효율을 높이는 데 긍정적으로 작용한다. 가령, 일정한 속도로 돌아가는 컨베이어 벨트 위에서 제품을 조립해야 하는 작업자는 정해진 속도에 맞춰 가장 단순한 방법의 동작을 반복하는 것이 좋다. 즉 최적의 작업 메커니즘을 '습관적으로' 반복하는 것이 가장 효율적이다. 동작이 습관화되어 있다는 것은 불필요한 동작 없이 기계적으로 반복한다는 의미이기도 하다. 마치 자동화된 로봇처럼 말이다.

한편, 어떤 일을 습관적으로 반복하는 작업자는 자신도 모르는 사이에 생각이 없어진다. 기계적으로 반복하기만 하면 되므로 굳이 생각할 필요가 없기 때문이다. 어찌 보면 작업이 빠르게 반복되기 때문에 생각할 여유조차 없다고 보는 편이 더 타당할지 모른다. 이런 의미에서 니체는 습관이 "우리의 지적 기민함을 더 무디게" 만든다고 했다. 습관은 생각을 무디게 하고, 역으로 생각은 습관의 적이다. 행동은 기민하게, 생각은 무디게 만드는 습관의 특성은 아무래도 고용주 입장에서는 고마울 수밖에 없다. 좋은 작업습관을 가진 자가 그렇지 못한 사람보다 생산성이 월등하게 뛰어나기 때문이다.

그렇다면 고용주가 아닌 피고용인의 입장(이 책을 읽고 있는 대부분이 이들이 아마 그럴 것이다)에서는 어떨까? 대다수의 피고용인 입장에서도 습관은 소중한 것일까? 물론 좋은 작업습관을 가진 이는 다른 사람보다 생산성이 높아서 더 많은 보수를 받을 수도 있다. 하지만 습관을 무작정 긍정할 수만은 없다. 니체가 말했듯이 습관이 우리의 행동은 기민하게 만들지만, 생각은 무디게 만들기 때문이다. 어떤 일을 매번 습관적으로 한다는 것은 별 생각 없이 기계적으로 해낸다는 의미이기도 하다. 아무 생각 없이 프로그래밍이 된 일을 수행하는 기계나 로봇처럼 사는 것을 마냥 긍정할 수만은 없다.

물론 업무 특성에 따라서는 습관적으로 일하는 것이 더 좋을 수도 있다. 단순업무를 반복해야 하는 직업이라면 습관적으로 일하는 것은 생산성을 높이는 데 효과적이다. 하지만 시시각각 변화하는 시장 환경에 발맞추어 능동적으로 대응해야 하거나 경쟁 상황에서 승리하기 위한 전략을 짜야 하는 업무라면 습관적인 대응 방식이 효과적일 수는 없을 것이다. 이 같은 업무에서 습관적인 일 처리는 오히려 치명적인 결과를 낳을 수도 있다. 흔히 조직에서 중요하게 여겨지는 기능들, 가령 기획이나 마케팅, 관리, 영업 등 은 대부분 습관적으로 대응해서는 곤란한 업무다.

업무뿐만이 아니다. 삶의 전반에 습관적인 태도가 자리 잡고 있으면 이 또한 문제가 된다. 삶을 기계적으로 살고 있다는 의미이기 때문이다. 대표적인 것이 돈에 대한 태도다. 대체로 사람들이 돈에 대해 갖는 생각이나 행동은 지극히 '습관적'이다. 어떤 상황에서도 돈은 좋은 것이며, 많을수록 좋다고 생각한다. 돈 되는 일이 '선善'이고, 돈을 잘 버는 일이 좋은 직업이라고 생각한다. 우리는 대체로 돈을 최우선 기준으로 삼아 삶을 선택한다. 대학에서 전공을 선택할 때도 그렇고, 직장을 선택할 때도 마찬가지다. 심지어 배우자를 선택하는 기준도 돈이 최우선인 경우가 많다.

이처럼 우리의 의식에는 '돈이 최고'라는 관념이 깊이 각인되어 있다. 한마디로 '습관'이 되어버렸다. 하지만 문제는 우리가 '습관적으로' 돈을 추구한다고 해서 그것이 쉽게 주어지지 않는다는 데 있다. 그렇지 않은가? 누구나 돈을 벌려고 열심히 노력하지만 정작 돈은 우리의 기대를 배신할 때가 많다. 항상 돈을 갈망하지만 현실은 돈에 갈급할 뿐이다. 또 우리의 바람대로 돈이 수중에 들어왔다 하더라도 그것이 생각만큼 행복을 가져다주지도 않는다. 왜? 돈을 추구하느라 삶에서 정작 중요한 것들을 놓치는 경우가 많기 때문이다. 수많은 현자들이 말했듯이 돈은 행복을 위한 하나의 조건에 불과하다. 따라서 돈이 많다고 행복이 보장되지는 않는다. 결국 돈에 대해 맹목적인 우리의 습관이 정작 삶을 배신하는 결과를 초래하기도 한다. 대다수 사람들이 습관적으로 돈을 추구하는 세태를 보고 철학자 베이컨은 이런 말을 남겼다.

"돈은 최상의 하인이고, 최악의 주인이다."

습관적으로 돈을 따르는 자는 오히려 그 돈이 주인이 되어 그 사람을 하인처럼 부리고 있는지도 모른다.

이제 오 과장에게로 시선을 돌려보자. 습관적으로 일을 하다 보니 업무처리는 쉽게 잘하지만 권태를 느끼게 된 오 과장은 어떻게 하는 것이 좋을까? 무엇보다 생활 전반에 자리 잡은 습관에서 벗어나야 한다. 니체의 주장처럼 습관이 행동은 기민하게 만들지만 생각은 무디게 만들기 때문이다. 어쩌면 오 과장은 오랫동안 변화나 새로움을 꾀하지 않아서 타성에 젖어 있는지도 모른다. 부서를 옮기든 아니면 새로운 업무를 찾든 간에 굳어진 습성에서 벗어나려는 변화의 노력이 필요하다. 특히 생각을 무디게 만드는 습관에서 벗어나야 한다.

오 과장이 습관에서 벗어나야 할 이유가 또 있다. 그가 가진 작업습관이 생산성에는 효율적으로 기능하지만, 정작 삶에서 느끼는 행복에는 부정적으로 작용하기 때문이다. 그가 권태롭게 느끼는 것이 그 증거다. 습관적으로만 사는 삶에는 쉽게 행복이 주어지지 않는다. 철학자 알랭은 “행복은 (기분이 아닌) 의지의 산물”이라고 주장했다. 그에 따르면, 행복은 아무에게나 주어지는 것이 아니라 의지를 가진 자에게만 주어지는 축복이다. 즉 자신의 삶에 대해 깊이 있게 고민하고 치열하게 살아나가는 사람에게만 행복이라는 선물이 주어진다. 별 생각 없이 습관적으로만 사는 사람에게는 좀처럼 행복이 주어지지 않는다. 자동화된 로봇이 그러하듯 말이다. 요컨대 습관은 우리를 기민하게 만들 뿐 생각 없이 만들고, 행복을 가져다주지도 않는다. 따라서 삶을 습관적으로 살기보다는 생각하고, 고민하고, 따져가며 살아야 한다.

정리해보자. 스티븐 코비 박사는 좋은 습관이 인생을 성공으로 이끈다고 했다. 전혀 틀린 말은 아니다. 좋은 습관이 행동을 좌우하고, 결국에는 성공적인 삶을 만들어주기도 한다. 하지만 니체가 주장했듯이, 습관은 우리의 행동을 기민하게 만들지만 생각은 무디게 한다. 따라서 삶의 전반에 습관적인 태도가 자리 잡고 있으면 곤란하다. 습관이 우리를 생각하지 않게 만들어 기계적이고 맹목적으로 만들 수도 있기 때문이다. 특정한 작업습관이라면 몰라도 인생을 습관적으로 살아서는 안 된다. 삶을 깊이 있게 생각하고, 성찰하며 살아야 한다. 습관적으로 살지 말고 생각하며 살자!

09 : 노동

'노동의 고귀함'은 노예의 꿈이다

Q 맹목적인 근면도 미덕일까?

오상수 과장은 매사 열심히 일하는 직장인이다. 입사 이후 지금까지 항상 새벽같이 일어나서 밤늦게까지 일했다. 기본적으로 자신에게 맡겨진 일은 무슨 일이 있어도 해내야 하는 천성의 소유자인데다 직장인이라면 근면, 성실한 태도가 가장 중요한 덕목이라고 생각하기 때문이다. 그러다 보니 야근은 필수이고 주말 근무는 선택이 되어버렸다. 사실 오 과장의 성실성은 집안 내력이다. 오 과장의 아버지도 매사 열심히 사신 분으로, 항상 자식들에게 '노동의 신성함'을 강조하셨다. 그래서인지 오 과장도 자연스럽게 지금처럼 열심히 살게 되었다. 다른 사람들도 오 과장의 성실성 하나만큼은 인정해준다. 또 열심히 일한 덕분에 그럭저럭 때에 맞춰 승진하기도 했다.

하지만 대가도 뒤따랐다. 열심히 일하느라 가정에 소홀할 수밖에 없었고, 회사일 외에는 별다른 취미도 갖지 못했다. 사람들은 이런 오 과장을 보고 '워크홀릭workaholic'이라고 부른다. 오 과장도 자신이 '일 중독자'라는 점은 인정한다. 하지만 달리 방법이 없다고 생각한다. 무슨 일이 있어도 가족을 부양해야 하는 가장의 역할 때문에도 그렇고, 치열한 경쟁사회에서 살아남기 위해서도 달리 선택의 여지가 없다고 생각한다.

하지만 그런 오 과장도 때로는 정시에 퇴근해서 가족들과 시간을 보내고, 개인적인 취미를 즐기는 후배들을 볼 때면 부럽다는 생각이 들기도 한다. 자신은 지금까지 가족을 먹여살리느라 야근을 밥 먹듯이 해왔는데, 요즘 젊은 후배들은 가족을 위해 가급적 정시에 퇴근하려 한다. 가족을 위한다는 목적은 동일해 보이는데, 그 실천 방법은 정반대다. 오 과장이 보기에 요즘 신세대들은 노동의 가치를 너무 가볍게 여기는 것 같아서 안타깝기도 하지만, 한편으로는 일보다는 가족과 자기 자신을 위해 투자하는 모습이 부럽기도 하다. 어느 쪽이 올바른 것일까?

A

"잘살아보세!"는 1960~70년대 경제개발계획의 일환으로 실시되었던 새마을운동의 슬로건이다. 이 운동은 초기에는 단순히 농가소득을 높이기 위한 활동으로 시작되었지만 성과를 거두면서 전국적으로 확산되어 범국민적 운동으로 발전되었다. 새마을운동은 '근면 · 자조 · 협동'의 정신을 바탕으로 열심히 일해서 '우리도 한번 잘살아보자'는 의식개혁 운동이기도 하다. 그때부터 '근면'은 모든 사람들에게 요구되는 기본 정신이면서 잘살기 위해서는 반드시 가져야 할 덕목으로 자리 잡게 되었다.

지금은 근면 · 자조 · 협동이라는 새마을정신을 강조하는 경우가 드물다. 하지만 '근면성'만큼은 아직도 매우 중요한 가치로 자리매김하고 있다. 요즘도 어떤 분야에서든, 무슨 일을 하든 간에 성실하고 근면하기만 하면 먹고사는 데 큰 문제가 없다고 여긴다. "성공하려면 무조건 근면하라!" 근면성이야말로 현대사회에서 성공의 문을 여는 가장 중요한 열쇠가 되었다. 한편, 근면성은 사람을 판단하는 데 매우 중요한 기준이 되기도 한다. 기업에서 직원을 채용할 때도 우선 그 사람이 얼마나 성실하고 근면한지를 파악하려 하고, 직장인의 근무평정에서도 성과와는 별개로 얼마나 근면하게 일해왔는지가 매우 중요하게 고려된다. 성과가 낮더라도 그가 근면, 성실하게 일해왔다면 어느 정도 정상을 참작하여 평가한다.

사정이 이렇다 보니 요즘 직장에는 근면하고 성실한 사람들만 남게 되었다. 근면한 사람만 골라서 뽑고, 그렇게 뽑힌 사람끼리 또다시 근면성의 척도로 평가하여 줄을 세웠기 때문이다. 이제 근면하지 못한 사람은 더 이상 조직에서 버티기조차 힘들어졌다. 그래서 오늘날 직장은 대체로 근면한 사람들이 장악하고 있다. 그렇다면 근면하고 성실한 사람들만 남은 요즘의 직장 모습은 어떨까? 기본적으로 근면한 사람들뿐이어서 이제 더 이상 근면, 성실을 강조하지 않게 되었을까? 불행히도 이 질문에 대답은 'No'다. 이제 남은 사람들끼리 누가 더 근면한지를 경쟁하게 되었다. 이쯤 되면 정상적인 출퇴근시간은 근면성 여부를 판단하는 데 아무런 도움이 되지 못한다.

예를 들어보자. 정규 근무시간이 오전 9시에서 오후 6시까지인 회사가 있다. 만약 어떤 사람이 오전 8시 50분에 출근했다면 그는 근면한 사람으로 인정받을까? 절대 그렇지 않다. 정상 출근시간보다 10분이나 일찍 출근했음에도 근면하지 못한 사람으로 낙인찍히기 십상이다. 아닌 게 아니라 다른 사람들은 대부분 일찌감치 출근해서 자리를 지키고 있다(업무를 하고 있는지의 여부와는 관계없이). 정규 출근시간과는 별개로 다른 사람보다 늦게 도착하면 근면하지 못한 사람으로 오해를 받는다. 퇴근은 어떤가? 오후 6시 정각에 퇴근하려고 자리에서 일어서면 왠지 민망하다. 모두 머리를 숙인 채 무언가에 몰두하고 있기 때문이다. 정시에 퇴근하는 자신만 일을 게을리하는 사람처럼 비춰진다. 그래서 자신의 퇴근시간을 윗사람의 퇴근시간에 맞추어놓는 사람도 의외로 많다.

이처럼 오늘날 직장에서 근면성에 대한 평가는 정규 출퇴근시간을 얼마나 지켰는지에 따라 결정되는 것이 아니라 다른 사람보다 얼마나 열심히, 그리고 오랫동안 일하는가에 달려 있기도 하다. 좀 과장되게 표현하면, 요즘 직장생활은 자신이 얼마나 근면한지를 보여주는 '근면성 뽐내기 대회(?)'처럼 보이기도 한다. 마치 미인대회의 참가자들이 자신이 얼마나 아름다운지를 뽐내듯이 말이다(이 대목에서 '우리 회사는 그렇지 않다'고 느끼는 사람도 꽤 있을 것이다. 물론 이러한 풍속도는 직장마다 달라서 일반화시켜 말하기는 어렵다. 하지만 여전히 정규 근무시간을 초과하여 일하는 것이 관행처럼 자리 잡은 회사가 적지 않다).

그렇다면 예전보다 근면하고 성실하게 일하는 현대인들은 과거에 비해 행복할까?(우리는 이미 답을 알고 있다.) 불행하게도 그렇지 않다. 우리는 대체로 근면하게 살아가지만 좀처럼 행복감을 느끼기는 어렵다. 왜 그럴까? 그 이유는 간단하다. 근면, 성실하게 '일'만 하느라 삶에서 행복을 누릴 시간을 갖지 못하기 때문이다. 근면함이 곧 행복을 보장해주지는 않는다. '아니, 그럼 열심히 일하지 말란 말인가?' 하고 반문하고 싶을지도 모르겠다. 이 대목에서 니체의 주장을 먼저 들어보고 논의를 이어가보자.

> 맹목적인 근면이라는 전형적인 도구의 덕은 부와 명예에 이르는 첩경이며, 권태와 열정을 치료하는 특효약으로 제시된다. 하지만 사람들은 그것이 지니는 위험성, 그 최고의 위험성에 대해서는 입을 다문다. ___《즐거운 학문》

니체가 살았던 시대에도 근면성은 매우 중요한 가치 기준이었다. 근면한 사람이 그렇지 못한 사람보다 더 많은 부와 명예를 가질 수 있었기 때문이다. 하지만 니체는 '맹목적인 근면'을 긍정적으로만 해석하지 않았다. 물론 그가 보기에도 근면성은 부와 명예를 가져다주기도 하고, 권태와 열정을 치료하는 등 긍정적인 면도 있다. 하지만 그의 '레이더'는 근면이 지닌 위험성도 포착했다. 더 나아가 그것이 지닌 위험성에 대해서는 어느 누구도 말해주지 않는다고 통찰했다.

니체가 발견한 '맹목적인 근면'의 위험성은 무엇이었을까? 그것이 가져다주는 부정적인 면은 무엇일까? 그것은 바로 '인간성의 상실'이다. 니체는 맹목적인 근면을 긍정적인 삶의 가치로 사유하지 않았으며, 더 나아가 비인격적인 노동에 대해서도 낙관적으로 해석하지 않았다. 그가 보기에 노동은 소모적인 삶이자, 노예의 문화에 불과했다.

> 노동의 고귀함은 가장 미련한 방식의 현대적인 광적 표상이다. 그것은 노예의 꿈이다. ___《유고(1869년 가을~1872년 가을)》

니체가 보기에 '노동의 고귀함'을 운운하는 것은 노예들이나 가지는 생각의 방식이다. 그는 노예들만이 노동의 고귀함을 운운하며 소모적인 삶을 산다고 보았다. 주인은 노동이 아닌 다른 곳에서 진정으로 고귀한 것을 찾는다는 논리다(실제로도 노동은 노예의 문화이지 주인의 문화는 아니다).

여기서 우리가 빠뜨리지 말아야 할 것은 니체가 '노동' 그 자체를 부정적으로만 사유하지는 않았다는 점이다. 니체가 부정한 것은 노예들이나 가지는 '맹목적인 근면' 또는 그러한 상태로 임하는 노동('노동의 고귀함'으로 포장된 비인격적 노동) 행위다. 이것과는 다른 '고귀한 노동'도 존재한다. 무엇일까? 니체의 주장이다.

> 의지의 자유를 가진 주체가 행하는 노동만이 고귀하다.
>
> ___《유고(1869년 가을~1872년 가을)》

결국 어떤 노동이 고귀한지 아닌지의 여부는 그것을 행하는 주체가 '의지의 자유'를 가졌는지에 달렸다. 주체에게 의지의 자유가 있다면 '고귀한 노동'인 반면, 그것이 없다면 '노예의 노동'이 되는 것이다.

알베르 카뮈는 《시시포스 신화》에서 "무의미한 노력을 강요당하는 것보다 더 큰 고통은 없다"고 강조했다. 그리스신화에서 시시포스는 신을 기만한 죄로 커다란 바위를 산꼭대기로 밀어 올리는 형벌을 받는다. 하지만 그 바위는 정상 근처에 다다르면 다시 아래로 굴러 떨어져버리기 때문에 끝없이 밀어 올리기를 반복해야 한다. 시시포스에게 견디기 힘든 고통은 바위를 밀어 올리는 데 소요되는 노력 때문이 아니라 그러한 노력이 무의미하다는 데 있다. 기껏 힘들게 밀어 올려봤자 다시 아래로 떨어져버리니 아무런 의미가 없다. 무의미한 노동을 계속해야 하는 것이 가장 큰 고통인 것이다.

어쩌면 오늘날 직장인은 대부분 시시포스의 형벌을 받고 있는지도 모른다. 알베르 카뮈도 이런 말을 남겼다.

"오늘날의 노동자는 그들 생애의 그날그날을 똑같은 일에 종사하며 산다. 그 운명도 시시포스에 못지않게 부조리한 것이다."

니체 식으로 말하자면 '맹목적인 근면성'으로 무장한 채 노예노동을 하고 있는 셈이다. 시시포스가 그랬듯이 오늘날 직장인도 대개 부지런히 일하지만 정작 행복감은 좀처럼 느끼기 어렵다. 맹목적인 근면, 무의미한 노동을 하기 때문이다. 이렇게 반문하는 사람이 있을지도 모르겠다. "그래도 노동을 하면 그 대가로 돈을 벌지 않느냐?"고. 물론 노동의 대가로 주어지는 돈에서 의미를 찾을 수도 있다. 하지만 이것 역시 노예노동에서 찾는 의미일 뿐 고귀한 노동으로서 가지는 의미는 아니다. 돈이 노동의 진정한 의미가 될 수는 없다는 말이다. 철학자 에밀 시오랑도 노동의 위험성을 경고했다.

"일은 타락이다. 일을 통해 인간이 실현하는 것은 자아가 아니라 다른 무언가이다. (일은) 사람으로 하여금 자아를 위해 살게 하는 대신 외적 현실에 매인 가엾고 무력한 노예로 만든다."

시오랑도 노동을 통해 자아를 실현하기보다는 외적 현실에 얽매인 무력한 노예가 되기 쉽다고 보았다(외적 현실 중에서도 우리를 가장 강력하게 얽매이게 만드는 것은 두말할 필요 없이 '돈'이다). 슈바이처도 산업시대의 인간이 맹목적인 노동으로 인해 인간성을 상실할 위험을 간파했다.

"지나간 몇 세대를 거치면서 여러 분야의 많은 사람들이 인간으로서가 아니라 일벌레로 살아가고 있다."

노동에 대한 니체나 시오랑, 슈바이처의 경고는 평소 근면하게 살아가는 우리를 불편하게 만든다. 왜 불편한 것일까? 혹시 그 이유가 그들의 주장에 일리가 있기 때문은 아닐까? (만약 그들의 주장이 터무니없다면 굳이 불편해할 이유가 없을 것이다.) 그렇다. 어쩌면 우리는 맹목적인 노동을 하느라 정작 인간성을 상실한 채 '일벌레'처럼 살아가고 있는지도 모른다. 그러면 어떻게 해야 할까? 니체의 주장처럼 '고귀한 노동'을 해야 한다. 어떻게? '의지의 자유'를 가지고 노동을 선택하면 된다. 그러기 위해서는 남이 시켜서 하는(자유가 없는) 노동이 아니라 내가 선택한(자유의지에 따라 행하는) 노동을 해야 한다. 타율적인 노동이 아니라 자율적인 노동을 해야 한다는 뜻이다.

"아니, 돈 받고 일하는 월급쟁이가 현실적으로 그게 가능한가?" 하고 반문하는 사람이 있을지도 모르겠다. 맞다. 현실에서의 노동은 '자신이 선택한(자율적인) 일'보다는 '주어진(타율적인) 일'을 할 수밖에 없다. 자율적인 일만 하려면 지금 다니는 직장을 관둬야 할지도 모른다. 그렇다면 현재 직장을 계속 다니면서도 자율적인 노동을 하는 방법은 없을까? 있다. 현재 하고 있는 일에서 조금씩 자율적으로 선택한 일의 양을 늘려가면 된다. 자신에게 주어진 일은 성실하게 하되, 그 사이에 스스로 선택한 일의 양을 조금씩 늘려가야 한다. 그렇게 하다 보면 자신도 모르는 사이에 맹목적인 노동에서 벗어나 일을 즐기고 있는 자신을 발견하게 될지도 모른다.

이제 우리는 오 과장의 고민에 대해 적절한 조언을 해줄 수 있게 되었다. '워크홀릭'인 오 과장은 어떻게 해야 할까? 일단 맹목적인 근면에서 벗어나야 한다. 자신에게 주어진 일을 무조건 해내는 것만이 능사가 아니다. 중요한 것은 삶의 행복과 인간성의 회복이다. 아무리 열심히 일해도 그것이 행복을 가져다주지 않거나 인간성을 상실하게 만든다면 올바른 선택이 아니다. 맹목적인 근면은 삶에서 정작 중요한 것을 외면하게 만든다. 타율적인 노동에서는 행복감을 맛보기 어렵다. 따라서 자율적인 노동으로 전환해야 한다. 그러기 위해서는 스스로 선택한 일에 집중해야 한다. 회사 일이든 가정사든 개인적인 취미생활이든 모두 자율적으로 선택해야 한다. 요컨대 맹목적인 근면이나 노동에서 벗어나 자신의 일을 즐기라는 말이다. 그럴 때에만 노동이 아니라 놀이가 되고 예술이 된다.

10 : 기억

망각이 없다면
행복도, 명랑함도, 희망도,
자부심도, 현재도 없다

Q

과거에 한 실수가 내 발목을 잡고 있어요!

새로 부임한 변기수 본부장은 오상수 과장에게 '조직 활성화를 위한 혁신 방안'을 수립해 보고하라는 지시를 내렸다. 지금껏 조직 활성화를 위한 여러 시도가 있었지만 번번이 형식적인 활동에 그쳐 성과를 보지 못했으니 이번에는 획기적인 방법을 사용해보자는 말과 함께. 평소 '아이디어 뱅크'라 불릴 정도로 창의성만큼은 뛰어난 오 과장의 머릿속에서 참신한 아이디어 한 가지가 떠올랐다. 하지만 오 과장은 그것을 보고해야 할지 말아야 할지 망설여졌다.

오 과장이 망설이는 데는 나름대로 이유가 있다. 과거의 '트라우마' 때문이다. 사연은 이렇다. 이번에 함께 일하게 된 변 본부장은 신입사원 시절 그의 팀장이었다. 그런데 오 과장(당시 사원)이 제안한 아이디어 때문에 회사에 막대한 피해를 입혔다. 최종적인 책임은 팀장에게 돌아갔다. 결국 팀장은 징계를 받고 지방으로 좌천되었다. 그 사건으로 인해 오 과장은 마음속에 깊은 상처가 새겨졌고, 팀장에게는 죄책감 때문에 고개를 들 수 없었다. 세월이 흘러 팀장은 다시 회사의 인정을 받아서 당당히 본부장으로 승진하게 되었고 오 과장의 직속상사가 되어 이번에 함께 근무하게 된 것이다. 오 과장이 참신한 아이디어를 떠올리고도 보고하기를 망설이는 이유는 과거의 좋지 않은 기억 때문이다. 다시 한 번 자신이 제안한 아이디어가 잘못되어 본부장에게 피해가 돌아갈까 두려운 것이다. 또 과거에 저지른 실수 때문에 아무리 좋은 아이디어를 내더라도 채택되기 어려울 것이라는 걱정도 앞섰다.

과거의 트라우마 때문에 보고를 망설이는 오 과장은 어떻게 해야 할까?

A

한 여자를 무척 사랑했던 남자가 있다. 남자는 여자의 마음을 얻기 위해 갖은 노력을 기울였다. 남자의 정성에 감복한 것일까. 여자도 남자에게 마음을 열었다. 이제 둘은 서로 사랑하는 사이가 되었다. 남자는 여자의 사랑에 한 치 의심도 없었다. 평생을 함께하기로 약속하고 결혼 날짜까지 잡았다. 남자는 세상을 다 얻은 듯 행복에 젖어 있었다. 그런데 결혼식을 1주일 앞두고 여자는 다른 사람을 사랑하게 되었다는 말만 남긴 채 떠나버렸다. 남자는 크게 상심했다. 평생 함께하기로 한 약속을 저버린 여자의 배신에 치를 떨었다. 이제 남자는 새로운 사랑을 시작할 엄두가 나지 않았다. 여자의 배신은 남자에게 깊은 상처를 남겼다.

남자는 왜 새로운 사랑을 시작하지 못하는 것일까? 사랑했던 여자의 배신이 남긴 상처 때문이다. 사랑이 컸던 만큼 배신의 상처도 깊었다. 실연의 상처가 깊이 각인된 남자는 차마 새로운 사랑을 시작할 마음도 용기도 나지 않는다. 이처럼 남자의 마음에 남겨진 상처를 '트라우마trauma'라 부른다. 트라우마는 일반적인 의학 용어로는 외상外傷을 뜻하지만, 심리학에서는 '정신적 외상'을 의미하며, 주로 후자의 용례로 많이 사용된다. 가령 비행기 사고를 경험한 사람이 신체가 회복되더라도 그다음부터 비행기를 타지 못하거나 물에 빠져 죽을 뻔한 경험을 한 사람이 그 이후 물에 들어가지 못하는 것은 모두 '트라우마' 때문이다. 사랑했던 사람에게 배신을 당한 충격으로 새겨진 마음의 상처, 즉 트라우마가 남자로 하여금 새로운 사랑을 망설이도록 가로막고 있는 셈이다.

상식적인 말이겠지만, 정신적 외상인 트라우마는 정신의 작용 중에서 '기억 능력'과 관련이 있다. 과거의 상처를 정신이 또렷하게 기억하고 있기 때문에 트라우마가 생기는 것이다. 만약 우리에게 기억하는 능력이 없다면, 과거의 상처가 아무리 깊더라도 그것이 트라우마로 작용하지는 못할 것이다. 이 대목에서 우리의 정신 능력 중에서 서로 상반되는 두 가지 능력, 즉 '기억'과 '망각'에 대한 의미를 숙고해볼 필요가 있겠다.

흔히 사람들은 과거의 인상이나 경험을 의식 속에 간직해두었다가 어느 순간에 생각해내는 '기억 능력'을 매우 중요하게 생각한다. 기억 능력이 뛰어날수록 삶을 살아가는 데 유리하다고 믿기 때문이다. 기억력이 좋아야 시험에서 높은 점수를 받을 수 있고, '아는 체' 할 수도 있다. 똑똑하고 머리가 좋은 사람이란 한마디로 '기억력이 좋은 사람'을 뜻한다.

이처럼 기억 능력을 중시하는 것에는 역사적 기원이 있다. 플라톤에서 하이데거에 이르기까지 서양철학에서는 '진리'를 중요하게 여겼는데, 이것은 기억 능력과 관련이 깊다. 진리를 나타내는 그리스어 '알레테이아alétheia'는 망각의 강 '레테Léthé'를 '거슬러 가는a=not' 운동이라는 의미다. 망각의 강을 거슬러 가는 운동, 즉 기억을 의미한다. 결국 진리란 기억하는 능력과 관련이 있다.

그렇다면 동양에서는 어떨까? 동양철학에서도 서양철학의 경우처럼 기억 능력을 중요하게 생각했을까? 서양과 달리 동양에서는 '망각 능력'을 중요시했다. 불교의 무상無想 개념이 단적인 예다. 불교를 창시

한 붓다의 첫 번째 관심은 '어떻게 고통에서 벗어날 수 있는가?'였는데, 그 방법이 바로 사성제四聖諦라 불리는 '고집멸도苦集滅道'로 요약된다. 여기서 '고집苦集'이란 고통[苦]의 원인이 집착[集]이라는 뜻인데, 결국 고통에서 벗어나려면 집착을 끊어내야 한다는 말이다. 집착을 끊어내기 위해서는 망각의 능력이 필요하다. 이외에도 나가르주나의 '공空', 장자의 '허虛'나 '망忘'의 개념도 모두 망각 능력과 관련이 있다. 이처럼 동양철학에서는 기억보다는 오히려 망각이 더 중요한 가치로 사유되고 있음을 알 수 있다.

그렇다면 인간의 정신 작용 중에서 두 가지 상반된 능력인 기억과 망각 중 어느 것이 더 중요할까? 이 대목에서 전통적으로 기억 능력을 중요시했던 서양철학에서 유독 망각 능력을 긍정했던 서양철학자의 주장에 귀를 기울일 필요가 있다. 그가 바로 가치평가의 철학자 니체다. 니체는 플라톤에서 헤겔에 이르기까지 이어져온, 기억을 중요시하는 사유 전통과는 반대되는 입장을 피력했다. 그는 《도덕의 계보》에서 망각 능력이 삶에 대한 능동성을 부여한다고 주장하였다. 먼저 그의 주장을 살펴보자.

> 망각이란 천박한 사람들이 믿고 있듯이 그렇게 단순한 타성력vis inertiae이 아니다. 오히려 이것은 일종의 능동적인, 엄밀한 의미에서의 적극적인 저지 능력이며 (……) 망각이 없다면 행복도, 명랑함도, 희망도, 자부심도, 현재도 있을 수 없다. 이러한 저지 장치가 파손되거나 기능이 멈춘 인간은 소화불량 환자에 비교될 수 있

> 다. 그는 그 무엇도 해결할 수 없다. (……) 이런 망각이 필요한 동물에게 망각이란 하나의 힘, 강건한 건강의 한 형식을 나타내지만, 이 동물은 이제 그 반대 능력, 즉 …… 망각을 제거하는 기억을 길렀던 것이다. ___《도덕의 계보》

전통적으로 기억을 강조하는 서양철학의 사유에서 망각은 부정적으로만 해석되었다. 망각은 무기력하거나 수동적인 정서 상태라는 논리다. 이와 달리 니체는 기억 능력을 부정하고 오히려 망각 능력을 긍정하였다. 그가 보기에 인간의 의식은 기억의 흔적으로 짜여 있기 때문에 기억이 의식을 구속 상태에서 벗어나지 못하게 만든다고 생각했다. 따라서 창조가 가능하려면 과거에 얽매인 구속 상태로부터 벗어나는 것이 필요한데, 이를 위해서는 망각 능력이 전제되어야 한다는 논리다.

결국 우리가 외부 자극에 능동적으로 반응하기 위해서는 우리의 의식이 기억으로 인한 구속 상태에서 벗어나야 한다. 이를 위해서는 기억의 흔적을 지울 수 있는 능동적 능력, 즉 망각 능력이 필요하다. 결국 망각은 부정적 능력이 아니라 '능동적' 능력, 다시 말해 의식의 구속 상태를 멈추게 하는 '저지 장치'인 셈이다.

니체는 이러한 저지 장치가 파손되거나 제대로 기능하지 못하는 사람을 '소화불량 환자'에 비유했다. 그들은 섭취한 음식물을 제때 소화시키지 못하기 때문에 항상 괴로워한다. 계속 되새김질만 반복할 뿐 더 이상 새로운 것을 먹을 수도 없다. 새로운 음식물을 받아들이는 일은 앞서 먹은 음식물이 소화가 되어야 가능한 일이다.

니체는 정신도 육체와 마찬가지라고 보았다. 의식 안에 과거의 기억들로 가득 차 있다면, 새로운 것을 받아들일 수 없다. 의식이 이미 소화불량 상태이기 때문이다. 과거의 기억에 사로잡힌 상태로 살아가는 사람은 현재를 온전하게 향유하기 어렵다. 과거에 대한 기억과 집착이 새로운 것을 낯선 것으로, 즉 불편한 것으로 경험하게 만들기 때문이다. 따라서 '변화'보다는 '불변'을, '새로운 것'보다는 '익숙한 것'에 의존할 수밖에 없게 된다.

니체는 망각이 '단순한 타성'이 아니라 '적극적인 저지 능력'이며, 그것 없이는 어떠한 정신적 질서나 평안함도 불가능하다고 주장하였다. "망각이 없다면 행복도, 명랑함도, 희망도, 자부심도, 현재도 있을 수 없다." 망각 능력이 없다면 삶에서 얻을 수 있는 소중한 가치(희망, 자부심, 행복, 명랑함 등)를 모두 박탈당한 채 과거의 아픈 기억만을 짊어지고 허덕이게 되며, 그 결과 현재도 있을 수 없게 된다. 역으로 말하면, 과거의 기억을 망각할 수 있어야 삶의 소중한 가치도 발견할 수 있고, 현재를 향유할 수 있다. 그런 의미에서 망각은 불행을 막는 '적극적인 저지 장치'인 셈이다.

그렇다고 해서 니체가 기억 능력 자체를 완전히 없애버려야 한다고 주장한 것은 아니다. 우리에게서 기억을 완전히 없애는 일은 가능하지도 않을뿐더러 전혀 기억하지 못하는 것이 바람직한 것도 아니다. 섭취한 음식물이 일정 시간 위장에 머물러 있어야 영양을 보충할 수 있듯이 의식도 일정 시간 동안 기억의 상태를 유지해야만 제대로 된 삶을 영위할 수 있다. 만약 음식물이 위장에 머무르는 시간 없이 곧바로 배설되어버린다면 우리 몸에 필요한 영양분을 체내로 흡수할 수 없다.

니체는 우리의 기억도 현재를 향유하고 긍정할 수 있을 어느 정도의 시간에 한해서는 필요한 것으로 보았다. 물론 새로운 선택이 필요한 시점이 도래했을 때라면 과거의 기억은 제거되어야 하겠지만 말이다. 결국 건강하고 새로운 삶을 영위하기 위해서는 과거의 기억을 망각할 수 있어야 한다.

이제 오 과장에게로 돌아가 보자. 그는 왜 좋은 아이디어를 생각하고도 보고를 망설이는가? 과거의 트라우마 때문이다. 이제 어떻게 해야 할까? 아마도 니체라면 이렇게 조언했을 것이다. “과거의 나쁜 기억은 잊어버리라”고.

과거의 기억에 사로잡혀 있는 사람에게는 현재를 새롭게 만들어갈 힘이 없다. 과거의 트라우마가 그의 발목을 잡고 있기 때문이다. 니체는 대다수 사람들이 과거 기억을 숙명이라도 되는 듯 짊어지고 괴로워한다고 보았다. 오 과장도 마찬가지다. 과거에 그가 저지른 실수는 지나가버린 과거의 일일 뿐이다. 그것에 얽매여서는 절대 새로운 무엇인가를 할 수 없다. 하루 빨리 벗어버려야 한다.

어떻게 하면 과거의 기억에서 벗어날 수 있을까? 어떻게 하면 잘 망각할 수 있을까? 니체는 망각할 줄 아는 사람은 “모든 것을 자신에게 유리하게 바꿀 수 있을 만큼 충분히 건강”해야 한다고 했다. 쉽게 말해, 잘 망각하려면 충분히 건강해야 한다는 논리다. 이 말은 반대로 해석해도 좋다. 충분히 건강한 자가 잘 망각한다고. 트라우마에서 벗어나려면 충분히 건강해야겠지만, 역으로 충분히 건강하다면 웬만한 상처는 트라우마로 각인되지 않는다.

따라서 망각을 위한 전제 조건은 충분한 정도의 '건강함'이다. 여기서 건강함이란 '건강한 자기변형의 과정'을 의미한다. 망각 능력을 갖춘 건강한 자는 새로운 것을 잘 받아들이게 되고, 자연스럽게 건강한 자기변형 과정을 무수히 거치게 된다.

잘 망각하기 위해 우리 스스로 건강한 자기변형의 과정을 거쳐야 하는 것은 당연한 일이다. 오 과장이 과거 자신이 저지른 실수에 대한 기억에도 불구하고 그 사실을 망각한 채 새로운 아이디어를 제안하고 또 그것이 채택되기 위해서는 아이디어의 참신함도 중요하겠지만 그동안 오 과장이 얼마나 건강한 자기변형의 과정을 거쳤는가, 달리 말해 얼마나 변화했는가가 더 중요할 수 있다. 그가 실수한 이후부터 지금까지 충분히 건강한 변화의 과정을 거쳤다면, 그가 낸 아이디어가 다시 한 번 수용될 가능성이 높을 것이다.

정리해보자. 인간의 정신 작용에서 상반된 두 가지 능력, 즉 기억과 망각의 능력 중 니체는 기억보다 망각을 긍정하였다. 망각은 단순한 타성력이 아니라 과거의 트라우마에서 벗어나게 하는 적극적인 저지 능력이다. 망각이 없다면 행복도, 명랑함도, 희망도, 자부심도, 현재도 있을 수 없다. 잘 망각하기 위해 우리는 충분히 건강해야 한다. 망각을 긍정하는 니체의 사유는 해묵은 상처를 치유하고, 과거의 굴레에서 벗어날 수 있도록 도와준다. 망각은 과거의 기억을 잊고 현재의 삶을 긍정하게 하는 건강한 의식이다. 살면서 마주치게 되는 불운한 사건을 숙명처럼 짊어지고 살아서는 안 된다. 삶을 건강하게 만들지 못하는 기억이라면 차라리 잊는 것이 좋다. 아니, 잊어야 한다. 망각할 줄 아는 사람이 진정 건강한 사람이다.

11 : 질병

질병이 강요한 한가함에서 지혜를 얻게 된다

Q 한직으로 밀려났는데, 어떻게 해야 할까요?

팽당한 부장은 지금 몹시 당황스럽다. 왜냐하면 인사발령으로 기존 보직에서 한직으로 밀려났기 때문이다. 그는 입사 후 지금까지 나름대로 능력 있는 사람으로 인정받았다. 또 스스로도 그렇다고 자부해왔다. 20여 년 넘게 근무하면서 기획, 인사, 전략, 재무 등 핵심부서에서만 근무했던 그의 경력이 이를 말해준다. 그랬던 그가 이번 인사에서 지방에 있는 연수원으로 발령이 났다. 물론 그것은 팽 부장이 원했던 자리가 아니었다. 사람들은 연수원이 인재를 양성하는 곳이니 중요한 부서라고 말하지만, 지금껏 대부분 경쟁에서 밀려난 고참 부장들만 그곳을 거쳐 갔다. 그래서 팽 부장은 어느덧 자신도 경쟁에서 밀려난 것이 아닌가 하는 자괴감이 들었다.

아닌 게 아니라 막상 발령을 받아서 연수원으로 가보니 별로 할 일도 많지 않았다. 그다지 중요한 업무도 없고, 급한 일도 거의 없었다. 대체로 일상적인 업무만 반복적으로 진행되고 있었다. 지금까지 중요하면서도 긴급한 업무만 눈코 뜰 새 없이 처리해온 것과는 완전히 딴판이었다. 예전에 비해 시간적인 여유가 생겨 몸은 훨씬 편한데, 마음은 전혀 편하지 않았다. 한때는 누구보다 잘나갔던 자신이 경쟁에서 뒤처진 것 같고, 이제 회사 경영진의 관심에서도 벗어난 것 같아서 불안하기만 하다.

한직으로 밀려난 팽당한 부장은 이제 어떻게 하는 것이 좋을까?

A

풀이 눕는다.
바람보다도 더 빨리 눕는다.
바람보다도 더 빨리 울고
바람보다 먼저 일어난다.

김수영 시인의 〈풀〉이라는 시의 한 대목이다. 풀은 바람이 불면 바람에 맞서지 않고 '더 빨리' 눕는다. 그렇기 때문에 바람이 잦아들면 '바람보다 먼저' 다시 일어날 수 있다. 어떻게 이런 일이 가능할까? 그것은 풀이 '살아 있기에' 가능한 일이다. 죽은 나무는 풀처럼 지혜롭지 못하다. 죽은 나무는 바람이 아무리 세차게 불어도 눕지 않는다. 그러다가 강풍을 만나게 되면 기어이 가지가 꺾여 부러지고 만다.

이처럼 바람에 대해 살아 있는 풀이 대처하는 방법 속에 끈질긴 생명력의 비밀이 숨어 있다. 바람에 맞서지 않고 바람보다 먼저 눕는 능력이다. 평범해 보이지만, 죽은 나무에서는 찾아볼 수 없는 특별한 능력이다. 외부 환경의 변화에 따라 스스로를 조절할 수 있는 능력이며, 매우 '능동적인' 능력이다. 흔히 바람이 불 때 풀이 눕는 모습을 보고 바람의 운동에 의해 '수동적으로' 반응하는 것으로 해석하기 쉽지만, 김수영은 분명히 풀이 '주체적으로' 움직인다고 보았다. 그래서 그는 시에서 바람이 불 때 '풀이' 눕는다고 표현했다. 풀이 목적어가 아니라 주어다. 대상이 아니라 주체다. 주체인 풀이 바람의 변화를 재빨리 인식하고는 스스로 눕기를 선택한 것이다. 매우 현명하면서도 능동적인 선택이다. 이것은 풀이 주체이기에 가능한 일이다.

바람보다도 빨리 누운 풀은 무엇을 할까? 그냥 누운 상태로 숨죽이고만 있을까? 그렇지 않다. 풀은 누워서 생각을 한다. 자기만의 성찰의 시간을 갖는 것이다. 누운 풀은 바람의 변화에 대해서도 생각하고, 스스로의 삶에 대해서도 생각할 여유가 생겼다. 만약 평소처럼 바람을 맞아 서 있었다면 갖지 못했을 삶의 여유다. 평소 삶의 방식과는 잠시 떨어졌기에 새롭게 성찰할 기회를 얻게 된 것이다. 일상과의 거리감이 만들어준 여유가 주체로 하여금 소중한 조정시간을 갖게 해준 셈이다. 이런 의미에서 보자면, 풀에게 바람은 고마운 존재일 수도 있다. 그를 눕게 만든 바람이 오히려 휴식과 성찰의 기회를 제공해주었기 때문이다.

처음으로 돌아가 보자. 원치 않은 인사발령으로 인해 한직으로 밀려난 팽 부장은 어떻게 해야 할까? 그는 왜 인사발령 결과에 대해 실망하고, 스스로의 위치에 대해 불안해하는 것일까? 아마도 그것은 현재 상황을 스스로 선택하지 않았기 때문일 것이다. 만약 현재 위치를 자신이 선택했다면, 실망하거나 불안해하지도 않았을 것이다. 스스로 선택하지 않았기에, 다시 말해 주체적인 선택이 아니었기에 그 결과에 대해 만족하지 못하는 것이다.

이렇게 한번 물어보자. 팽 부장이 새롭게 발령받은 연수원은 정말 '한직'일까? 한직閑職은 한가한 직위나 직무를 말한다. 또한 조직 안에서 중요하지 않은 직위나 직무를 일컬어 그렇게 부르기도 한다. 그렇다면 한가한(또는 중요하지 않은) 직무는 정해져 있는 것일까? 그렇지 않다. 원래부터 한가하거나 바쁜 직무란 존재하지 않는다. 그 직무를 수행하는 사람의 태도나 행동이 그것을 결정하기 때문이다. 자신에게 어떠한 직무가 맡겨지더라도 그것을 '한가하게(?)' 만드는 재주를 지닌 사람이 있다. 그런 사람은 새로운 일을 만들거나 위험한 시도는 절대 하지 않는다. 그저 주어진 일에 대해 문제가 생기지 않을 만큼만 해낼 뿐이다. 그래서 그가 하는 일은 늘 '한직'이 된다. 이와는 반대로 자신에게 주어진 역할에 대해 언제나 적극적으로 행동하며 항상 새롭게 무언가를 시도하려는 이도 있다. 이런 유형의 사람에게는 한직이 주어질 수 없다. 남들이 보기에 한직 같아 보이는 직책이라도 그가 앉기만 하면 새로운 일이 만들어지고 활력이 넘친다. 요컨대 한직은 직무 자체의 특성이 아니라, 그 직무를 수행하는 사람의 태도와 관련된 함수일 뿐이다.

그렇다면 원치 않는 인사발령에 실망하고 있는 팽 부장에게는 어떤 조언이 필요할까? 니체라면 오히려 그것이 팽 부장에게 좋은 기회가 될 수도 있다고 말할 것이다. 그는 "질병은 사람을 개선한다"는 주장을 통해 질병조차 긍정적으로 해석하였다. 누운 풀이 성찰의 시간을 가지듯 질병이 오히려 스스로를 돌아볼 수 있는 성찰의 지혜를 제공한다는 것이다. 아마도 그는 동일한 논리를 내세워 한직으로 밀려난 팽 부장에게 그것이 자신을 개선할 수 있는 기회가 된다고 역설할 것이다. 먼저 니체의 주장을 들어보자.

> 질병의 가치—병에 걸려 누워 있는 사람은 때로는 그가 자신의 일상적 직분, 업무 또는 교제에서도 병에 걸려 있으며, 그로 인해 자기 자신에 대해 숙고하는 일을 완전히 잃어버리고 있었다는 사실

을 깨닫게 된다. 그는 질병이 그에게 강요한 한가함에서 이러한 지혜를 얻게 된다. ___《인간적인 너무나 인간적인 1》

니체는 질병의 가치를 긍정하였다. 흔히 사람들은 병에 걸리면 그것을 불행으로 해석하고, 병 때문에 누워 있는 시간만큼 인생을 허비한 것으로 생각하기 쉽다. 하지만 니체의 생각은 달랐다. 그는 사람들이 평상시에는 자신의 직분이나 업무, 인간관계, 자기 자신에 대해 거의 숙고하지 않는다고 보았다. 질병에 걸려야 비로소 평소 자신이 병들어 있었다는 사실에 대한 지혜를 얻는다는 것이다. 질병이 일상적인 것에서 벗어나 스스로의 삶을 숙고하게 만드는 계기를 제공하기 때문이다. 그의 말처럼 "질병이 그에게 강요한 한가함"이 오히려 삶의 지혜를 제공한 셈이다.

질병을 긍정적으로 사유한 니체라면 한직으로 발령이 나서 의기소침해 있는 팽 부장에게 이렇게 말하지 않았을까.

"한직으로 발령받은 것은 오히려 잘된 일이다. 실망하지 말고 그곳에서 자신의 일이나 업무, 인간관계에 대해 다시 한 번 생각해보고, 스스로에 대해서도 성찰할 수 있는 기회로 삼아라."

물론 이러한 니체의 조언이 팽 부장에게 실질적인 도움이 될지는 알 수 없지만, 분명한 사실은 가끔씩 일상적인 삶의 패턴에서 벗어나 자신과 스스로의 삶에 대해 생각할 시간이 필요하다는 점이다. 이러한 생각은 일상에서 벗어나 거리감을 가져야 가능한 일이다. 질병이 강요한 한가함은 그것을 가능하게 해준다. 항상 바쁘고 정신없이 사는 것만이 올바른 인생은 아니다. 인생이라는 자동차에는 가속페달만 필요한 것이 아니라, 가끔씩은 브레이크도 필요한 법이다.

달리 생각해보자. 계속 치열하게 경쟁하며 바쁘게만 살았다면, 팽 부장은 어떻게 되었을까? 물론 조직에서 인정받아 임원으로 승진할 가능성도 높아지겠지만, 어쩌면 과로사로 쓰러졌을지도 모른다. 강한 바람에도 눕지 않아 기어이 가지가 부러져버린 나무처럼 말이다. 고속으로 달리는 자동차에도 브레이크가 필요하듯 인생에도 때로는 휴식이 필요한 법이다. 휴식은 단지 허비하는 시간이 아니다. 정비와 성찰의 시간이다. "비 온 뒤 땅이 굳는다"는 말이 있듯이 휴식은 자신을 더욱 강하게 만드는 계기를 제공해준다.

니체는 삶에서 어느 정도의 질병이나 고통은 반드시 필요한 것으로 보았다. 그의 말처럼 "나를 죽게 하지 않는 것은 나를 더욱 강하게 만들기" 때문이다. 물론 심각한 질병이나 고통은 생명을 위태롭게 만들기도 한다. 하지만 평소에 사소한 질병이나 고통을 통해 강한 생명력을 만들어온 사람에게는 좀처럼 큰 질병이 찾아오지 않는다. 김수영의 시에서 풀이 그러했듯이 "바람보다 더 빨리 눕기" 때문이다. 따라서 질병이 찾아오면 무작정 애석해할 일만은 아니다. 그 과정에서 자신을 돌아보고 개선하지 못함을 안타까워해야 한다.

정리해보자. 삶을 살다 보면 원치 않는 질병과 고통이 찾아올 때도 있다. 하지만 질병이 반드시 나쁜 것만은 아니다. 질병이 강요한 한가함이 오히려 삶의 지혜를 가져다주기도 한다. 중요한 것은 질병이나 고통 그 자체가 아니라, 그것에 임하는 우리의 태도다. 질병이나 고통을 통해 지금까지의 삶을 되돌아보고 자신을 한 단계 높은 차원으로 승화시키려는 마음가짐과 자세가 필요하다. 시인 이성복도 니체와 비슷한 말을 했다.

"새들의 비상은 오직 공기의 저항 때문에 가능하다는 사실. 너무도 당연한 것은 쉽게 잊혀진다. 삶이 그렇다."

질병이나 고통 때문에 실망스러운가? 실망할 필요가 전혀 없다. 지금 내가 겪고 있는 질병이나 고통이 나를 더욱 높이 날게 할 수도 있다.

甲
MORALITY

3장

도덕,
삶을 후퇴시키는 약자의 선택

12 : 도덕

도덕적인 현상이란 존재하지 않는다, 도덕적인 해석만이 있을 뿐이다

Q 죄책감이 밀려와 정말 힘들어요

권길현 과장은 요즘 죄책감에 시달리고 있다. 왜냐하면 그가 속해 있는 특수영업팀이 감사를 받게 되었는데, 그를 제외한 나머지 팀원들이 모두 징계를 받았기 때문이다. 상황은 대략 이렇다. 특수영업팀은 일반 영업팀과는 달리 국방부나 농협, 교도소 등 특수한 거래처를 상대로 물품을 판매, 납품하는 영업부서다. 고객 자체가 특수하다 보니 고객마다 거래 관행에 차이가 있고, 고객 요구에 따라 거래조건이나 납품 가격 등에서 들쭉날쭉한 경우도 많다. 상황이 이렇다 보니 같은 팀

안에서도 자기가 맡은 거래처 외에는 서로의 상황을 잘 알지 못하는 실정이다.

문제의 발단은 모 거래처의 대규모 납품 비리가 이슈화되면서 그곳에 납품을 담당했던 특수영업팀이 감사를 받게 되었다. 그 과정에서 거래 관행상 불가피하게 행해졌던 편법이나 불법들이 속속 밝혀지게 되었다. 그 결과, 권길현 과장을 제외한 나머지 직원이 모두 중징계를 받게 되었다. 조사 결과 권 과장은 회사의 규정을 최대한 지키려고 노력했다는 점이 참작되어 유일하게 징계를 면할 수 있었다. 권 과장이 보기에도 나머지 동료들이 불법을 저지른 건 사실이지만 관행상 불가피한 측면도 있고, 저지른 과오에 비해 징계가 과한 면도 있었다. 하지만 그렇다고 권 과장이 할 수 있는 조치는 없었다. 감사에 이어 후속조치로 조직 개편이 이루어졌다. 대부분의 팀원이 징계를 받은 특수영업팀은 해체되어 없어졌고, 거래처들은 다른 영업팀에서 나누어 맡기로 했다. 징계를 면한 권 과장도 새로운 영업팀으로 발령이 났다.

이번 일로 인해 권 과장은 심한 죄책감이 시달렸다. 혼자서만 징계를 면하고 살아남은 점도 그렇고, 다른 사람의 시선도 불편하게 느껴졌다. 감사에서 혼자만 징계를 면한 일 때문에 괴로워하는 권 과장은 이제 어떻게 해야 할까?

A

흔히 인간관계에서는 능력의 문제보다 도덕성의 문제에 더 가혹한 잣대를 들이대는 경우가 있다. 남편이 돈을 잘 벌어오지 못한다는 이유로 아내가 먼저 이혼하자고 말하기는 쉽지 않다. 그래서 그런 상황에 처해도 대부분 불만스럽지만 참고 지낸다(물론 바가지는 긁는다). 하지만 남편이 외도를 한 경우라면 얘기가 달라진다. 대부분 법원으로 달려가 부도덕한 행위에 대해 엄중히 책임을 따져 묻는다. 주변 사람들의 반응도 이와 별반 다르지 않다. 전자라면 '어쩔 수 없지 않느냐'는 반응을 보이지만, 후자라면 '죽일 놈'이라며 아우성을 친다.

직장에서도 마찬가지다. 부하직원의 능력이 부족해서 저지른 잘못에 대해서는 대체로 관대한 편이다(물론 개인차는 있겠지만). 가령, 회사의 규정을 잘 몰라서 실수를 했거나 경험이 부족해서 수주에 실패한 경우라면 당사자에게 책임을 심하게 묻지 않거나 오히려 "앞으로 열심히 노력하라"고 격려해주는 경우도 있다. 하지만 아무리 능력이 출중해도 그가 공금을 횡령했다면 그냥 지나치기 어렵다. 요컨대 도덕성의 문제는 능력의 문제보다 치명적이다.

그렇다면 능력보다 도덕성을 더 중요시하는 태도는 올바른 것일까? 물론 사안의 경중에 따라 차이가 있겠지만, 지나치게 도덕성만 강조하는 경향에 대해서는 다시 한 번 생각해볼 필요가 있겠다. 가령 선거의 경우를 생각해보자. 여기 평소 신망을 한 몸에 받던 중년의 남성 후보자가 있다. 별다른 사건이 없으면 그의 당선이 유력한 상황이다. 반대 진영에서는 그의 결함을 찾기 위해 혈안이 되어 있다. 이때 그의 능력을 의심할 만한 사건—가령, 과거에 제안했던 법안이 좋지 않은 결과를 가져왔다거나 회사 경영을 잘못하여 부도가 났다거나 하는—이 사실로 밝혀졌다면, 지금까지의 판세가 뒤바뀔까? 경험으로 보면 약간의 이슈는 될지 모르지만, 판세가 뒤집어질 정도는 아닐 것이다. 그런데 만약 그에게 숨겨둔 애인이 있다는 사실이 밝혀졌다면? 그것도 자기보다 한참 나이가 어린, 딸 같은 여성과의 스캔들이 밝혀졌다면 어떻게 될까? 이때도 사람들은 여전히 그를 지지할까? 아마도 상황은 180도 바뀔 가능성이 높다. 대부분 '파렴치한'이라고 욕을 해대며 그에 대한 지지를 철회할 것이다.

이처럼 정치인에게 도덕적 결함은 매우 심각한 결격사유로 작용한다. 하지만 선거에서 후보자의 도덕성만 가장 중요한 기준으로 삼는 태도를 바람직하게 볼 수만은 없다. 왜냐하면 '얼마나 도덕적인가?'가 곧 '얼마나 정치를 잘하는가?'로 이어지는 것은 아니기 때문이다. 도덕성이라는 잣대는 후보자를 평가해야 할 여러 기준 중 하나에 불과하다. 물론 그렇다고 도덕적 결함이 있는 후보자를 뽑아야 한다거나 도덕적 결함에 대해 따져 묻지 말자는 뜻은 아니다. 도덕성 외에도 평가해야 할 여러 요소가 있다는 말이다. 도덕성만 유일한 기준이 되어서는 안 된다는 말이다.

도덕성만 중요시하는 것이 문제라고 주장하는 데는 보다 근본적인 이유가 있다. 대부분의 도덕적 평가가 문제가 되는 것은 그 기준이 모호하다는 데 있다. 평가 기준이 절대적이지도, 객관적이지도 않은 경우가 많다. 앞의 예에서처럼 중년의 남성 후보자에게 젊은 애인이 있다는 점이 반드시 도덕적 결함으로 이어지는 것은 아니다. 만약 그 후보자가 미혼이라면 어떨까? 또는 이혼한 상태라면? 일단 법적으로는 아무런 문제가 없다. 미혼인 중년에게 애인이 있다는 사실이 무슨 문제가 되겠는가.

하지만 그럼에도 현실은 그렇게 간단치가 않다. 여전히 논란거리는 남는다. 법적으로는 문제가 없다 하더라도 '도덕적으로는' 여전히 문제가 될 수 있다. 사람들은 그에게 "어떻게 딸 같이 어린 여성과 사귈 수 있는가?" 하면서 그를 체면이나 부끄러움을 모르는 뻔뻔스러운 사람으로 낙인찍을 가능성이 높다. 이처럼 도덕적 기준은 때로 법적 기준을 넘어서기도 한다. 철학자 니체는 도덕적인 문제를 절대적인 것으로 해석하는 것에 대해 경고하였다.

> 도덕적인 현상이란 전혀 존재하지 않는다. 현상에 대한 도덕적인 해석만이 있을 뿐이다. ―《선악의 저편》

그의 주장에 의하면, 객관적이고 절대적인 도덕 현상이란 존재하지 않는다. 어떤 행위에 대한 도덕적인 '해석'만 있을 뿐이다. 부도덕한 행위가 있는 것이 아니라 어떤 행위에 대한 '해석'에 따라 도덕 또는 부도덕이 결정되는 것이다. 가령, 중년 남성이 20대 애인과 사귀는 것은 잘잘못이 절대적으로 정해져 있는 '도덕적인 현상'이 아니라 '해석의 문제'일 뿐이라는 입장이다. 해석에 따라 부도덕한 행위가 될 수도 있고, 문제 삼을 일이 아닐 수도 있다.

사전적인 의미에서 도덕道德이란 '사회 구성원들이 양심, 사회적 여론, 관습 따위에 비추어 스스로 마땅히 지켜야 할 행동 준칙이나 규범'으로 정의된다. 사전적 정의를 보더라도 도덕은 불변의 절대적 기준이 아님을 알 수 있다. 사회적 여론이나 관습에 따라 옳고 그름이 결정되는 성질의 것이다. 이 말은 여론이나 관습이 달라지면 어떤 행위에 대한 해석도 달라질 수 있음을 의미한다. 가령, 과거 유교의 가르침 중에는 '남녀칠세부동석'이라는 말이 있다. 알다시피 남녀가 일곱 살이 넘으면 엄격히 구별되어야 한다는 도덕규범이다. 실제로 양반집에서는 남녀가 같은 자리에서 식사도 할 수 없었다. 만약 이 규범을 무시하면 부도덕한 행위가 된다. 지금에야 '그게 말이 되는가?' 하고 생각하겠지만 당시에는 엄연히 존재했던 도덕 기준이다. 만약 누군가가 "지금도 남녀칠세부동석의 기준이 지켜져야 한다"고 주장한다면 어떻게 될까? 아마도 가부장적이고 고리타분하다며 손가락질 당할 것이다. 결국 어떤 도덕 기준도 특정한 시대에 형성된 사회적 규범을 반영한 것일 뿐 절대적이거나 불변의 것이 아니다.

동일한 시대에도 지역이나 문화에 따라 도덕 기준은 달리 적용된다. 앞의 예처럼 중년의 남성 정치인이 젊은 여성과 사귄다는 스캔들이 우리의 도덕 기준에서는 문제가 될 사건인지 모르겠지만, 그와 유사한 사건이 전혀 문제가 되지 않는 경우도 있다(실제로 프랑스에서는 사르코지 대통령이 젊은 여성(브루니)과 스캔들이 터졌을 때 도덕적으로 크게 문제가 되지 않았다). 니체는 도덕이 절대적이지 않으며, 특정한 시기에 특정한 사람들에 의해 형성된 관념이라는 의미에서 "도덕은 한때 유행하는 전

염병이다"라고 주장하기도 했다. 그렇다면 우리는 왜 도덕적인 면을 중요시하는 것일까? 니체는 그 이유에 대해 "사람들이 도덕적이지 않기 때문"이라고 단언한다. 그의 주장을 들어보자.

> 사람들이 도덕적으로 변하는 것은 그들이 도덕적이지 않기 때문이다. 도덕에 복종하는 것은 군주에게 복종하는 것처럼 노예적인 것일 수도 있고 허영심이나 이기심, 혹은 체념이나 음울한 열광이나 사려 없음, 혹은 절망의 행위일 수도 있다. 그것이 그 자체로 도덕적인 것은 아니다. ___《아침놀》

니체는 사람들이 도덕적이지 않기 때문에 오히려 도덕을 강조한다고 주장했다. 이는 마치 도둑이 누가 자기 재산을 훔쳐갈까 두려워 문단속을 더 철저하게 하는 것과 비슷하다. 한편으로 그는 도덕을 "공동체를 유지하고 그것의 몰락을 방지하는 수단"이라고 말했다. 군주 입장에서 도덕은 노예를 자신에게 복종하도록 만드는 훌륭한 수단이 된다. 결국, 도덕을 절실히 필요로 하는 이는 군주이지 노예(또는 평민)가 아니다. 노예의 관점에서 도덕이란 공동체를 유지하기 위해 자신을 복종하게 만드는 장치일 뿐이다.

그렇다면 이런 의문이 들기도 한다. 사람들은 왜 그러한 도덕을 '스스로' 따르려는 걸까? 니체는 사람들이 도덕을 따르는 동기에 대해 '공포' 때문이라고 주장했다. 사람들이 스스로 도덕적으로 변하는 이유는 (노예가 군주에게 복종하는 것처럼) 그렇지 않을 경우 발생하는 양심의 가책이 무서워서 스스로 도덕을 따르려 한다는 것이다. 쉽게 말해, 양심의 가책에 대한 공포 때문에 도덕을 지키려 한다는 말이다. 이때 생겨나는 감정은 니체의 주장처럼 허영심이나 이기심일 수도 있고 체념이나 절망일 수도 있다. 핵심은 자발적으로 도덕을 지키려 한 것이 아니라 공포 때문에 어쩔 수 없이 따르는 것이다. 니체의 주장처럼 도덕적 행위가 "그 자체로 도덕적인 것은 아니다".

니체는 왜 그토록 도덕을 부정하는 것일까? 그 이유는 도덕이 삶을 부정하기 때문이다. 앞서 살펴보았듯이 도덕은 절대적이고 객관적인 기준이 아니다. 해석에 따라 매번 달라지는 고무줄 같은 잣대에 불과하다. 니체의 표현을 빌리자면, "도덕은 언제나 프로크루스테스의 침대"와 같다. 또한 도덕은 공동체를 유지하기 위한 수단으로 만들어진 것이다. 그것도 노예의 기준이 아니라 군주가 만든 기준이다. 그렇기 때문에 도덕은 개인의 삶을 부정하는 결과로 이어진다. 프로크루스테스 침대에 눕혀진 사람이 정상적인 삶을 살 수 없듯이 도덕적 잣대로 재단된 사람은 자신이 원하는 삶을 살기 힘들다. 도덕 기준에 따라 늘려지거나 잘리기 일쑤다. 결국 지나치게 도덕 기준에 얽매이는 것은 자신이 원하는 삶을 부정하는 결과를 낳는다.

처음의 사례로 돌아가보자. 감사에서 혼자 책임을 면하게 되어 죄책감에 시달리는 권 과장은 이제 어떻게 해야 할까? 그는 무엇을 잘못했기에 죄책감을 느끼는 것일까? 결론부터 말하자면, 그에게는 어떠한 잘못도 없다. 따라서 그는 죄책감을 느낄 필요조차 없다. 왜 권 과장만 혼자 징계를 면할 수 있었는가? 그가 회사 규정을 지켰기 때문이다. 다른 사람들이 징계를 피하지 못한 이유는 규정을 어기고 불법을 저질렀기 때문이다. 동료들이 징계를 받은 것이 가슴 아플 수는 있겠지만, 그렇다고 권 과장이 스스로 죄책감을 느낄 사안은 아니다.

혼자서만 징계를 면한 일로 다른 사람들이 권 과장을 불편한 시선으로 바라보는 점에 대해 생각해보자. 우선 권 과장에 대한 다른 사람들의 불편한 시선은 그 자체로 '팩트fact'는 아니다. 아마도 권 과장 스스로 곡해했을 가능성이 크다. 그가 가진 죄책감은 스스로 만들어낸 허상에 불과하다. 또 경우에 따라서는 다른 사람들의 불편한 시선이 '팩트'일 수도 있다. 만약 그것이 사실이라면, 이 경우는 더 심한 비도덕적 행위다. 그들은 권 과장도 함께 징계를 받았어야 옳다고 생각하는 것일까? 이처럼 공동 희생을 강요하는 것도 도덕이라 말할 수 있을까? 이것은 차라리 폭력에 가깝다. 이처럼 지나친 도덕 기준을 강요할 경우, 자칫 그 행위가 폭력으로 변질되기도 한다.

도덕이 지나치게 강조되는 사회에서는 공동체를 위해 개인적 희생을 요구하기도 한다. 가령, 조선시대에는 사별한 며느리에게 가문의 전통을 위해 정절을 지킬 것을 요구하기도 했다. 이는 공동체를 위해 개인의 욕망을 억제하라는 것인데, 이러한 요구 속에는 개인적 희생을 강요하는 폭력이 숨어 있다. 하지만 희생의 정도가 바로 도덕성의 수준을 결정하는 것은 아니다. 니체였다면 이러한 도덕은 야만적이라며 일침을 가했을 것이다. "희생의 정도에 따라 평가되는 도덕은 반쯤은 야만적인 단계의 도덕이다." 결론적으로 권 과장은 죄책감을 느낄 이유도, 특별히 양심의 가책을 느낄 필요도 없다. 니체는 양심의 가책도 질병이라고 보았다. "양심의 가책도 하나의 병이다." 사람들은 양심의 가책을 통해 스스로 도덕을 내면화하는 습성이 있다. 이것 역시 도덕적인 것은 아니다. 현재 삶을 부정하는 일종의 병일 뿐이다.

정리해보자. 살면서 도덕 기준을 최우선으로 삼는 경우가 있다. 하지만 이것은 바람직한 태도가 아니다. 도덕은 객관적이지 않을 뿐 아니라 절대적이지도 않기 때문이다. 니체의 표현처럼 "도덕적인 현상이란 전혀 존재하지 않는다. 현상에 대한 도덕적인 해석만이 있을 뿐이다." 도덕이 문제가 되는 것은 그것이 삶을 부정하는 결과를 낳기 때문이다. 도덕은 공동체를 유지하는 수단이기에 공동체를 위해 개인의 희생을 강요하기도 한다. 결국 지나친 도덕 감정은 사람들로 하여금 양심의 가책을 느끼게 만들어 스스로의 삶을 부정하는 결과를 초래한다. 따라서 지나치게 '도덕적'이기만 해서는 곤란하다. 니체는 《차라투스트라는 이렇게 말했다》에서 지나친 도덕관념에 젖어 있는 사람들을 향해 이렇게 외쳤다.

> 능력 이상으로 도덕적이고자 하지 말라! 가능하지 않은 것을 자신에게 요구하지도 말라!

13 : 선악

창조하는 자가 아니라면 그 누구도 무엇이 선하고 악한지를 모른다

Q 악명 높은 팀장을 모시게 되어 걱정이에요

오상수 과장은 정기인사 시즌을 앞두고 걱정이 생겼다. 기존 팀장의 퇴직으로 새로운 팀장이 오게 되었는데, 그가 바로 회사에서 가장 악명 높은 최고수 부장이었기 때문이다. 최고수 부장은 능력이 뛰어나고 업무처리가 완벽해서 경영진으로부터 신뢰를 한 몸에 받고 있는 사람이다. 하지만 성격이 불같아서 함께 일하는 부하직원 입장에서는 죽을 맛이다. 수시로 과도한 업무 지시를 내릴 때가 많고, 이를 이행하지 못한 경우에는 심한 질책과 꾸중을 퍼붓는다. 그래서 최 부장 밑에서 일을 하면 배우는 것도 많지만, 업무 스트레스가 장난이 아니다.

오 과장은 최 부장과 함께 일하게 되었다는 소식에 걱정이 앞섰다. 이전까지 함께 일했던 팀장은 상대적으로 편한 사람이었다. 사람 좋기로 소문이 나 있을 정도로 인간적이어서 특별히 업무적인 문제로 스트레스 받을 일이 거의 없었다. 물론 상대적으로 업무 능력은 뛰어난 편이 아니라서 배울 점이 많지 않았지만, 몸과 마음은 편했다. 한마디로 업무보다는 인간미가 넘치는 팀장이었다.

이제부터 악명 높은 팀장과 함께 일하게 된 오 과장은 어떻게 해야 할까? 새로운 팀장과 함께 일하게 된 것은 나쁜 일일까?

A

'새옹지마塞翁之馬'라는 말이 있다. 《회남자淮南子》에 나오는 고사성어로, 인생의 길흉화복은 수시로 바뀌어 미리 헤아릴 수 없다는 뜻이다. 즉 복이 도리어 화가 되기도 하고 화가 복이 될 수도 있음을 의미한다. 가령, 어떤 사람이 로또 복권 1등에 당첨되었다고 치자. 이것은 복일까? 장담할 수 없다. 오히려 화가 되기도 한다. 갑자기 생긴 큰돈으로 인해 생활패턴이 바뀌고 인간관계가 파괴되기도 한다. 그동안 해왔던 일을 그만두고 도박이나 마약 중독에 빠지는 사람도 있다. 어떤 이는 '차라리 그때 복권에 당첨되지 않았더라면' 하고 괴로워하기도 한다.

반면, 재난이라고 생각했던 일이 오히려 새로운 기회가 되기도 한다. 다니던 회사가 부도났다고 치자. 대부분의 사람은 직장이 없어져서 앞으로의 생계가 막막하다며 불안해할 것이다. 하지만 모든 사람이 그런 것은 아니다. 그 사건으로 인해 새로운 기회를 잡는 사람도 생긴다. 어떤 이는 그것을 계기로 더 좋은 회사로 옮겨가기도 한다. 새로운 사업을 시작하여 큰돈을 버는 사람도 있다. 다니던 회사가 부도나지 않았더라면 생각지도 못했을 기회가 주어진 셈이다. 그들에게 이전 회사의 부도는 절호의 기회로 작용했다. 이를 두고 '인생사 새옹지마'라고 한다.

인생사가 새옹지마라면, 다시 말해 인생에서 길흉화복을 헤아릴 수 없다면 우리는 어떤 일에 대해서도 좋고 나쁨을 판단할 수 없는 것일까? 그렇지는 않다. 새옹지마는 인생살이가 다양하고 길흉과 화복이 교차함으로써 변화가 많음을 의미하지만, 그렇다고 해서 길흉화복 자체를 판단하지 못하는 것은 아니다. 오히려 인생살이에서 어떤 상황에 처하든 그것이 자신에게 길할지 흉할지를 판단해서 슬기롭게 대처하는 것이 무엇보다 중요하다.

어떤 사태가 자신에게 길 또는 흉, 화 또는 복을 줄지 어떻게 판단할 수 있을까? 흔히 사람들은 인생의 길흉화복을 판단하기 위해 점집이나 무당을 찾기도 한다. 점쟁이나 무속인이 가진 신통력에 기대어 미래의 길흉화복을 미리 알아보기 위해서다. 하지만 그들의 점괘는 사실일까? 전혀 사실이 아니다. 그들의 예측은 아무런 근거도 기준도 없다(물론 근거가 있다고 주장하는 사람도 있겠지만, 그 근거조차 객관적이지 않은 것만은 틀림없는 사실이다. 당연히 믿을지 말지도 개인의 자유다). 그렇다면 누구에게 도움을 받을 수 있을까? 점쟁이처럼 명쾌하게 말해주지 않아서 만족스럽지 않을 수도 있겠지만, 니체로부터 약간의 도움을 받을 수 있다. 먼저 그의 주장을 들어보자.

> 창조하는 자가 아니라면 그 누구도 무엇이 선하고 악한지를 모른다. (……) 그런데 창조하는 자는 사람이 추구해야 할 목표를 제시하는가 하면, 이 대지에 그 의미를 부여하고 미래를 약속하는 자다. 그가 비로소 어느 것이 선이고 악인지를 결정한다. ―《차라투스트라는 이렇게 말했다》

니체는 "창조하는 자가 아니라면 그 누구도 무엇이 선하고 악한지를 모른다"고 주장했다. 창조하는 자는 어떤 일이 선하고 악한지를 판단할 수 있는 반면, 그렇지 않은 자는 그러한 판단 자체를 내릴 수 없다는 말이다. 가령 각자에게 영양 만점의 푸짐한 저녁식사가 주어졌다고 치자. 이것은 선일까, 악일까? "저녁식사 한 끼를 두고 무슨 선악 타령이냐?"고 반문할 수도 있다. 맞다. 식사는 선악의 평가 대상이 아니다. 그냥 맛있게 먹기만 하면 된다. 그런데 만약 다이어트를 하기로 결심한 사람이라면 어떨까? 그에게 푸짐한 저녁식사는 '악'이 된다. 반대로 영양보충을 목적으로 하는 사람이라면 그것은 '선'이 될 것이다. 여기서 중요한 것은 자신의 목표가 있는 자만이 선악에 대해 판단할 수 있다는 점이다. 목표가 없다면 판단을 내리는 것도 불가능해진다. 결국 어떤 일(상황) 자체로 선과 악을 결정하는 것이 아니라, 행위자가 나아가는 삶의 방향에 따라 선과 악이 갈린다.

다른 예를 들어보자. 어떤 여성이 돈 많은 재벌의 아들과 결혼을 했다고 치자. 재벌가의 며느리가 된다는 것은 선일까, 악일까? 일반적으로 보자면, 재벌가의 며느리는 분명히 축복처럼 여겨진다. 많은 사람들이 그런 삶을 원하기에 그렇고, 또 원한다고 해서 아무나 그렇게 될 수 없기에 그렇다. 하지만 니체의 논리로 볼 때, 삶의 목표가 없다면 판단할 수조차 없다. 목표가 있다면 판단이야 가능하겠지만, 그렇다고 절대적인 선도 아니다. 목표에 따라 해석이 달라진다. 삶의 목표가 부유하고 풍요로운 삶이라면 재벌가의 며느리가 되는 것은 분명히 좋은 일일 것이다. 하지만 목표가 자유로운 삶을 영위하는 것이라면 그것은 오히려 나쁜 일이 될 수도 있다. 보통 재벌가 며느리에게는 풍요로움은 넘쳐나지만 자유로움은 주어지지 않는다(사실 이 주장은 조심스럽다. 경험이 없어서 재벌가의 생활을 정확히 알지 못하기 때문이다. 그냥 드라마 속 모습을 보고 추정한 것인데, 혹시 현실과 다르다면 드라마 작가나 PD에게 일차적인 책임이 있음을 밝혀둔다). 요컨대 목표에 따라, 지향하는 바가 무엇인가에 따라 선과 악의 판단이 달라진다.

니체는 선과 악을 판단할 수 있는 자를 "창조하는 자"라고 말했다. 창조하는 자는 어떤 사람일까? 그의 말처럼 "목표를 제시하는" 자, "의미를 부여하고 미래를 약속하는" 자다. 삶의 목표와 의미, 미래에 대한 방향을 가진 자, 즉 인생의 목표가 명확한 사람이다. 따라서 선과 악에 대한 판단도 그것이 인생의 목표에 부합하는가에 달렸다. 결국, 삶의 목표를 명확히 설정하는 일이 무엇보다 중요하다. 목표가 없거나 불분명한 사람은 선악에 대한 판단조차 내릴 수 없다. 당연히 그의 삶도 길흉과 화복을 반복하게 된다. 목표가 명확한 사람만이 인생에서 만나게 되는 여러 가지 상황이 자신에게 선이 될지, 악이 될지를 올바르게 판단할 수 있다. 따라서 그의 삶에는 흉보다는 길이, 화보다는 복이 더 많아진다. 무엇보다 목표가 중요하다.

이제 악명 높은 팀장이 새로 부임해오는 사건으로 불안해하는 오 과장에게로 눈을 돌려보자. 이 사건은 오 과장에게 나쁜 일일까? 그것은 간단히 판단할 수 없다. 앞서 말했듯이, 오 과장의 목표가 무엇인가에 따라 판단이 달라지기 때문이다. 만약 그가 추구하는 삶이 편안한 직장생활이라면 새로운 변화는 불행한 일일 확률이 높다. 만약 그가 전문성을 개발하고 조직에서 높이 성장하기를 바란다면, 새로운 팀장과의 인연은 좋은 기회가 될 수도 있다. 최 부장과의 조직생활이 힘은 들겠지만 예전보다 훨씬 많이 배우고 성장할 수 있는 계기가 될 것이다.

만약 오 과장에게 삶의 목표가 없거나 불분명하다면 어떻게 될까? (앞서 말했듯이 선악은 판단할 수 없겠지만) 이러한 상황이라면 새로운 변화는 오 과장을 행복하게 만들까, 아니면 불행하게 만들까? 단정하기는 어렵지만, 예측이 불가능하지는 않다. 오 과장에게 목표가 없다면, 악명 높은 팀장과의 새로운 만남은 그를 불행하게 만들 가능성이 더 높다. 몽테뉴가 말했듯이 "어느 곳을 향해 배를 저어야 할지 모르는 사람에게는 어떤 바람도 순풍이 아니기" 때문이다. 특별히 삶의 목표가 없는 오 과장에게 수시로 과중한 업무를 던져주고, 이를 이행하지 못하면 가차 없이 질책과 꾸중을 해댈 것으로 예상되는 새로운 팀장과의 만남은 순풍보다는 역풍일 가능성이 더 크다. 아마도 그는 팀장과의 만남을 긍정적으로(또는 행복하게) 해석하기는 어려울 것이다. 살면서 만나게 되는 어려움과 고난을 긍정하고 행복하게 해석하는 일은 그것들이 삶의 목표에 부합하는 경우에만 가능하기 때문이다.

니체가 《차라투스트라는 이렇게 말했다》에서 "창조하는 자가 아니라면 그 누구도 무엇이 선하고 악한지를 모른다"는 말을 통해 사람들에게 전달하고자 한 핵심은 무엇일까? 단지 '삶의 목표를 가지라'는 것일까? 그렇지 않다. 니체는 철학자다. 그것도 삶에 대해 깊이 있게 고민하고 통찰했던 철학자다. 그런 그가 '자기계발 전문가' 같은 상투적인 주장을 되풀이했을 리가 없다. 그의 주장은 좀 더 심오하다. 그의 책 다른 곳에서 힌트를 찾을 수 있다. 그는 같은 책에서 "내가 소망하는 그런 삶을 살자. 아니면 더 이상 살지 말자. 그러기를 나는 원한다"고 썼다. 결론적으로 니체가 우리에게 하고자 한 핵심적인 주장은 "자신이 소망하는 삶을 살자"였다. 자신이 진정으로 원하고 소망하는 삶을 살 때 그것이 바로 '선'이고 '행복'이라는 말이다. 자신이 원하는 삶이 아니라면, 아무리 가치 있고 위대해 보여도 허울에 불과하다.

정리해보자. 어떤 상황이 선인지 악인지는 그 자체로 판단할 수 없다. 그것이 자신의 목표에 부합한다면 선이 되고, 반대의 경우라면 악이 되기 때문이다. 결국 목표를 가진 사람만이 선악에 대한 판단을 내릴 수 있다. 니체의 표현처럼 "창조하는 자가 아니라면 그 누구도 무엇이 선한지 악한지를 모른다." 그의 주장대로라면 '창조하는 자'가 목표를 가진 자다. 니체는 이러한 주장을 통해 "자신이 소망하는 그런 삶을 살자"고 강조했다. 자신이 바라고 소망하는 삶이 바로 선이고 행복이기 때문이다. 스스로에게 한번 물어보자. 나는 진정 내가 소망하는 삶을 살고 있는가? 내가 진정으로 소망하는 삶의 모습은 무엇인가?

14 : 욕심

부당한 생각은 가진 것이 없는 사람의 마음속에도 숨어 있다

Q

정말 있는 놈이 더 해요!

오상수 과장은 어이가 없다. 다름 아닌 조강민 차장 때문이다. 조 차장은 팀에서 가장 인정받는 사람이다. 똑똑한데다가 기본적으로 성실하게 일한다. 또 팀에서 가장 중요하고 힘든 역할을 맡고 있음에도 아무런 문제없이 잘 수행하고 있다. 이런 이유 때문에 그는 몇 년째 인사평가에서 가장 높은 등급인 S등급을 독차지하고 있다. 다른 사람들도 조 차장이 최고 등급을 받는 것에 대해 별다른 이견이 없다. 한마디로 그는 '능력자'다.

하지만 문제는 조 차장의 욕심이 끝이 없다는 데 있다. 최근 회사의 경영실적이 좋아서 이에 대한 보상으로 팀별로 특별격려금이 주어졌다. 개인별로 어떻게 배분할지에 대해서는 팀장 재량에 맡겨졌다. 팀장은 특별격려금을 팀원에게 균등하게 나누어줄지 아니면 개인별 기여도에 따라 차등을 둘지 고민하고 있었다. 그러던 차에 조 차장이 "개인별 기여도에 따라 차이를 두는 것이 옳다"며 차등 배분할 것을 강하게 요구하고 나섰다. 그 말의 속내는 자신이 많이 가지겠다는 뜻이다. 이 때문에 오 과장은 물론 다른 팀원들도 대부분 당혹감을 느꼈다. 이미 연말 인사평가에서 최고 등급을 받아 다른 사람보다 훨씬 많은 성과급이 주어졌음에도 조 차장이 특별격려금마저 많이 가지려고 욕심을 내고 있기 때문이다. 정말로 인간의 욕심은 끝이 없는 것일까? 조 차장은 왜 다른 사람을 위해 조금도 양보하지 않는 것일까?

A

"있는 놈이 더 한다"라는 말이 있다. 99개를 가진 자가 1개를 가진 사람의 것마저 빼앗아 100개를 채우려고 하는 경우에 쓰는 말이다. 이는 인간의 욕심이 끝이 없음을, 탐욕스러움을 나타내는 표현이다. 인간은 원래부터 욕심이 많은 존재일까? 개인마다 정도의 차이는 있겠지만, 인간은 본래부터 어느 정도의 욕심은 가지고 태어났다고 보는 편이 옳을 것이다. 아무런 욕심 없는 사람이 어디 있을까. 하지만 욕심이 과한 경우라면 문제가 된다. '탐욕스러운 사람'으로 낙인찍히기 십상이다. 특히 무엇인가를 가지려는 소유욕이 그렇다. 어느 정도까지는 그러려니 하고 봐주지만 지나치게 과한 욕심은 나쁜 평가를 넘어 불화의 불씨가 된다. 결국 무엇인가를 가지려는 욕심이나 욕망이 문제가 아니라, 그것의 많고 적음이 문제가 된다.

아무튼 인간의 본성에 속하는 욕심이나 욕망에 대해 생각해보기로 하자. 우선 질문 하나. 어떤 사람의 소유욕이 지나치다는 이유로 그의 탐욕스러움을 비판하는 것은 타당한 것일까? 좀 더 구체적으로 표현하면, 이미 많은 것을 가진 사람이 더 많이 소유하려는 욕망에 대해 탐욕스럽다는 이유로 부당하다며 비난할 수 있을까? 결론부터 말하면, 절대 그렇지 않다. 일단 '지나치다'는 평가가 객관적이지 않다. 인간은 얼마를 더 가지려 해야 '탐욕스러운 존재'가 될까? 객관적 기준은 존재하지 않는다. 서민이 자신이 가진 것에 백억을 더 가지려고 한다면 '탐욕스럽다'고 말할 수 있겠지만, 수백억을 가진 자산가가 그렇게 말한다면 그에게는 탐욕스럽다는 표현을 붙이기가 어려울 것이다. 어떤 욕망이 탐욕인지의 여부는 지극히 주관적이고 개인적인 평가일 수밖에 없다. 따라서 개인의 주관적 잣대로 타인의 욕망을 평가하는 것이 어쩌면 더 부당한 행위일 수도 있다.

타인의 소유욕이 지나치다는 이유를 들어 탐욕스럽다거나 부당하다고 말할 수 없는 또 다른 이유가 있다. 무엇인가를 욕망한다는 것은 인간이라면 누구나 가지고 있는 자연스러운 마음이기 때문이다. 욕망은 인간의 본성에 부합하는 감정이다. 본디부터 타고난 것이기에 이를 두고 부당하다고 말하기는 어렵다. 특히 무엇인가를 가지려는 소유욕은 누구에게나 내재되어 있는 기본 욕망이다. 솔직하게 말해서 소유욕을 갖지 않은 사람은 없다('무소유'를 주장했던 법정 스님도 소유욕은 가지고 있었다. 다만 그것을 잘 억눌렀을 뿐이다). 소유욕은 부자에게도 있고 빈자에게도 있다. 남자에게도 있고 여자에게도 있다. 젊은이에게도 있고 늙은이에게도 있다. 귀족에게도 있고 서민에게도 있다. 누구나 가지고 있는 근본 감정이기에 소유욕은 본성을 거스르는 것이 아니라 본성에 부합하는 행위다. 따라서 그것의 많고 적음을 판단하여 평가를 내리는 행위는 타당하지 않다.

그럼에도 사람들은 타인의 욕망(욕심)의 많고 적음을 따지고 평가하는 일에 주저함이 없다. 누군가의 탐욕을 지적하고 평가하는 일은 '뒷담화'의 좋은 소재다. 앞서 말했듯이 개인의 욕망이 지나친 것인지의 판단은 지극히 주관적일 수밖에 없기 때문에 '탐욕'에 대한 지적은 당사자의 면전이 아닌 배후에서 이루어지는 경우가 많다. 그렇다면 누군가의 등 뒤에서 그를 '탐욕스러운 자'라며 비판하는 사람은 그보다 욕심이 적을까? 장담할 수 없다. 덜 가진 자가 많이 가진 사람보다 적게 욕망할 것이라는 생각은 검증된 바가 없다. 니체는 이러한 점을 통찰했던 사람이다. 이와 관련된 그의 주장을 먼저 들어보자.

> 부당한 생각은 가진 것이 없는 사람의 마음속에도 숨어 있다. 그들은 소유한 자들보다 더 선하지도 않고 도덕적인 우선권을 가지고 있지도 않다. ―《인간적인 너무나 인간적인 1》

니체는 가진 자든 가지지 못한 자든 인간이 가진 욕망에는 별반 차이가 없다고 보았다. 빈자가 부자보다 더 선하다거나 도덕적이라고 말할 수 없다. 왜냐하면 가진 것이 없는 자도 소유한 자와 마찬가지로 "부당한 생각"을 가지고 있기 때문이다. 쉽게 말해 무엇인가를 더 많이 가지려는 "부당한 생각"은 부자도 빈자도 모두 가지고 있다. 탐욕은 부자의 마음에도 빈자의 마음에도 모두 깃들 수 있는 것이다. 따라서 타인의 욕망에 대해 '탐욕스럽다'는 평가로 비판을 가할 수 없다. 인간이 품는 탐욕의 정도는 대부분 거기서 거기다. 어쩌면 타인의 욕망을 평가하려는 생각이 '부당한 생각'일지도 모른다.

그렇다면 타인의 탐욕스러움을 평가하는 행위는 누가 더 많이 할까? 가진 자일까, 아니면 가지지 못한 자일까? 이것은 명확하다. 가지지 못한 자가 가진 자를 평가한다. "가진 놈이 더 하다"고, "욕심이 끝이 없다"고 말하면서. 부자는 빈자의 탐욕스러움에 대해 왈가왈부하지 않는다. 기본적으로 부자는 빈자의 욕망에 별 관심이 없어서이기도 하지만, 더 큰 이유는 자신의 욕망에만 충실하기 때문이다. 내 욕망을 충족시키는 것이 중요할 뿐 타인의 욕망에 대해서는 관심도 없고 신경 쓸 겨를도 없다. 타인의 욕망에 대한 평가는 대체로 빈자가 부자를 향해 던지는 목소리다. 그것도 '등 뒤에서' 속삭이는 소리다. 면전에서는 차마 내뱉지 못한 마음속 불만을 배후에서 보란 듯이 꺼내놓는 '조용한(?) 외침'이다. 하지만 부자는 그들의 소리를 듣지 못한다. 따라서 달라지는 것은 아무것도 없다. 부자는 여전히 탐욕스럽고(빈자가 보기에 그렇다), 빈자는 여전히 배고플 뿐이다.

니체는 모든 사람이 욕망을 추구한다고 주장하였다(니체는 이러한 욕망을 '권력의지'라고 표현했다). 강자든 약자든, 귀족이든 노예든, 부자든 빈자든 모두가 무엇인가를 욕망한다는 면에서는 차이가 없다. 타인의 욕망에 대해 평가를 내리는 행위는 약자의 본성에 속한다. 강자는 그렇지 않다. 강자는 자신의 욕망에 솔직하고 그것에 충실하다. 반면 약자는 자신의 욕망에 솔직하지 못하다. 따라서 자신의 욕망에 충실하기도 어렵다. 약자는 오히려 강자의 욕망에 더 많은 신경을 쓴다. 강자의 욕망에 대해 배후에서는 비판적이지만 면전에서는 굽실거린다.

결국 모든 인간은 무엇인가를 욕망한다. 하지만 강자는 자신의 욕망을 솔직하게 드러내놓고 충실하게 추구하기 때문에 욕망을 숨기는 약자보다 욕망하는 정도가 더 커 보인다. 그러니 아무래도 약자의 눈에는 탐욕스러워 보일 수밖에 없다. 그렇다고 해서 약자가 강자보다 더 선한 것은 아니다. 그들은 단지 욕망을 표출하는 방식이 다를 뿐이다. 한편, 무엇인가를 욕망한다고 해서 현실에서 그것이 모두 충족되지는 않는다. 충족되지 못한 욕망은 불만이 된다. 따라서 강자건 약자건 모두 불만을 가질 수 있다. 하지만 그러한 불만이 삶에 미치는 영향은 사뭇 다르다. 니체의 또 다른 주장을 들어보자.

> 약자의 불만을 가진 사람들은 삶을 미화하고 심화하는 데 재능을 보인다. 강자의 불만을 가진 사람들은 삶을 개선하고 확고하게 하는 일에 재능을 보인다. (……) 이를 통해 이들(약자)은 현실의 궁핍이 지속되는 것을 견뎌낸다. ―《즐거운 학문》

니체가 보기에 강자와 약자 간에는 불만을 표출하는 방식에도 차이가 있다. 약자가 표출하는 불만은 "삶을 미화하고 심화하는 데" 사용되는 반면, 강자는 "삶을 개선하고 확고하게" 하는 데 불만을 사용한다. 약자는 불만족한 현실임에도 "이 정도면 살 만하다. 다른 사람도 대부분 그렇게 살지 않는가! 더 나은 삶을 살 수도 있지만 부자들의 탐욕스러움 때문에 어쩔 수 없어"라며 삶을 미화함으로써 불만족한 현실을 견디는 구실로 삼는다. 결국 그들의 불만은 삶을 개선하는 데 사용되지 못하고 궁핍한 현실을 지속하거나 심화시키는 데 일조한다. 이와 달리 강자는 자신의 욕망이나 불만을 모두 무엇인가를 개선하고 이루어내는 데 할애한다. 따라서 강자의 욕망과 불만은 삶을 개선시키는 데 효과적으로 기능한다.

처음으로 돌아가 보자. 인사평가에서도 항상 S등급을 받아왔던 조

차장이 이번에는 특별격려금까지 더 많이 가지려고 욕심을 내고 있다. 왜 그런가? 그가 강자이기 때문이다. 다른 사람들은 욕심이 없을까? 솔직하게 말하면 욕심은 누구에게나 있다. 단지 표출하는 방식이 다를 뿐이다. 누구의 욕심이 더 많은지 또는 누구의 욕심이 지나친 것인지의 여부는 명확히 구분되지 않으며, 지금 이 순간 그다지 중요한 것도 아니다. 중요한 것은 삶을 개선하고 고양시키는지의 여부다. 자신의 욕망이 삶을 개선하고 무엇인가를 이루는 데 유효하게 작용하는지가 더 중요하다.

니체의 표현처럼 인간은 누구나 권력의지를 가졌듯이 우리 모두 무엇인가를 욕망한다. 욕망이 크다는 것은 결코 나쁜 것이 아니다. 욕망이 크다는 것은 삶의 의지가 강하다는 말의 다른 표현이다. 삶을 개선하고 고양시키는 욕망이라면 크고 강할수록 좋다. 설령 그로 인해 약자들이 등 뒤에서 '탐욕스럽다'는 비판을 할지라도 말이다. 시인 김달진도 《법구경》에서 니체의 생각에 조응하는 글을 썼다.

"'욕구를 버리라'는 말은 욕구를 없애라는 말이 아니다. 욕구를 가지라는 말이다. 욕구의 방향을 고치라는 말이다."

삶을 개선하고 고양시키려면 자신의 욕망에 솔직해지고 충실해야 한다. 욕망하고, 욕망하고, 또 욕망하라!

15 : 이기심

이기주의란
고귀한 영혼의 본질에 속한다

Q 구조조정에서 누군가가 알아서 나가줬으면 하는 생각이 들어요

오상수 과장은 회사의 명예퇴직 공고로 인해 고민에 빠졌다. 회사 경영이 어려워져서 각 부서마다 일정한 비율로 구조조정을 해야 하는데, 오 과장 부서에서도 한 명이 나가야 하는 상황이다. 산업 전반에 걸쳐 경기 침체가 지속되고 있고, 다른 회사도 경영상황이 썩 좋지 못해 지금 나가면 다른 회사에 취업하기도 쉽지 않다. 상황이 이렇다 보니 사람들은 서로 눈치만 살피면서 누군가가 먼저 자원하여 나가주길 바라고 있다.

오 과장은 지금까지 누구보다 열심히 일했고, 부서에서도 중추적 역할을 수행했다. 하지만 그는 이번 사태로 왠지 모를 심리적 압박을 느꼈다. 부서원 중에서 가장 몸이 가벼운 사람이 바로 자신이라고 생각되기 때문이다. 혼자만 미혼인데다 다른 사람들과 달리 부양해야 할 가족도 없다. 그래서인지 다른 사람들도 은근히 오 과장이 자원해서 나가줬으면 하고 기대하는 눈치다. 물론 그동안의 기여나 업무능력으로 따져보면, 오 과장이 나가야 할 하등의 이유는 없다. 하지만 그냥 모른 척하고 버티는 것이 왠지 너무 이기적인 것 같기도 하다. 이런 상황에서 오 과장은 어떻게 해야 할까?

A 흔히 사랑을 주제로 하는 드라마에는 주인공들의 애정 구도를 삼각관계로 대립시키면서 이야기를 전개하는 경우가 많다. 가령 남자 주인공 A는 여자 주인공 B와 어릴 적부터 연인 사이다. 또 다른 남자 주인공 C는 A와 절친한 친구 사이인데, 성인이 되어 B에 대한 애정이 싹트기 시작했다. 때마침 B와 A도 사랑이 예전 같지 않아서 자주 다툰다. 한편 B도 C를 향해 마음이 조금씩 움직이기 시작했다. 물론 A는 그런 사실을 모른다. 남자 C는 '사랑과 우정' 사이에서 갈등하고 있다. 과연 C는 어떤 선택을 하는 것이 현명할까?

〔1〕 우정을 선택한다(우정을 지키기 위해 B와의 사랑을 포기한다).

〔2〕 사랑을 선택한다(설령 A와의 우정을 버리는 한이 있더라도).

사람들은 이 같은 상황에 처하게 되면 어떤 선택을 더 많이 할까? 아마도 우정을 선택하는 경우가 많을 것이다. 우정을 선택하면, B를 향한 마음을 거둬들이는 일 빼고는 대체로 안전하기 때문이다. 만약 사랑을 선택한다면 치러야 할 대가가 만만치 않다. 우선 절친한 친구와의 우정이 끝날 가능성이 높다. 또 주변 사람들에게 '이기적인 인간'이나 '비도덕적인 인간'으로 비치기 쉽다. 오랜 친구를 배신하고 애인을 가로챈 파렴치한으로 낙인찍힐 수도 있다. 만약 B와의 사랑이 어긋나기라도 하면 주변 사람들은 '그럴 줄 알았다'느니 '천벌을 받았다'느니 '그럴 거면 왜 친구 애인을 가로챘느냐'면서 비아냥거릴 게 뻔하다. 이런 이유 때문에 대부분 '위험한 사랑'보다는 '안전한 우정'을 택한다.

그렇다면 위험한 사랑(선택 〔2〕)은 정말로 잘못된 선택일까? 그렇지 않다. 어떠한 것도 잘못된 선택은 없다. 인생이나 사랑은 원래 '인연의 마주침'이 빚어낸 결과이기 때문이다. A와 B가 사랑을 시작한 것도, C와 B가 사랑을 시작한 것도 모두 '인연의 마주침'의 결과일 뿐이다. 인연이 있어 사랑이 시작된 것이고, 인연이 끝났기에 사랑도 종료되었을 뿐이다. 여기에는 어떠한 선도 악도 없다. 그렇기에 우정을 버리고 사랑을 선택했다고 해서 도덕적으로 비난 받을 이유가 없다(그렇지 않다고 느끼는 사람도 많을 듯하다. 그렇더라도 잠시 판단을 유보해보자).

여기서 우리가 좀 더 숙고해봐야 할 주제가 있다. 그것은 바로 '이기주의'에 대한 관점이다. 이기주의는 자신의 이익만 중요시하는 태도를 말하는데, 이는 자기보다 타인을 먼저 생각하는 '이타주의'와는 대립되는 사상이다. 흔히 사람들은 이타주의는 선한 것으로, 이기주의는 악하고 도덕적이지 못한 것으로 생각한다. 타인과 더불어 사는 사회에서는 아무래도 자신의 이익보다는 타인을 돕는 마음이 많을수록 더 좋은 세상이 되리라는 믿음 때문이다.

여기서 질문 하나. 이기주의는 정말 이타주의보다 나쁜 것일까? 반드시 그렇지만은 않다. 니체는 이기주의를 부정하는 보편적 도덕관념을 비판한다. 그는 "이기주의란 고귀한 영혼의 본질에 속한다"(《선악의 저편》)면서 오히려 이기주의를 긍정하였다. 니체가 이기주의를 긍정하는 근거는 무엇일까? 그것은 자기 자신을 우선시하는 태도가 인간의 근본 욕구에 속하기 때문이다. "자기보존의 욕구는 미덕의 첫 번째이자, 유일한 토대이다."(《유고 11》) 그는 자기보존의 욕구에 따라 행동하는 이기주의를 결코 나쁜 태도로 보지 않았다. 인간인 이상 자기를 먼저 위하는 태도는 지극히 자연스러운 것이다. 오히려 자기보존의 욕구를 억누른 채 타인을 먼저 위하려는 태도가 위선이며 자기기만에 불과하다고 보았다. 더 나아가 니체는 어떤 행위에 대해 '이기적인' 것과 '비이기적인' 것으로 구분하는 것 자체를 문제시했다. 그의 주장을 들어보자.

> '이기적'과 '비이기적'이 반대라는 명제는 (……) '고등 사기'의 하나이자 '이상'일 뿐이다. 따라서 이기적인 행동이란 것은 없으며, 비이기적인 행동도 없다. 두 개념이 다 심리적인 자가당착인 것이다. (……) 인류의 키르케Kirke인 도덕이 모든 심리적인 것들을 철저히 왜곡해버린—도덕화시켜버린— 것이다. 사랑이란 것이 '비이기적'이어야 한다는 섬뜩한 난센스에 이르기까지 말이다. (……) 사람들은 강건하게 자기 자신을 잡고 있어야만 한다. 그리고 용감히 자신의 두 다리로 서야만 한다. 그렇지 않으면 결코 사랑할 수 없다. ___《이 사람을 보라》

니체에 따르면 이기적 행동도 비이기적 행동도 없다. 따라서 이기적인 것과 비이기적인 것은 대립되는 명제가 아니다. 그것은 도덕 감정이 만들어낸 '난센스'에 불과하다. 어떤 행동에 대한 '도덕적 해석'에 불과하다는 것이다. 이러한 도덕적 해석이 "사랑이라는 것이 '비이기적'이어야 한다"는 왜곡을 불러왔다는 주장이다. 니체라면 위 사례에서 우정을 버리고 사랑을 선택한 사람에 대해 결코 도덕적 가치판단을 내리지 않았을 것이다.

니체는 도덕 감정에 내몰리면 자신이 원하는 사랑을 할 수 없다고 보았다(앞에서 우정을 선택한 〔1〕의 경우가 그렇다. '우정'이라는 도덕 감정 때문에 자신이 원하는 사랑을 포기한 셈이다). 그는 도덕 감정보다는 "강건하게 자기 자신을 잡고 있는" 것이 더 중요하다고 보았다. 그래야만 "용감히 자신의 두 다리로" 설 수 있으며, 그럴 때 비로소 타인과의 사랑도 만들어갈 수 있다는 것이다. 자신보다 남을 우선시하는 이타주의로는 강건하게 자기 자신을 잡을 수도 없고, 용감히 설 수도 없기 때문에 타인을 사랑하기조차 힘들다. 니체의 관점으로 보자면, 이기주의는 비도덕적인 것이 아니라, '자기애自己愛'라고 해석하는 편이 옳을 것이다.

이렇게 반문할 수도 있겠다. "니체의 주장처럼 이기적인 행동도 없고, 비이기적인 행동도 없다면 어떤 행위에 대해 아무런 가치평가도 내릴 수 없다는 말인가?" 하고. 니체는 이러한 반론에 대해서도 친절하게 설명하고 있다. 그는 이기심의 가치를 충분히 평가할 수 있다고 주장한다. 어떻게 평가할 수 있을까? 그의 말을 들어보자.

> 이기심을 갖는 자가 생리적으로 어떤 가치를 갖는지에 따라 이기심의 가치가 결정된다. 이기심은 가치가 매우 클 수도 있고, 무가치할 수도 있으며, 경멸 받을 수도 있다. 각각의 인간은 그가 삶의 상승선을 나타내는지 하강선을 나타내는지에 따라 평가되어도 무방하다. 이것에 대한 결정이 그들의 이기심이 어떤 가치가 있는지를 결정하는 규준이 된다. ___《우상의 황혼》

니체에 따르면, 이기심의 가치는 삶의 상승과 하강에 따라 평가할 수 있다. 자신의 삶을 상승시키는 이기심이라면 그것은 가치 있는 것이고, 하강시키는 이기심이라면 가치가 없는 것이다. 따라서 어떤 행위가 (이기적으로 비친다 하더라도) 그 사람의 삶을 상승시킨다면 그것은 충분히 가치 있는 것이므로 적극적으로 행해야 한다. 그 반대의 경우라면 중지해야 한다. 이러한 논리는 앞의 사례에도 적용할 수 있다. 친구와의 우정을 저버리고 사랑을 선택한 행동이 삶을 상승시킨다면 그 선택은 가치 있는 것이다. 따라서 그의 결정은 올바른 선택이다. 결국 올바름의 기준은 타인의 시선이나 도덕 감정에 따라 결정되는 것이 아니라, 자신의 삶을 상승시키느냐 하강시키느냐에 달렸다. 삶을 상승시키는 이기심이라면, 다른 사람들이 어떻게 평가하든 그것은 충분히 가치 있는 것이다.

처음으로 돌아가보자. 명예퇴직 공고로 고민하고 있는 오 과장은 이제 어떻게 해야 할까? 어떤 선택이 현명한 것일까? 다른 사람을 위해 조금이라도 몸이 가벼운 자신이 '쿨'하게 사표를 던져야 할까? 결코 그렇지 않다. 타인보다 자기를 먼저 생각해야 한다. 이러한 결정이 이기주의로 매도되어서도 안 되지만, 스스로 그러한 생각을 가질 필요도 없다. 니체의 주장처럼 이기적이거나 비이기적인 행동은 없기 때문이다. 중요한 것은 어떤 선택이 자신의 삶을 상승시키는가 하는 것이다. 다른 사람의 눈치 볼 것 없이 오 과장은 자신을 위해 현명한 결정을 내려야 한다. 자신의 삶을 상승시킬 수 있는 선택을 해야 한다.

정리해보자. 사람들은 흔히 이타주의를 선한 마음으로, 이기주의를 악한 마음으로 평가한다. 하지만 이것은 잘못된 관념이다. 니체의 주장처럼 어떤 행위에든 이기적인 것도 비이기적인 것도 없기 때문이다. 사람들이 어떠한 행위에 대해 도덕적 해석을 내린 것일 뿐이다. 한편, 이기주의는 결코 나쁜 것이 아니다. 오히려 권장해야 할 미덕이다. "자기보존의 욕구는 미덕의 첫 번째이자, 유일한 토대이다." 니체에 앞서 철학자 스피노자도 "어떠한 덕도 자기를 보존하려는 노력보다 앞서지 않는다"고 말했다. 니체의 사유를 선취先取하고 있었던 셈이다. 중요한 것은 이기주의에서 벗어나는 것이 아니라, 자신의 삶을 상승시키는 것이다. 자신의 삶을 상승시키는 이기심이라면 오히려 그것은 가치 있는 것이다. 자신의 삶을 상승시키려면 기꺼이 이기주의자가 되어야 한다.

16 : 허영

사람들은 평판보다는 양심을 더 쉽게 내던진다

Q 나도 남들처럼 대학원을 가야 할지 고민이 되네요

오상수 과장은 요즘 들어 부쩍 야간 대학원이라도 다녀야 할지를 두고 고민하는 일이 잦다. 예전의 그라면 굳이 대학원에 가야 할 필요가 없다고 생각했을 것이다. 학력을 더 높여서 특별히 다른 곳에 취직할 것도 아니고, 등록금도 비싼데다 대학원에서 새롭게 배우는 것도 많지 않다고 생각했기 때문이다. 또 현장에서 배우는 지식이나 경험이 대학원에서 배우는 것보다 실질적이고 활용도가 높다는 생각도 깔려 있었다.

그랬던 오 과장이 최근 들어 생각이 조금씩 바뀌었다. 오 과장이 생각을 바꾼 데는 그럴 만한 이유가 있다. 바로 동기이자 라이벌인 곽태민 과장 때문이다. 곽 과장은 박사학위 소지자다. 오 과장도 처음에는 박사학위를 가진 곽 과장이 남들보다 비범할 것이라고 생각했다. 하지만 막상 같이 일해보니 학사 출신인 자신과 업무를 하는 데 별다른 차이를 느끼지 못했다. 아니, 좀 더 솔직하게는 자신이 오히려 곽 과장보다 뛰어나다고 판단했다. 그런데 그런 판단은 순전히 오 과장 혼자만의 생각이었다. 다른 사람들은 대체로 곽 과장을 높이 평가했다. 그가 무슨 말이라도 하면 "역시 박사라서 다르네"라며 호의적인 반응을 보였고, 그가 하는 일이라면 대체로 높게 평가해주었다. 반면, 오 과장에 대한 평가는 호의적이지 못했다. 급기야 오 과장은 사람들이 자신과 곽 과장을 차별한다고 생각하기에 이르렀고, 이러한 차별의 원인이 학력의 차이에서 비롯되었다고 믿게 되었다. 그래서 야간 대학원이라도 가야겠다고 생각을 바꾸게 된 것이다.

학력 좋은 동기 때문에 대학원 진학을 고민하고 있는 오 과장은 어떻게 하는 것이 좋을까?

A

"변해서 온 그대!!"

2014년 상반기에 전국을 떠들썩하게 만들었던 드라마 〈별에서 온 그대〉를 패러디하여 모 성형외과가 내건 광고 문구다. 광고 문구처럼 병원을 찾아온 사람은 누구라도 드라마 주인공처럼 멋지게 변신시켜주겠다는 선언이다. 약간이라도 외모에 콤플렉스를 가진 사람이라면 자신도 모르게 눈길이 갈 것이다. 자신을 드라마 주인공(전지현이나 김수현)처럼 변신시켜준다는데 누군들 솔깃하지 않을까.

요즘은 확실히 예전에 비해 미용이나 성형에 관심이 많아졌다. 이러한 현상은 여성에게만 국한된 것이 아니다. 요즘은 남성들도 간단한 화장 정도는 하는 사람이 많고, 성형외과나 피부과를 찾는 사람도 꾸준히 증가하고 있다. 결혼 전 웨딩 촬영을 위한 다이어트와 피부관리는 필수 코스가 되었다. 취업을 앞두고 좋은 인상을 만들기 위해 성형외과를 찾는 사람도 심심찮게 볼 수 있다. 과거에는 외모에 심각한 결점이 있는 사람만 드나들던 곳을 이제는 별 문제가 없어 보이는 사람들도 찾게 되었다. 심지어 남보다 뛰어난 외모의 소유자가 더 자주 찾기도 한다. 한마디로 이제는 남성에게도 '미용은 필수, 성형은 선택'인 시대가 되었다.

경기가 좋지 않아도 미용이나 성형 분야는 예외다. 조금이라도 외모를 돋보이게 할 수만 있다면 지갑을 여는 데 주저함이 없다. 사람들은 왜 외모를 가꾸는 데 투자를 아끼지 않는 것일까? 그 이유는 자명하다. 타인에게 잘 보이는 것이 무엇보다 중요하기 때문이다. 요즘은 어느 분야에서건 외모가 뛰어나야 유리하다고 생각한다. 외모가 뛰어나면 취직하는 데도 유리하고, 훌륭한 배우자를 만나는 데도 이점이 있다고 믿는다. 한마디로 외모가 곧 경쟁력인 시대다.

외모가 경쟁력이라고 믿기에 사람들은 외모 가꾸기에 온갖 노력을 기울인다. 그렇다면 외모가 경쟁력인 시대에 외모를 가꾸는 데 몰두하는 것은 바람직한 일일까? 결론부터 말하면, 전혀 그렇지 않다. 외모가 아무리 중요해도 그것만이 전부가 아니기 때문이다. 외모를 가꾸느라 정작 중요한 내면을 가꾸는 데 소홀하다면 그것은 진정한 경쟁력이 될 수 없다. 그런 사람은 겉만 번지르르할 뿐 실속은 없다. '속 빈 강정'에 불과하다. 이처럼 겉모습은 화려하지만 실속은 없는 이를 가리켜 '허영심이 가득 찬 사람'이라고 부른다.

허영虛榮이란 말 그대로 '속이 빈〔虛〕 영화〔英〕'를 뜻하는데, 실속 없이 필요 이상의 겉치레를 일삼는 사람을 일컫는 말이다. 사람들은 대체로 누군가를 판단할 때 겉모습만으로 평가하는 경우가 많다. 고급 외제차를 타거나 명품을 걸친 사람을 보면, 그(그녀)가 능력 있고 성공한 사람이라고 생각하기 쉽다. 하지만 고급 외제차를 타고 다니는 것이 곧 능력과 성공을 보증하는 것은 아니다. 경험상 고급 외제차를 굴리고 다니는 사람 중에는 실제로 성공해서라기보다는 남들에게 성공한 것처럼 보이기 위한 목적으로 '무리해서' 타고 다니는 경우도 많다. 자기 분수에 넘치게 겉모습에만 무리해서 투자하기에 '허영'인 것이다. 그런데 허영이 심해지면 '사기'가 된다. 겉모습으로 실제 모습을 감추고 타인을 속이기 때문이다(그래서 '믿지 말자 화장발, 속지 말자 조명발'이라는 구호가 있는

지도 모른다).

허영심이 문제가 되는 것은 우선 타인을 속인다는 데 있다. 필요 이상으로 겉치레에 치중하는 일차 목적은 다른 사람이 내면보다는 겉치레를 보고 자신을 평가해주길 원해서다. 속임수이자 사기다. 하지만 더 큰 문제가 되는 것은 허영심이 심해지면 자기 스스로도 속는다는 데 있다. 허영심에 가득 찬 사람은 지나치게 타인의 생각이나 시선을 의식함으로써 타인을 속이는 것을 넘어 자기 자신을 기만하기도 한다. 니체 역시 책에서 허영에 들뜬 사람을 경계하고 있다. 그의 주장에 귀 기울여보자.

> 허영심에 차 있는 사람은 탁월해지기를 원하는 것이 아니라 스스로 탁월하다고 느끼기를 원한다. 따라서 그는 자기기만과 자기계략의 수단을 거부하지 못한다. 그에게 잊히지 않는 것은 다른 사람의 의견이 아니라 다른 사람의 의견에 대한 자신의 생각이다.
>
> ___《인간적인 너무나 인간적인 1》

니체에 따르면, 허영심으로 가득 찬 사람은 자신보다 타인의 시선을 더 많이 의식한다. 실제 자신의 모습보다는 자신을 바라보는 타인의 느낌이나 생각에 더 많은 신경을 쓴다. 그러다 보니 이런 유형의 사람은 '실제로' 탁월해지기를 원하기보다 '스스로 탁월하다고 느끼기를' 원한다. 여기서 핵심은 '실제'보다 '자신의 느낌'을 중요하게 생각한다는 점이다. '실제로 멋있는지'가 중요한 것이 아니라, '자신이 멋있다고 느끼는지'가 중요하다는 것이다. 결국 허영에 들뜬 사람은 타인의 시선을 의식하지만, 정작 다른 사람의 의견보다는 "다른 사람의 의견에 대한 자신의 생각"을 더 중요시한다. 이러한 의식은 자연히 자기기만이나 자기계략의 수단으로 이어지며, 실제 타인의 생각과는 별개로 스스로를 긍정적으로 해석하려는 경향으로 나아간다.

여기, 항상 명품만을 선호하는 소위 '명품족'이 있다. 그(그녀)는 왜 명품을 좋아할까? 돈이 넘쳐나서? 명품의 품질이 더 좋기 때문에? 아니다. 다른 사람의 시선 때문이다. 명품을 가진 자신에 대해 다른 사람이 자신을 명품과 동격으로, 다시 말해 자신을 '품격 있게' 여길 거라는 믿음(또는 바람) 때문이다. 따라서 명품족은 자신이 가진 물건이 얼마나 명품인지에 대한 사실보다는 다른 사람이 그것을 얼마나 명품으로 여기는지, 또는 자신을 얼마나 멋있게 생각하는지가 더 중요한 기준이 된다. 이때 다른 사람의 생각이란 것도 (엄밀하게 말하자면) '타인의 생각에 대한 자신의 해석', 즉 자기 생각에 불과하다. 이것은 타인의 생각과는 별개로 대개 긍정적으로 해석되기 쉽다. 그래서인지 명품족 중에는 시쳇말로 '공주병'과 '왕자병'에 걸린 사람이 많다.

허영심이 문제가 되는 것은 단지 외형적 모습에만 국한되는 것은 아니다. 앞서 말했듯이, 허영에 찬 사람은 필요 이상으로 겉치레에만 집착하느라 내면을 가꾸는 데 소홀하기 쉽다. 자신을 바라보는 다른 사람의 생각에만 신경을 집중하느라 정작 자기의 올바른 생각이나 가치관을 형성하는 데는 실패한다. 이런 경향 때문에 니체는 《즐거운 학문》에서 "사람들은 평판보다는 양심을 더 쉽게 내던진다"고 했다. 여기서 양심良心이란 '사물의 가치를 변별하고 자기의 행위에 대해 옳고 그름과 선과 악의 판단을 내리는 의식'을 말한다. 허영심에 찬 사람은 타인의 시선에만 몰두하느라 올바른 가치판단을 내리지 못한다. 결국 양심보다는 다른 사람의 판단, 즉 평판을 선택하고 만다. 그러다 보니 자신의 욕망이 아닌 타인의 욕망에 충실한 삶을 살 수밖에 없다. 자신의 욕망이 아니기에 겉치레는 화려해도 본질은 '거짓 삶'에 불과하다. 이런 삶이라면 타인에게는 멋있어 보일지 몰라도 자신에게는 '비겁한 짓'이다.

프랑스 소설가 앙드레 지드도 그의 책 《지상의 양식》에서 비슷한 말을 했다.

"남에게 우스꽝스럽게 보이지나 않을까 하는 두려움 때문에 우리는 최악의 비겁한 짓들을 하게 된다."

허영심에 가득 찬 사람은 삶의 중심에 다른 사람의 생각이 자리 잡고 있어서 자신에게 비겁한 짓만 골라서 하는 경향이 있다. 허영심에 가득 찬 사람의 비겁함은 투자의 이중성에서 잘 드러난다. 그들은 겉치레에 대한 소비는 과감한 반면 내면에 대한 투자는 인색하다. 분수에 맞지 않는 고급 차를 타고, 수입을 초과하는 비싼 가방과 명품 옷은 과감하게 저지른다. 반면 타인의 시선이 미치지 않는 곳, 가령 독서와 같이 내면을 풍요롭게 하는 데 대한 투자는 '비겁할 정도로' 소심하고 인색하다. 이런 행태는 결국 자신에게 저지르는 '비겁한 짓'이 된다.

이번에는 행복의 관점에서 생각해보자. 허영심에 차 있는 사람은 과연 행복할까? 다시 말해 분수에 넘치게 겉치레에만 투자하는 사람은 행복할까? 전혀 그렇지 않다. 쇼펜하우어가 말했듯이 "다른 사람의 머리는 진정한 행복이 자리 잡기에는 너무나 초라한 곳"이기 때문이다. 허영심에 들뜬 사람은 행복에 대한 판단을 타인의 시선에 두고 있기에 좀처럼 행복감을 느끼기가 힘들다. 또한 유유상종이라고 했던가. 허영심에 찬 사람 주변에는 대체로 비슷한 부류의 사람이 모이기 마련이다. 그런 유형의 사람들은 타인을 평가하는 데도 따뜻하기보다는 대체로 인색한 편이다. 사람보다 그가 소유한 물건을 중심으로 평가하기 때문이다. 그렇다고 일관성이 있는 것도 아니다. 매번 비교 대상이 바뀌기 때문이다. 처음에는 좋게 생각했다가도 주변에 더 나은 사람이 출현하면 기존의 평가가 달라진다. 이런 이유 때문에 허영심에 찬 사람은 아무리 겉모습을 멋있게 치장하더라도 진정한 행복감을 맛보기 어렵다. 어쩌면 낙타가 바늘구멍을 통과하는 것보다 어려울지도 모른다.

이제 학력 좋은 동기 때문에 대학원 진학을 고민하고 있는 오 과장에게로 시선을 돌려보자. 그는 어떻게 하는 것이 좋을까? 결론을 내리기에 앞서 오 과장의 동기에 주목할 필요가 있겠다. 그는 왜 대학원에 진학하려 하는가? 자신이 원해서? 아니다. 또 그가 갑자기 대학원에 대한 태도를 바꾼 이유는 얼핏 보면 박사학위를 가진 곽 과장 때문인 것처럼 보인다. 그러나 진짜 이유는 곽 과장을 바라보는 다른 사람의 시선 때문이다. 곽 과장이 가진 박사학위에 호의적인 평가를 내리는 다른 사람들의 시선이 부러워 자신도 학력을 높이고자 하는 것이다. 그렇다면 오 과장에게 곽 과장의 박사학위는 명품족이 부러워하는 '명품 백' 같은 것은 아닐까?

니체라면 분명히 오 과장의 생각에 대해 긍정적인 시선을 보내지 않을 것이다. 왜 그런가 하면, 그가 허영심에 들떠 있다고 생각되기 때문이다. 니체라면 오 과장이 허영심 때문에 "자기기만과 자기계략의 수단"을 거부하지 못하고 있다고 평가할 것이다. 그가 만약 새로운 지식을 쌓기 위한 목적으로 대학원 진학을 결심한다면 굳이 만류할 이유가 없다. 하지만 그것이 자신의 학력 콤플렉스에서 발동된 결정이라면 허영심이라고 보는 편이 타당하다. 그것은 곧 '자기기만과 자기계략의 수단'에 불과할 뿐이다.

그렇다면 이제 오 과장은 어떻게 해야 할까? 타인의 '평판'보다 자신의 '양심'에 집중해야 한다. 양심의 소리에 집중해서 올바른 가치판단을 내려야 한다. 왜 다른 사람들이 자신보다 곽 과장에게 호의적인 평가를 내리는지를 명확히 판단한 후에 그것에 따라 대책을 세워야 한다. 만약 그래도 대학원 진학이 최선이라고 판단되면 그때 선택해도 늦지 않다. 중요한 것은 타인의 평판이 아니라 내면을 가꾸는 것이다. '거짓 삶'이 아닌 '진짜 삶'에 투자해야 한다.

정리해보자. 니체는 "사람들은 평판보다는 양심을 더 쉽게 내던진다"는 말로 허영심에 찬 사람을 경계했다. 허영심에 가득 찬 사람은 필요 이상으로 겉치레를 일삼는다. 그런 사람은 자신의 실제 모습보다는 타인이 자신을 바라보는 시선에 집중한다. 따라서 자신의 내면을 가꾸는 데 소홀하기 쉽다. 이러한 경향은 자기기만이나 자기계략으로 이어진다. 분수에 넘치게 겉치레에 투자했다 하더라도 행복으로 이어지지 않는다. 쇼펜하우어의 주장처럼 타인의 머릿속에는 자신의 행복이 자리할 공간이 없기 때문이다. 진정한 행복을 원한다면 겉치레보다는 내면을 가꾸는 데 집중해야 한다. 행복은 타인의 시선이 아니라 자신의 판단에 달려 있다.

17 : 양심

양심의 가책을 느끼는 것은 개가 돌을 무는 것처럼 어리석은 짓이다

Q 선배를 제치고 좋은 평가를 받아서 미안한 생각이 들어요

장준호 대리는 요즘 들어 선배인 오 과장에게 미안한 생각과 함께 양심의 가책이 든다. 연말 인사평가에서 선배를 제치고 자신이 가장 좋은 평가를 받았기 때문이다. 물론 장 대리는 지난 한 해 동안 정말 열심히 일했다. 자신이 맡은 업무뿐만 아니라 팀 전체의 실적을 높이는 데도 큰 기여를 했다. 팀장도 장 대리가 1년 동안 팀에 공헌한 점을 높이 사서 가장 높은 평가인 S등급을 준 것이다.

물론 장 대리도 S등급을 받은 것에 대해서는 매우 만족스럽다. 자신의 노력을 팀장이 인정해준 것도 그렇고, 좋은 평가를 받아서 연말 성과급을 두둑하게 받은 것도 그렇고, 장기적으로 진급에도 유리하게 작용할 것이기에 그렇다. 하지만 마음에 걸리는 부분도 있다. 무엇보다 절친한 선배인 오 과장에게 미안한 마음이 든다. 오 과장은 장 대리가 신입사원 시절이었을 때부터 친절하게 업무를 가르쳐준 선배이자 멘토다. 지금처럼 장 대리가 능력을 발휘하게 된 배경에는 오 과장의 역할을 빼놓을 수 없다. 그런 상황에서 장 대리가 오 과장을 제치고 더 높은 평가 등급을 받게 된 것이다. 평가 결과에 대해 오 과장은 장 대리에게 "축하해, 앞으로도 더 열심히 해"라며 축하와 격려를 해주었지만, 마음 한 구석에는 불편한 감정이 느껴졌다. 상황이 이렇다 보니 장 대리는 오 과장에게 본의 아니게 양심의 가책을 느끼게 되었다. 장 대리는 이제 어떻게 하는 것이 좋을까?

A

초등학생 자녀를 둔 엄마가 있다. 엄마는 아이가 학원 수업을 마칠 때면 항상 학원으로 아이를 데리러 갔다. 집에서 그다지 먼 거리는 아니지만, 혹시 중간에 사고라도 나지 않을까 하는 걱정 때문이었다. 그러던 어느 날, 엄마는 동창 모임에 나가게 되었다. 모처럼 만난 친구들과 이야기하는 재미에 빠져서 그만 아이가 학원 마치는 시간을 넘겨버렸다. 하는 수 없이 아이에게 전화해서 혼자 집으로 가라고 했다. 그런데 귀가하던 도중 교통사고가 나서 아이가 크게 다치고 말았다. 이 사건으로 인해 엄마는 커다란 죄책감에 휩싸였다.

흔히 벌어지는 일은 아니지만 있을 법한 일이다. 한번 물어보자. 엄마에게 잘못이 있다고 생각하는가? 다소 애매한 상황이긴 하지만, 법적으로는 아무런 책임이 없다. 그렇다면 도덕적으로는? 아마도 책임을 느낄 것이다. 타인의 질책에 앞서 자책할 가능성이 아주 높다. 그래서 더 심하게 스스로를 책망할 것이다. '만약 내가 제 시간에 맞춰 갔더라면 그런 사고는 나지 않았을 텐데'라고 생각하면서. 하지만 그러한 엄마의 자책은 합당한 생각일까? 만약 엄마가 시간 맞춰 학원에 갔다면, 그래서 아이와 함께 귀가했다면 정말 사고는 나지 않았을까? 그럴 수도 있다. 하지만 단정할 수는 없다. 사고 확률이 줄어들 수는 있겠으나, 무사고를 확신할 수는 없다. 엄마의 부재가 곧 사고의 원인은 아니기 때문이다.

이 대목에서 엄마가 느끼는 감정 상태에 대해 숙고해보기로 하자. 엄마는 지금 양심의 가책을 느끼고 있다. 왜 그런가? 아이의 교통사고가 자신의 부재 탓이라고 믿기 때문이다. 만약 자기가 제때 학원에 갔더라면 교통사고는 막을 수 있었을 것이라고 믿는 것이다. 이 상황에서 엄마가 느끼는 양심의 가책은 정말 합리적인 감정일까?

니체라면 엄마가 느끼는 감정을 쓸데없는 짓이라고 여길 것이다. 그는 양심의 가책을 느끼는 것을 긍정적으로 보지 않았다. 먼저 그의 말을 들어보자.

> 양심의 가책—양심의 가책을 느끼는 것은 개가 돌을 무는 것과 같이 어리석은 짓이다. ___《인간적인 너무나 인간적인 2》

니체는 단호하다. 양심을 가책을 느끼는 것은 "어리석은 짓"이란다. 마치 "개가 돌을 무는 것"처럼. 니체라면 틀림없이 위 이야기에 나오는 엄마에게 이런 식으로 말했을 것이다. "아이의 교통사고는 당신의 잘못이 아니오. 그러니 쓸데없는 양심의 가책 따윈 느끼지 마시오. 그건 어리석은 짓이오"라고. 니체의 주장을 들어보면 일견 타당해 보이기도 하고, 한편으로는 양심에 털 난 사람처럼 염치없고 뻔뻔스러워 보이기도 한다. 어떤가?

니체의 주장에 동의하는지의 여부와 관계없이 이 대목에서 '양심'에 대해 생각해볼 필요가 있겠다. 양심良心의 '양'은 한자로 '어질 량'이다. 그래서 한자 뜻을 그대로 풀면 말 그대로 '어진 마음'이다. 단어가 주는 느낌상 '어질고 선량한 마음'으로 해석되어 매우 긍정적으로 여겨진다. 하지만 사전적 의미에서 양심은 '옳고 그름이나 선과 악의 판단을 내리는 도덕적 의식'을 뜻한다. 줄여서 뜻을 분명히 해보면, 옳고 그름에 대한 '도덕적' 판단일 뿐이다. 알다시피 니체는 '도덕적' 판단을 절대적인 것으로 보지 않았다. 그에게 도덕이란 특정한 시기에, 특정한 사람에 의해 만들어진 규범에 불과하다. 따라서 판단의 주체나 관점이 달라지면 도덕규범도 달라질 수 있다.

니체는 도덕적 판단을 '해석'의 문제로 보았다. "도덕적인 현상이란 절대 존재하지 않는다. 현상에 대한 도덕적인 해석만이 있을 뿐이다." 가령, 조선시대 여성에게는 '삼종지도三從之道'라는 도덕규범이 존재했다. 삼종지도란 여자가 따라야 할 세 가지 도를 말하는데 어려서는 아버지를, 결혼해서는 남편을, 남편이 죽은 후에는 아들을 따라야 한다는 것이다. 이 규범대로라면 사별한 여인은 새로이 출가할 수 없다. 그것은 부도덕한 짓이기 때문이다. 요즘 같으면 말도 안 된다며 손사래를 치겠지만, 당시에는 엄연히 따라야 했던 도덕규범이었다. 그러니 당시 삼종지도의 도덕규범을 받아들인 여성이 어찌 하다가 재혼을 하게 되었다면, 타인이 뭐라고 지적하기 전에 이미 스스로 양심의 가책을 느꼈을 것이다. 지금 생각해보면 '개가 돌을 무는 것'처럼 어리석어 보이지만 말이다. 아무튼 도덕적 기준은 특정 시기, 특정 지역, 특정 문화권에서만 통용된 패러다임이라는 성격이 짙다. 이러한 패러다임에 젖어 있으면 자신도 모르게 도덕규범을 내면화하게 된다.

그렇다면 양심은 어떻게 생겨난 것일까? 니체는 양심의 원천을 "권위에 대한 믿음"으로 보았다. 도덕적 기준 때문에 양심의 가책을 느끼는 사람은 도덕규범을 절대적 권위로 받아들인다. 도덕규범에 대한 권위를 믿기에 그것을 지키지 못하면 양심의 가책을 느끼는 것이다. 이것이 권위가 가진 힘이다. 예부터 신神은 절대적 권위의 상징이었다. 따라서 양심을 인간의 가슴 속에 있는 '신의 목소리'로 여겼다. 니체는 이 또한 부정한다. 그것은 "신의 목소리가 아니라, 인간 속에 있는 몇몇 인간들의 목소리다"라고 외치면서. 즉 우리가 양심의 가책을 느끼는 원천도 절대적인 신의 목소리가 아니라 실은 인간 중에 누군가가 만들어놓은 도덕규범에서 출발했다는 주장이다. 양심의 본질이 '인간의 목소리'라는 뜻이다.

철학자 에리히 프롬도 양심에 대해서는 니체와 비슷한 생각을 했다.

"양심이란 스스로 자기 마음속에 끌어들인 일종의 노예 감독이다."

우리는 흔히 자신이 바라는 소원과 스스로 정한 목적에 따라 행동하며, 마음(양심)도 그러한 소원과 목적에 따라 자발적으로 생겨난 것이라고 믿는다. 하지만 그 소원과 목적도 따지고 보면 (자발적인 것이 아니라) 외부 세계의 사회적 요구를 내부적으로 수용한 것일 뿐이라는 주장이다. 그래서 그는 양심을 스스로 만든 "노예 감독"이라고 표현한 것이다. 달리 말해, 양심은 사회적 요구에 의해 만들어진 소원과 목적을 스스로 만든 것으로 착각하게 만듦으로써 스스로를 통제한다는 말이다. 결국, 양심의 가책을 느낀다는 것은 스스로 느끼는 게 아니라 외부의 도덕적 기준을 받아들인 결과일 뿐이다. 말하자면 수동적인 정념인 셈이다.

다시 한 번 물어보자. 동창모임 때문에 아이를 데리러 가지 못한 엄마는 사고에 대한 책임을 져야 하는 것일까? 그리고 이렇게 한번 비틀어서 생각해보자. 이 상황에서 엄마가 니체의 주장을 수용하여 아무런 양심의 가책도 느끼지 않는다고 가정해보자. 우리는 그녀의 생각이나 태도를 지극히 합리적인 것으로만 받아들일 수 있을까? 니체의 주장에 동의한다 하더라도 왠지 모르게 불편한 감정이 생기는 사람이 많을 것이다. '아니, 아이의 엄마로서 어떻게 그럴 수 있는가?' 하면서 말이다. 이러한 태도는 알게 모르게 우리의 내면에도 이미 양심의 가책을 유발하는 메커니즘이 작동하고 있다는 사실을 반증하는 것은 아닐까?

또 다른 예를 들어보자. 어느 회사에서 구조조정을 해야 하는 상황이 되었다. 부서에서 한 사람은 반드시 회사를 나가야 하는데, 서로 눈치만 보고 있다. 이런 상황에서 김 과장이 자의 반 타의 반으로 회사를 나갔다고 치자. 남은 사람들은 안도의 한숨을 쉬었다. 하지만 한편으로는 그들 모두 김 과장에게 미안한 생각이 들면서 일말의 가책을 느꼈다. 이때 양심의 가책을 느끼는 근거는 무엇인가? 김 과장이 자신을 대신해서 나가주었기 때문에? 아니면 자신이 김 과장을 나가게 만들어서? 어느 쪽도 아니다. 정확히 말하면 무엇 때문에 양심의 가책을 느끼는지 명확히 알지 못한다. 어쩌면 명확한 근거가 없는지도 모른다. 하지만 그럼에도 이런 상황에 처하면 대부분 양심의 가책을 느낀다. 별다른 근거를 대지 못하거나 딱히 없음에도 불구하고.

여기서 우리는 한 가지 재미난 점을 발견할 수 있다. 명확한 근거는 없더라도 양심의 가책은 작동한다는 사실이다. 그것도 스스로, 그리고 빈번하게. 가령, 회사에서 승진해도 고배를 마신 사람에게 미안한 마음이 들고, 노처녀 친구를 남겨둔 채 혼자 결혼해도 그 친구에게 미안해한다. 진급이나 결혼은 분명히 축복할 일인데 자신도 모르게 미안한 마음이 앞선다. 어디 그뿐인가. 회식 때 맛있는 음식을 먹어도 집에 있는 배우자에게 미안한 마음이 든다. 저만 맛있는 걸 먹어서 미안하다나. 이처럼 매사에 미안한 감정 투성이다. 부모님에게도 미안하고, 배우자에게도 미안하고, 자녀에게도 미안하다. 시도 때도 없이 찾아오는 미안한 감정은 양심이나 의무라는 가면을 쓰고 나타나 우리의 마음을 괴롭힌다. 게다가 우리의 행동을 제한하고, 궁극적으로는 행복을 가로막기도 한다.

물론 양심의 가책을 느끼는 정도는 개인마다 다를 것이다. 그렇다면 양심의 가책은 어떤 사람들이 더 많이 느낄까? 낙관주의자일까, 비관주의자일까? 상식에 가까운 답변이겠지만, 대체로 낙관주의자보다는 비관주의자가 양심의 가책을 더 많이 느낀다. 낙관주의자는 자기 행동에 긍정적인 믿음이 강한 반면, 비관주의자는 자신의 느낌보다 타인의 평가에 민감하기 때문이다.

이런 점을 감안한다면, 양심의 가책을 자주(또는 더 많이) 느끼는 것을 높은 도덕심의 결과로 해석하는 것은 올바르지 않다. 오히려 양심의 가책은 자기비하나 자기부정의 성격이 짙고, 일어난 사태에 대한 책임 회피 성향을 드러낼 뿐이다. 다른 사람들에게 '나는 스스로 양심의 가책을 느낄 정도로 선량한 사람이다'라는 인상을 심어줌으로써 실질적 또는 정신적 고통을 피하려는 자기기만적 몸부림에 가깝다.

그렇다면 어떻게 해야 할까? 혹자는 "그렇다면 양심의 가책을 전혀 느끼지 않는 파렴치한이 되란 말인가?" 하고 반문할지도 모르겠다. 물론 체면이나 부끄러움을 모르는 파렴치한이 되란 말은 아니다. 여기서 문제 삼고 있는 것은 '지나친' 양심의 가책을 말한다. 지나치게 양심의 가책을 갖는 것은 정신적으로도 좋지 않을 뿐 아니라 사태에 대한 올바른 판단에도 전혀 도움이 안 된다. 아이의 교통사고를 접한 엄마의 입장에서도 양심의 가책을 느끼고 말고 하는 게 우선적인 문제가 아니다. 정신을 차리고 후속조치를 제대로 취하는 것이 더 중요하면서도 시급한 문제다.

이제 처음으로 돌아가 보자. 절친한 선배를 제치고 높은 평가를 받은 장 대리는 이제 어떻게 해야 할까? 특별히 무언가를 할 필요가 없다. 잘못된 것이 없는데 무슨 조치가 필요한가. 굳이 필요한 것이 있다면, 불필요한 양심의 가책을 갖지 않는 것이다. 그가 높은 평가를 받은 것은 잘못된 것도 아니고, 미안해할 일도 아니다. 오히려 책임은 후배보다 낮은 평가를 받은 선배에게 있다. 선배가 자신보다 높은 평가를 받은 후배를 보고 자극 받아서 더욱 분발하면 될 일이다. 장 대리는 앞으로도 높은 평가를 받을 수 있도록 지금처럼만 하면 된다. 불필요한 감정 소모를 할 필요가 없다.

정리해보자. 살면서 자신의 판단이나 행동에 대해 지나치게 양심의 가책을 느끼는 것은 좋지 않다. 니체의 주장처럼 그것은 개가 돌을 무는 것처럼 어리석은 행동이다. 양심은 개인의 욕망이나 행복을 지나치게 억제하게 만들고, 평생에 걸쳐 불필요한 죄책감에 시달리게 만든다. 또한 양심은 객관적이고 절대적인 기준에 따른 합리적 판단의 결과로 작동하는 것이 아니다. 자기비하나 책임회피의 성향이 짙고 자기기만적이다. 따라서 지나치게 양심의 가책을 느낄 필요가 없다.

스스로에게 한번 물어보자. 나는 지금(또는 최근) 양심의 가책을 느끼고 있지는 않은가?

?
L
I
F
E

4 장

인생,
다시 한 번 되새겨봐야 할 삶의 질문들

18 : 실존

세상에는 오로지 자신만이 걸어갈 수 있는 길이 하나 있다

Q

어떤 길을 가야 할지 판단이 서질 않아요

이정표 과장은 앞으로 어떻게 살아야 할지 고민이다. 벌써 직장생활을 한 지도 10년이 넘었는데, 아직 자신의 진로를 명확히 정하지 못했기 때문이다. 얼마 전 입사동기였던 윤택수라는 친구를 만난 이후로 고민이 더 깊어졌다. 그 친구는 이 과장과 신입사원으로 같이 입사해서 5년 전에 회사를 그만두고 사업을 시작했다. 이제는 사업이 자리를 잡았는지 돈도 잘 버는 것 같고, 시간적인 여유도 많아 보였다. 1년에 한 번 정도는 가족과 해외여행을 다녀오기도 하고, 한마디로 인간다운 삶을 사는 것 같았다. 같이 회사를 다닐 때는 이 과장보다 특별히 잘난 것도 없는 친구였는데, 지금은 그가 부러워하는 삶을 살고 있다.

친구를 만난 뒤로 이 과장은 자신의 삶의 방향에 대해 진지하게 고민하게 되었다. 그도 한때는 회사를 관두고 사업을 해볼까 생각한 적도 있었고, 못다 한 공부를 위해 해외유학을 갈 생각도 해보았다. 하지만 여러 가지 현실적인 문제가 발목을 잡아서 그냥 주저앉고 말았다. 그런데 이번처럼 성공한 친구를 만나기라도 하면 또다시 '이렇게 사는 게 맞나?' 하는 의문이 고개를 든다. 사표를 쓰고 사업을 하자니 실패로 인한 리스크가 너무 클 것 같고, 지금처럼 안전하게 월급쟁이 생활을 하자니 '이렇게 살려고 태어났나?' 하는 의문이 든다.

어떤 길을 가야 할지 판단이 서지 않아서 고민하고 있는 이 과장은 어떻게 해야 할까?

A

"남의 떡이 커 보인다"는 속담이 있다. 이는 자기가 가진 것보다 남의 것을 더 좋게(또는 크거나 많게) 바라보는 경향 때문에 생겨난 말이다. 예컨대 점심을 먹으러 중국집에 가면 매번 '햄릿의 고민(to be or not to be?)'과 유사한 선택의 기로에 처한다. 짜장면이냐, 짬뽕이냐의 선택이 바로 그것이다. 문제는 어떤 선택을 하더라도 항상 후회하게 된다는 점이다. 막상 주문한 음식이 나오면 선택하지 않은 것이 더 맛있어 보이기 때문이다. 짜장면을 시킨 날은 짬뽕이 더 맛있어 보이고, 짬뽕을 시킨 경우에는 왠지 그날따라 짜장면이 더 먹음직스러워 보인다. 왜 그럴까? 그것은 바로 속담처럼 남의 떡이 커 보이기 때문이다.

재미난 점은 남의 떡이 커 보이는 감정은 항상 무엇인가를 '선택한 후'에 발생한다는 것이다. 선택하기 전까지는 이성적이고 객관적으로 생각하고 판단을 내리지만, 막상 결정한 뒤에는 비이성적이고 감정적으로 변하기 일쑤다. 갑자기 선택하지 않은 것에 대한 애착이 강렬해진다. 사실 이런 일은 의외로 자주 경험하는 감정 상태다. 오랫동안 사귀던 연인에게 결별선언을 하고 나면, 얼마 지나지 않아 괜히 헤어졌다고 후회하는 경우가 있다. 예전에는 몰랐는데, 헤어지고 나니 왠지 매력적으로 보인다. 회사생활이 지긋지긋해서 과감히 사표를 던지고 자유로운 생활을 즐겼는데, 한 달도 못 가서 '아! 직장생활하던 때가 좋았다'며 후회하기도 한다. 품안에 있을 때는 소중함을 느끼지 못하다가 떠난 뒤 비로소 가치를 깨닫게 된 것이다. 이러한 현상도 선택하지 않은 것에 대한 쏠림 현상, 즉 남의 떡이 커 보이는 것과 동일한 원리다.

알다시피 삶은 선택의 연속이다. 남의 떡이 커 보이는 한 어떠한 선택이라도 후회와 회한이 남을 수밖에 없다. 짜장면을 선택하면 짬뽕이 먹고 싶고, 짬뽕을 선택하면 짜장면이 끌리는 것처럼 말이다. 그런데 식사 메뉴를 선택하고 난 뒤에 느끼는 후회는 사소한 것이다. 그냥 참고 넘어갈 만하다. 정작 문제가 되는 것은 정말 중요한 선택에서 후회의 감정이 남을 때다. 예컨대, '어떤 직업을 가질 것인지' 또는 '누구를 배우자로 삼을 것인지'와 같은 선택은 점심 메뉴를 고르는 것과는 비교가 안 된다. 직업이나 배우자 선택은 삶에 미치는 영향이 훨씬 크고 광범위하다. 또 중요한 선택은 대개 후회가 되더라도 달리 뾰족한 대책이 없거나 처음 결정을 쉽사리 뒤집기 어려운 경우가 많다(물론 요즘에는 결혼이나 직업 등 중요한 선택도 그 결과를 쉽게 뒤집는 경우가 왕왕 있다. 하지만 그 선택이 당사자에게는 분명히 쉬운 일만은 아닐 것이다). 그 결과는 장기간에 걸쳐 지속적으로 영향을 미친다. 따라서 중요한 선택에서는 후회를 남기지 않도록 해야 한다는 말이다.

그럼에도 속담에서처럼 사람들은 자신이 내린 선택에 대해 후회하는 경우가 많다. 이런 경향은 로버트 프로스트의 〈가지 않은 길〉이라는 시에도 잘 나타나 있다.

"노란 숲 속에 두 갈래 길이 있었습니다. / 나는 두 길을 다 가지 못하는 것을 안타까워하며, / 한참을 서서 낮은 수풀로 꺾여 내려가는 한쪽 길을 멀리 끝까지 바라보았습니다."

시를 보면 자신이 선택하지 않은 길에 대한 아쉬움이 진하게 배어 있다. 프로스트의 시처럼 흔히 인생을 '길'에 비유한다. 한 사람의 인생이란 그가 선택한 '길'을 말한다. 한평생이란 그가 평생 동안 선택한 길의 연결선이며, 그 선에 남겨진 족적이다. 가지 않은 길에 대한 미련이 큰 사람이라면, 회한의 흔적으로 발자취가 혼란스러울 수밖에 없다.

그렇다면 어떤 인생이 좋은 인생일까? 달리 표현해도 좋을 것이다. 어떤 길이 좋은 길일까? 결론부터 말하자면, 좋은 인생이나 좋은 길은 정해져 있지 않다. 중요한 것은 선택하지 않은 길에 대해 미련이나 회한을 갖지 않는 태도다. 프로스트의 시처럼 가지 않은 길에 대해 안타까워하며 미련을 갖는다면, 어떤 길을 선택하더라도 만족감을 느끼기는 어렵다. 생각해보라. 선택하지 않은 것에 대해 미련이 남는데 어떻게 선택한 것에 만족하며 집중할 수 있겠는가. 마치 짜장면과 짬뽕 사이에서 후회를 반복하는 사람처럼 말이다. 그렇다면 어떻게 해야 할까? 이 대목에서 우리는 니체의 조언을 받을 필요가 있겠다. 먼저 그의 주장을 들어보자.

> 우리는 자신 앞에 우리의 실존을 변명해야 한다. 따라서 우리는 이 현 존재의 진정한 키잡이가 되고자 하며 우리의 실존이 생각 없는 우연처럼 되는 것을 용납하지 않으려 한다. 우리는 우리의 실존을 조금 무모하고 조금 위험하게 다루어야 한다. 최악의 경우든 최선의 경우든 그것은 잃어버릴 것이기 때문에 더더욱 그러하다. (……) 세상에는 다른 누구도 아닌, 오로지 너만이 걸어갈 수 있는 길이 하나 있다. 그 길은 어디로 이어지는가? 묻지 말고 그저 걸어가라. ___《반시대적 고찰》

니체는 인생의 길을 프로스트와는 다르게 사유하였다. 그가 보기에 인생의 길은 프로스트의 시에서처럼 단지 두 갈래가 아니다. 길은 사람 수만큼이나 무수히 많다. 따라서 인생이란 어떤 길을 선택할 것인지의 문제가 아니다. 모든 사람 앞에는 각자의 길이 하나씩 놓여 있기 때문이다. 그래서 니체는 인생길을 이렇게 표현했다. "세상에는 다른 누구도 아닌, 오로지 너만이 걸어갈 수 있는 길이 하나 있다." 인생을 살면서 '어떤 길을 선택할 것인가'가 중요한 것이 아니라, 각자의 길을 '얼마나 잘 걸어가는가'가 훨씬 더 중요한 문제인 셈이다. 이런 이유 때문에 그는 "그 길은 어디로 이어지는가? 묻지 말고 그저 걸어가라"고 외쳤다.

한편, 니체는 "우리는 자신 앞에 우리의 실존을 변명해야 한다"고 주장하면서 자기 삶에 대한 '책임'을 강조하였다. 우리는 어떤 길을 갈지(어떻게 실존할지)에 대해 스스로 "진정한 키잡이"가 되어야 하는데, 그렇지 않으면 어떤 선택을 내리더라도 '자신만의 길'을 잃어버린다는 것이다. 달리 말해, 선택하지 않은 길을 기웃거리게 되면 자신의 길을 가지 못한다는 뜻이다. 길을 잃어버린 것에 대해 스스로 책임져야 함은 물론이다. 요컨대 우리 앞에는 자신만의 길이 하나씩 있는데, 그 길을 흔들리지 말고(묻지 말고) 그저 걸어가는 것이 중요하다는 말이다.

사람들은 왜 자신만의 길을 걸어가지 못하고, 가지 않은 길에 대해 미련을 갖는 것일까? 그것은 인간 존재의 근본 감정인 '불안'과 관련이 있다. "신은 죽었다!"는 니체의 선언 이후 인간은 불안해졌다. 왜? 신이 죽은 이후 인간이 어떻게 살아야 할지를 정해주던 절대적인 존재자가 없어졌기 때문이다. 이제 인간은 정해진 바도 없고, 의지할 곳도 없이 홀로 이 세상에 던져진 존재가 되었다. 어떻게 살아야 할지, 어떤 길로 가야 할지 정해진 바가 없기에 (자유롭다고 느끼지 않고) 오히려 불안해하는 것이다.

아무것도 정해진 바 없이 홀로 던져진, 불안한 인간은 어떻게 해야 할까? 불안감을 조금이라도 덜어낼 수 있도록 다른 사람이 가는 길을 따라가는 것이 좋을까? 절대 그렇지 않다. 니체의 조언처럼 우리는 자신의 삶을 "조금 무모하고 조금 위험하게 다루어야" 하며, 그러기 위해서는 "다른 누구도 아닌, 오직 자신만의 길"을 가야 한다. 이렇게 반문할지도 모르겠다. "자신만의 길을 가면 더욱 불안해지지 않겠는가?" 하고. 맞는 말이다. 아무도 가지 않는 길을 혼자서 가려면 불안한 마음이 드는 것은 분명하다. 하지만 어쩌겠는가. 불안은 자신만의 삶을 살아가는 사람이라면 누구나 감내해야 할 인간의 실존 조건인 것을.

불안이 무서워 그것을 회피하는 순간, 우리는 엄청난 대가를 치러야 한다. 어떤 대가일까? 그것은 바로 자기 자신으로 실존하지 못하게 되는 것이다. 남들이 가는 길을 따라감으로써 불안의 공포로부터 어느 정도 구제될 수는 있겠지만, 자신의 실존은 내던져버리는 꼴이 된다. 실존과 불안을 맞바꾼 것이다. 좋은 선택일까? 당연히 그렇지 않다. 결국 '불안'이란 아무것도 정해진 바 없이 홀로 내던져진 존재인 인간이 자신의 존재방식을 스스로 선택하고 그 선택에 전적으로 책임을 질 때 생기는 근본 감정이다. 따라서 자신으로 실존하려면, 자신만의 길을 가는 중에 불가피하게 찾아오는 '불안'을 잘 견뎌야 한다.

다시 처음으로 돌아가서, 잘나가는 친구를 만나고 난 뒤 삶의 방향에 대해 고민하고 있는 이정표 과장에게 눈을 돌려보자. 그는 사표를 쓰고 자기 사업을 하는 것이 좋을까, 아니면 안정적인 직장생활을 계속하는 것이 좋을까? 이 질문에 정답은 존재하지 않는다. 중요한 것은 자신이 선택하지 않은 길에 대해 후회나 미련을 갖지 않는 것이다. 앞서 말했듯이 선택하지 않은 것에 대해 미련을 갖는 한 현재 자신이 걷고 있는 길에 충실할 수 없기 때문이다. 더 나아가 니체의 주장처럼 "다른 누구도 아닌, 오직 자신만이 걸어갈 수 있는 길"이 하나 있는데, 그것을 찾으려고 노력해야 한다.

한편, 좋은 길이나 정해진 길은 없다. 얼마나 그 길을 충실히 잘 걸어가는가가 훨씬 중요한 문제다. 어떤 길을 선택했는가가 아니라, 선택한 길을 얼마나 잘 걸어갔는가에 따라 자신의 실존 여부가 결정되기 때문이다. 독일의 문호 괴테도 《파우스트》에서 이런 말을 했다.

"유령이 나오든 말든 자기의 길을 나아가라. / 앞으로 나아가는 동안 괴로움도 행복도 만날 테지."

진정 자신으로 실존하고 싶다면, 지금 내 앞에 놓인 길을 충실히 걸어가야 한다. 그 길이 바로 나만의 길이며, 나 자신에게 이르는 길이다.

19 : 청춘

우리는 자신이 알고 있는 것 이상으로 훨씬 더 예술가다

Q 새로운 시도를 하기에는 나이가 너무 들었어요

나억만 부장이 조직생활을 한 지도 벌써 25년이 넘었다. 20대 후반에 입사해 지금까지 한 회사에서만 근무했다. 그에게 회사는 청춘을 불태운 곳이며, 영욕榮辱이 교차한 공간이다. 어느덧 세월이 많이 흘렀고, 이제 정년을 몇 년 남겨두지 않았다. 그런 나 부장은 요즘 들어 인생의 허무함을 자주 느낀다. 조직의 제도나 시스템이 계속 바뀌어 그 변화의 속도에 적응하기가 어렵기 때문이다. 물론 경쟁에서 살아남기 위해서는 환경 변화에 맞춰 조직이나 개인도 변해야 한다는 사실을 인정하

지만, 나 부장 입장에서는 아무래도 따라가기가 쉽지만은 않다.

그런데 요즘 젊은 친구들은 나 부장과 다르다. 새로운 것을 받아들이는 데 능숙하고 개방적이다. 최신형 IT기기가 출시되거나 새로운 어플리케이션이 나오면 발 빠르게 자기 것으로 만든다. 미래를 위한 자기계발 투자에도 적극적이고 업무 외적인 취미생활에도 열심이다. 한마디로 매사에 활기차며, 무엇보다 인생을 즐길 줄 안다. 나 부장은 그런 신세대 직원을 보면 부럽기도 하고, 한편으로는 남은 조직생활을 좀 더 활기차게 해야겠다는 생각도 한다. 아닌 게 아니라 주변에서도 다들 "변화하는 세상에 발맞추어 개인도 끊임없이 변해야 한다"는 의견이 대부분이다. 나 부장도 그들 생각에 동의는 하지만, 막상 자신은 새로운 시도를 하기에 나이가 너무 많다고 느낀다. 그래서 '조금만 젊었더라면' 하는 아쉬움이 진하게 남는다.

나이가 너무 많아 새로운 시도를 하기 어렵다고 느끼는 나 부장은 이제 어떻게 해야 할까?

A 흔히 세월이 흘러가는 속도는 나이에 비례한다는 말이 있다. 예컨대 10대는 10킬로미터의 속도로 지나가지만, 20대는 20킬로미터, 30대는 30킬로미터, …… 60대는 60킬로미터. 이런 식으로 나이가 들수록 세월의 흐름에 대한 체감속도가 점점 빨라진다는 말이다. 과학적인 측면에서는 그럴 리 없겠지만, 인간이 느끼는 속도감은 나이가 들수록 빨라진다는 데는 공감하는 사람이 많을 것이다. 그래서인지 나이가 들수록 회한悔恨이 많아진다. 너무 빨리 가는 세월이 야속하게 느껴져서 그렇고, 상대적으로 여유로웠던 젊은 시절을 알차게 보내지 못한 아쉬움 때문에도 그렇다.

그래서 가끔 '지금보다 10년만 젊었더라면'이라며 소망인지 후회인지 모를 한탄을 하는 사람도 적지 않다. 이는 세월이 너무 빨리 흘러가 버렸고, 자신이 너무 늙어버렸다는 현실에 대한 한탄이다. 하지만 소망한다고(또는 후회한다고) 해서 시곗바늘이 거꾸로 갈 리 만무하다. 알다시피 인생에는 연습도 없고 한번 지나가버린 세월은 되돌릴 수도 없다. 이것은 누구에게나 공평하게 적용되는 원칙이다. 헛되이 보낸 인생이나 만족스럽지 못한 과거 때문에 후회해봐야 아무 소용없다. 인생이라는 성적표에는 '펑크'난 학점을 메울 기회가 주어지지 않는다. 그저 한탄만 할 뿐이다. '10년만 젊었더라면' 하면서.

현실에서는 불가능한 일이겠지만 시간을 되돌릴 수 있다고 가정해보자. 그래서 '10년만 젊었더라면' 하고 소망하는 이에게 정말로 10년의 시간을 되돌려주었다고 치자. 이제 그는 정말로 과거보다 나은 삶을 살 수 있을까? 장담할 수 없다. 나이에 관계없이 이미 늙어버렸기 때문이다. 무슨 이야기냐고? 지나가버린 세월 앞에서 아무것도 하지 않은 채 '10년만 젊었더라면' 하고 한탄만 하는 이는 이미 청춘의 뜨거운 피가 식어 늙어버린 사람이다. 따라서 그에게 새로운 10년이 주어지더라도 과거보다 나은 삶을 살기는 어렵다. 그는 이미 청춘이 아니라 '노인'이기 때문이다.

〈청춘〉이라는 시로 유명한 새뮤얼 울먼은 청춘에 대해 이렇게 말했다. "청춘이란 인생의 어떤 한 시기가 아니라 마음의 상태를 말한다." 즉 청춘은 인생의 특정한 젊은 시기를 지칭하는 것이 아니라 마음의 상태, 즉 삶을 대하는 마음자세에 달렸다는 뜻이다. 때로는 스무 살 청년보다 육십 먹은 사람이 더 청춘인 경우도 있다. 그의 주장처럼 "나이를 먹는다고 늙는 것이 아니라, 이상을 잃어버렸을 때 비로소 늙는 것"이기 때문이다. 아무리 나이가 많아도 강인한 의지, 풍부한 상상력, 불타는 열정을 가졌다면 늙은이가 아니란 소리다. 청춘이 지나가버린 늙은이에게는 새로운 시간이 주어져도 가치 있는 삶을 살지 못한다. 그에게는 의지도, 상상력도, 열정도 없기 때문이다.

니체도 스스로 너무 늙었다고 한탄하는 사람을 '근시안'이라며 비판했다. 그는 모든 사람이 기본적으로 예술가적 기질을 보유하고 있다고 보았다. "우리는 자신이 알고 있는 것 이상으로 훨씬 더 예술가다."(《선악의 저편》) 그런데 나이를 먹어가면서 예술가적 기질을 잃어버리는 것을 안타깝게 생각했다. 그는 또 사람들이 별로 길지 않은 삶에서 지나치게 연령을 나누어 구분하는 것을 이해하지 못했다. 먼저 그의 주장을 들어보자.

> 우리 근시안들은 동화와 놀이는 유년 시절에 속하는 것이라고 생각하고 있다! (……) 왜냐하면 어린아이 역시 놀이를 자신의 일로, 동화를 자신의 진리로 느끼기 때문이다. (……) 짧은 삶이 우리로 하여금 지나치게 꼼꼼하게 연령을 구분하지 않도록 해야 할 것이다. _《인간적인 너무나 인간적인 2》

니체가 보기에 사람들은 나이가 들어가면서 동화와 놀이를 즐기지 못한다. 왜 그럴까? 동화와 놀이는 어린아이 때만 하는 것으로 생각하기 때문이다. 그의 표현을 빌리면, "유년 시절에 속하는 것이라고 생각"하기 때문이다. 하지만 이는 현명한 생각이 아니다. 왜냐하면 짧은 인생을 꼼꼼하게 구분해서 유년 시절과 그렇지 않은 시절로 구분하는 것은 무의미하기 때문이다. 니체는 왜 그런 생각을 했을까? 이해를 돕기 위해 하루살이의 예를 들어 생각해보자.

여기 일생이 24시간에 불과한 하루살이가 있다. 그는 자정(밤 12시)에 태어났다. 태어나서 아침나절까지 유년 시절을 보낸다. 어린아이처럼 어리광도 부리고 장난도 치면서 미래에 대한 꿈을 꾼다. 그러다가 정오가 지나자 갑자기 불안해졌다. 벌써 삶이 절반이나 지나버렸기 때문이다. 이제 그는 유년기를 거쳐 청년기에 접어들었다. 오후가 되자 아침에 가졌던 꿈도 별 의미가 없어졌다. 어느새 그의 인생은 장년기를 지나 노년기로 나아가고 있었기 때문이다. 그의 생은 이제 막바지에 가까워졌고, 아무것도 할 수 없다. 이미 늙어버렸기 때문이다. 그는 '10시간만 젊었더라면' 하고 회한에 빠졌다.

겨우 24시간을 사는 하루살이가 시간의 흐름을 좇아 인생을 유년기, 청년기, 장년기, 노년기로 구분하는 것이 무슨 의미가 있을까? 하루살이가 자신의 생, 즉 24시간을 꼼꼼하게 구분하는 일은 별 의미도 없을 뿐 아니라 유용하지도 않다. 평균 80년을 사는 인생도 이와 비슷하지 않을까? 우리 인간이 보기에는 인생을 시기별로 구분하여 유년기, 청년기, 노년기 등으로 명명하는 것이 당연해 보일지 모르겠지만, 수십억 년을 사는 해나 달, 산의 입장에서 보면 사람의 일생도 하루살이의 일생처럼 '순간'에 불과하다. 억겁의 관점에서 보면 인생도 '찰나'다. 니체는 짧은 순간에 지나쳐버릴 삶을 사는 인간이 인생의 단계를 지나치게 꼼꼼하게 구분하는 것은 어리석은 일이라고 보았다.

"아니, 인생의 단계를 구분하든 말든 그게 무슨 대수야?" 하고 반문할 수도 있다. 인생의 단계를 꼼꼼하게 구분하는 것이 왜 문제가 되는 것일까? 인생의 단계를 구분하게 되면 지나가버린 단계에서 가졌던 정신을 잃어버리기 때문이다. 가령, 노년기에 접어든 사람은 유년기에 가졌던 풍요로움을 상실하고 만다. 니체의 관점을 빌려 구체적으로 말하면, 유년기에 가졌던 동화와 놀이의 정신을 잃어버린다. 주지하다시피 니체는 어린아이의 정신을 긍정하였다. 그는 《차라투스트라는 이렇게 말했다》에서 아이가 가진 놀이와 예술성을 강조했다.

> 어린아이는 순진무구요 망각이며, 새로운 시작, 놀이, 스스로의 힘에 의해 돌아가는 바퀴이며 최초의 운동이자 거룩한 긍정이다.

결국, 니체는 우리가 인생의 단계를 지나치게 구분함으로써 어린 시절에 가졌던 놀이와 예술성을 잃어버리는 것을 안타까워하는 것이다.

유년 시절에 가졌던 놀이와 예술성을 잃어버린 뒤, 정작 나이가 들어하는 일은 무엇일까? 바로 '노동'이다. 어른이 되면 놀이를 즐기지 못하고 노동을 한다. 노동은 놀이처럼 '즐기는' 것이 아니라, '억지로 하는' 것이다. 스스로의 힘에 의해 돌아가는 것이 아니라, 타인의 힘에 의해 억지로 돌아가는 '바퀴'다. 자율이 아닌 타율적 힘에 의해 움직이는 노동에서는 삶에 대한 열정도, 미지에 대한 탐구심도, 새로움에 대한 창조성도 찾을 수 없다. 삶의 재미도 없고 행복감을 느끼기도 어렵다. 차라리 삶은 고역에 가깝다.

그렇다면 어떻게 해야 할까? 당연한 말이겠지만, 놀이와 예술성을 회복해야 한다. 어떻게? 짧은 인생의 단계를 지나치게 세분하지 말고, 계속해서 유년 시절의 정신으로 살면 된다. 니체의 표현을 빌리면 '어린아이의 정신'으로, 새뮤얼 울먼의 표현으로는 '청춘'으로 살면 된다. 어린아이로, 청춘으로 살아야 노동이 아닌 놀이를 즐길 수 있으며 예술성도 잃지 않는다. 천재 화가 피카소도 비슷한 말을 했다.

"모든 아이는 예술가다. 어른이 되어 우리 안의 예술가를 어떻게 잃지 않느냐가 문제다."

어른이 되어 자기 안의 예술가를 잃어버리는 순간, 우리는 청춘을 지나 늙은이가 된다. 요컨대 아무리 나이가 들지라도 어린아이의 정신이 필요하다는 말이다.

이제 처음으로 돌아가 보자. 새로운 시도를 하기에 자신의 나이가 너무 많다고 생각하는 나 부장은 이제 어떻게 해야 할까? 우선 스스로 너무 늙었다고 여기는 근시안적 생각에서 벗어나야 한다. 새뮤얼 울먼의 주장처럼 나이를 먹었다고 늙는 것이 아니라 이상을 잃어버렸을 때 늙기 때문이다. 즉 나이가 들어 너무 늙었다는 나 부장의 생각은 잘못된 것이다. 이상을 잃어버린 것이 자신을 늙었다고 느끼게 만드는 주범이다. 그럼, 이제 어떻게 해야 할까? 니체의 주장처럼 어린아이의 정신을 되살려야 한다. 아이가 가진 놀이와 예술정신을 되찾아야 한다. 그렇게만 할 수 있다면 그는 아무리 나이가 들어도 '청춘'이다.

정리해보자. 살면서 '10년만 젊었더라면' 하고 한탄할 때가 있다. 하지만 이러한 태도는 자신이 늙었다는 것을 드러낼 뿐이다. 니체는 짧은 인생의 단계를 꼼꼼하게 구분하지 말고 어린아이의 정신으로 살라고 조언했다. 어린아이가 가진 놀이와 예술성을 잃지 않는 것이 중요하다는 말이다. 그럴 때에만 삶에서 열정과 새로움, 즐거움과 행복이 가능해지고 미래에 대한 희망도 품을 수 있다. 아무리 나이가 들었더라도 어린아이의 정신을 잃지 않고, 스스로 청춘이라는 생각으로 사는 것이 중요하다. 새뮤얼 울먼이 말했듯이 "머리를 드높여 희망이라는 파도를 탈 수 있는 한 그대는 80세라도 영원한 청춘"이기 때문이다.

20 : 긍정

존재하는 것에서 빼버릴 것은 하나도 없으며, 없어도 되는 것은 없다

Q 옛날, 좋았던 시절이 그리울 때

오상수 과장은 요즘 들어 부쩍 옛날을 그리워할 때가 많아졌다. 경영 환경의 변화로 회사 상황이 예전만 못하기 때문이다. 오 과장이 입사했을 당시만 해도 그의 회사는 소위 말해 '잘나가는' 알짜 회사였다. 선발주자로서 시장 지위와 우월한 경쟁력을 바탕으로 십수 년째 업계 1위를 도맡아서 해왔고, 특별히 위협이 될 만한 경쟁사도 없었다. 매년 영업이익도 많이 나서 연말이면 어김없이 두둑한 성과급이 주어졌다.

그랬던 회사가 최근 몇 년 사이에 상황이 많이 바뀌었다. 해외 글로벌기업이 국내에 진출하면서 시장 상황과 경쟁관계가 사뭇 바뀌었다. 이로 인해 기존의 독보적인 경쟁우위가 사라졌고, 그들과 치열한 경쟁을 벌여야 했다. 당연히 예전과 같은 안정적인 수익 창출이 어려워졌고, 연말이면 당연하게 지급됐던 성과급도 기대하기 어려운 상황이 되었다. 그뿐만 아니라, 실적에 대한 압박과 업무로 인한 스트레스가 예전과는 비교할 수 없을 정도로 높아졌다. 오 과장은 이러한 상황 변화가 무척 당황스러웠고, 자연히 잘나갔던 옛날을 그리워하게 되었다.

극심한 경쟁과 실적에 대한 압박 때문에 영화롭던 옛날을 그리워하는 오 과장은 현재 상황을 어떻게 받아들여야 할까?

A

"아, 옛날이여!" 모 여가수가 불러서 유명해진 노래 제목이지만, 과거를 그리워하는 사람이 자신도 모르게 내뱉는 말이기도 하다. 자신의 인생에서 가장 좋았던 순간을 떠올리며 그때를 회상하는 것이다. 그렇다면 "아, 옛날이여!"라는 말을 자주 되뇌는 사람은 현재 삶에 만족하고 있을까? 아마 그렇지 않을 것이다. 현재 삶이 만족스럽다면 특별히 과거를 회상하거나 그리워할 이유가 없기 때문이다. 지금 삶이 불만족스럽거나 고통스러운 경우에만 과거에 좋았던 때를 떠올린다. 이런 면에서 보자면, 과거 좋았던 시절에 대한 회상은 현재의 불만족에 대한 반작용이다. 과거에 대한 절대적 긍정은 현재에 대한 부정의 결과다.

위 사례의 오 과장처럼 인생을 살다 보면 생각대로 일이 풀리지 않거나 원치 않는 상황과 맞닥뜨릴 때가 있다. 예상치 못한 불행이 찾아와 우리를 고통에 빠뜨리기도 한다. 사랑하는 사람이 갑자기 세상을 떠날 수도 있고, 예고 없이 질병이 찾아올 수도 있다. 다니던 회사가 어려워져 근무조건이 나빠질 수도 있고, 가깝게 지내던 사람에게 배신을 당하거나 모멸감을 느낄 때도 있다. 문제는 이러한 불행이 대부분 노력한다고 해서 회피하거나 벗어날 수 없다는 데 있다. 개개인의 기대(소망)나 노력과는 무관하게 '저절로' 주어질 뿐이다.

우리의 기대나 노력만으로 원치 않는 상황에서 벗어날 수 없다면 선택의 여지는 별로 없다. 이 상황을 '어떻게 바라볼 것인가'에 대한 선택만 남아 있다. 원치 않는 상황과 마주했을 때는 어떤 태도를 갖는 것이 좋을까? 현재를 부정하고 좋았던 과거를 회상하는 편이 나을까, 아니면 원치 않는 이 상황마저 긍정해야 할까? 니체라면 아무런 망설임 없이 현재 삶을 긍정하라고 조언할 것이다. 그의 주장을 들어보자.

> 존재하는 것에서 빼버릴 것은 하나도 없으며, 없어도 되는 것은 없다. (……) 삶의 가장 낯설고 가장 가혹한 문제들에 직면해서도 삶 자체를 긍정한다. 자신의 최상의 모습을 희생시키면서 제 고유의 무한성에 환희를 느끼는 삶에의 의지. 이것을 나는 디오니소스적이라고 불렀다. ―《이 사람을 보라》

니체는 존재하는 모든 것을 긍정하라고 가르친다. "삶의 가장 낯설고 가장 가혹한 문제들에 직면해서도 삶 자체를 긍정"하라고 역설한다(그는 이를 '디오니소스적 긍정'이라고 불렀다). 삶이 주는 고통, 비루함, 허무함 그리고 원망스러운 인간관계마저 긍정하라고 주장한다. 스스로에게 한번 물어보자. 나는 존재하는 모든 것을 긍정할 수 있는가? 나에게 고통스럽고, 낯설고, 가혹하더라도 아무런 의심 없이 긍정할 수 있는가? 이것은 생각만큼 쉽지 않다. 대체로 사람들은 자신에게 기쁨과 만족을 주는 상황은 긍정하지만, 그와 반대되는 상황은 부정하려 든다. 행운은 긍정하지만 불운은 부정한다.

예를 들어보자. 자녀가 공부를 잘하고 성적이 좋을 때는 한없이 예쁘고 사랑스러워 보인다. 하지만 그랬던 자녀가 성적이 떨어지고 말썽을 부리기 시작하면 자녀에 대한 관점이 180도로 급선회한다. 사랑스러웠던 예전 모습은 온데간데없이 사라져버리고 갑자기 미워지기 시작한다. 더불어 세상 살맛까지 사라진다. 마찬가지로 자신에게 무한한 사랑을 베풀어주는 애인은 긍정하지만, 사랑이 시들해지면 애인에 대한 생각마저 부정적으로 변한다. 하지만 니체는 그럼에도 "존재하는 모든 것을 긍정하라"고 했다. 공부도 못하고 말썽만 부리는 자녀도, 애정이 시들해져 예전같지 않은 애인도 긍정하라고 말한다. 니체는 왜 일반적인 우리의 상식과 배치되는 주장을 하는 것일까?

먼저 알아두어야 할 것이 있다. 니체가 "존재하는 모든 것을 긍정하라"고 할 때, 긍정의 의미는 '존재하는 모든 것을 다 받아들여 수용하고 인정하라'는 뜻에 머물지 않는다. 니체의 표현을 빌리면, '체념적이고 허무주의적 긍정'과는 다르다는 말이다. 좀 더 중요한 관점이 있다. 니체는 "진리는 없다"고 주장했다. 이는 진리는 없고 '진리에 대한 해석'만 존재할 뿐이라는 말인데, 이 논리는 삶에도 동일하게 적용된다. 긍정과 부정의 삶이 존재하는 것이 아니라 그것에 대한 '해석'만 존재한다. 즉 '가치평가'의 문제일 뿐이다.

어떤 상황이 긍정인지 부정인지는 그 상황에 대한 '가치평가'를 어떻게 했는가, 달리 말하면 어떻게 '해석'했는가에 따라 달라진다. 예전에는 공부를 잘했는데 성적이 떨어진 아이를 바라보는 부모를 생각해보자. 공부를 잘했던 '아이'는 긍정하지만 성적이 떨어진 '아이'는 부정할 수 있을까? 다시 말해 공부를 못한다고 해서 아이의 '존재' 자체를 부정할 수 있을까? 그렇지는 않을 것이다. 공부를 잘하는지의 여부가 부모의 기쁨과 만족감에 영향을 줄 수는 있지만, 그것이 아이의 '존재'에 대한 긍정과 부정을 결정짓는 요소로 작용해서는 곤란할 것이다. 공부를 잘하는지의 여부는 아이의 존재를 평가하는 여러 요소 가운데 한 가지 기준에 불과하기 때문이다.

그런데 인간은 어쩔 수 없이 평가하는 존재다. 또 세계는(삶은) 자신이 평가하는 만큼만 내 앞에 존재한다. 내가 평가한 대로 내 앞에 세계가 펼쳐진다. 자녀의 존재도 마찬가지다. 내가 평가한 대로 자녀는 내 앞에 현존現存한다. 귀엽고 사랑스럽게 평가하면 내 앞에 그러한(귀엽고 사랑스러운) 자녀가 나타나고, 그 반대의 경우도 동일하다. 그럴지라도 어떻게 평가하는가에 따라 '존재 자체'가 결정되는 것은 아니다(아이라는 '존재'는 부모의 평가와는 별개로 이미 존재하고 있다). 평가에 따른 존재 위상의 차이만 있을 뿐이다. 따라서 평가를 통해 아이의 '존재 자체'를 결정하려 해서는 안 된다. 공부에 대한 잘잘못만 따질 수 있다. 공부를 못한다고 해서 아이의 존재 자체를 부정하거나 사랑이 예전만 못하다고 해서 애인의 존재 자체를 제거하려 든다면 그것은 곤란한 일이다. 존재 그 자체는 어떤 일이 있어도 긍정할 수 있어야 한다.

니체가 주장하는 '디오니소스적 긍정'은 모든 것을 긍정의 형식으로 이해한다. 심지어 부정적인 현상이나 세계조차 결코 제거할 수 없는 삶의 필수 구성요소로 받아들이고 긍정할 수 있어야 한다. 이것이 바로 '디오니소스적 긍정'의 능력이다. 성적이 떨어진 자녀도, 사랑이 시들해진 애인도 모두 현재의 삶을 구성하고 있는, 삶에서 빼버릴 수 없는 존재다. 존재하는 모든 것, 심지어 낯설고 가혹한 환경마저 긍정할 수 있는 능력이 필요한데, 니체는 이를 '운명애運命愛, amor fati'라고 불렀다.

니체의 운명애는 '네 운명을 사랑하라'는 뜻으로, 이는 삶에 대한 체념적 수용과는 다르다. 현재 삶이 낯설고 가혹하더라도 그 운명마저 긍정할 수 있는 이유는 그럼에도 새로운 가치를 창조해낼 수 있다고 믿기 때문이다. 성적이 나빠진 아이도, 사랑이 시들해진 애인도 내 삶의 피할 수 없는 일부분으로 받아들일 수 있는 것은 그 운명조차 새롭게 긍정으로 변화시켜나갈 수 있다고 믿기에 가능한 일이다. 바로 이 믿음이 자신에게 주어진 운명(비록 그것이 가혹할지라도)을 있는 그대로 긍정할 수 있게 만드는 원천이다. 운명을 수용할 수 있는 능력, 존재하는 모든 것을 긍정할 수 있는 능력은 창조를 요구한다. 창조할 수 있기에 삶은 가벼워진다.

디오니소스적 긍정과는 달리 허무주의적 긍정, 즉 삶을 체념적으로 수용하는 긍정은 현실의 무게에 짓눌려 어쩔 수 없이 받아들이는 상태를 말한다. 이는 삶에 대한 긍정이 아니라 부정에 가깝다. 따라서 거기에는 대상에 대한 원망과 삶에 대한 체념만 가득하다. "저 녀석은 왜 공부를 안 해서 이렇게 부모 속을 썩일까? 하지만 그래 봐야 지(자기) 인생만 불쌍하지"라며 원망과 한탄만 할 뿐이다. 허무주의적 긍정은 어쩔 수 없이 받아들이긴 하지만, 궁극적으로 삶을 변화시키는 단계로 나아가지는 못한다.

그러나 디오니소스적 긍정은 이와 다르다. 디오니소스적 긍정은 새로운 것을 끊임없이 창조한다. 창조(디오니소스적 긍정)할 수 있는 자는 춤을 추듯 발걸음이 가볍다. 삶이 아무리 가혹해도 무엇인가를 새롭게 창조할 수 있다고 믿기 때문이다. 자녀의 성적이 나빠졌다 하더라도 새로운 가치평가, 새로운 창조가 가능하다고 믿는다. "내 아이는 공부는 좀 못하지만 틀림없이 잘하는 게 있을 거야. 그걸 찾으면 돼!"라고 말한다. 따라서 현재 모습을 있는 그대로 삶의 일부분으로 받아들이고 긍정한다. 당연한 일이지만, 현재 삶에 대한 긍정은 새로운 창조의 가능성으로 이어진다. 이는 또 용기와 힘이 되고, 결국 운명애로 나아간다(니체는 이러한 긍정의 비법을 '선물'이라고 표현하기도 했다).

처음으로 돌아가 보자. 한때 잘나갔던 회사가 어려워져 고통 받고 있는 오 과장은 현 상황을 어떻게 바라보아야 할까? 현재 삶을 있는 그대로 받아들여야 한다. 니체의 주장처럼 존재하는 모든 것에는 빼버릴 것도, 없어도 되는 것도 없기 때문이다. 그렇다고 해서 현재 상황을 그냥 수용하거나 현실에 체념하라는 뜻은 아니다. 가치평가를 바꾸어야 한다. (항상 기존의 가치에 대한 평가를 새롭게 내린다는 의미에서) '가치의 철학자'인 니체는 "깊은 고통도 사람을 고귀하게 만든다"고 했다.

현재 오 과장이 겪고 있는 고통은 한편으로는 한 단계 성숙하기 위한, 삶에서 피할 수 없는 조건일 수도 있다. 현 상황을 슬기롭게 넘어선다면 새로운 창조의 길로 나아갈 수도 있다. 그러기 위해서는 먼저 현재를 있는 그대로 긍정하는 자세가 필요하다. 비록 가혹한 조건이라도 내 앞에 놓인 운명을 사랑해야 한다. 내 앞에 주어진 삶의 조건을 있는 그대로 받아들이고 긍정해야 한다. 그것 또한 삶을 이루는 필연적인 조각이기 때문이다. 삶의 모든 조각을 긍정할 때, 비로소 새로운 가치를 만들어낼 힘과 용기도 가질 수 있는 법이다. 아모르파티!

21 : 목적

여행하는 동안에 사람들은 대개 여행의 목적을 잊어버린다

Q 지금까지 인생을 잘살아왔는지 의문이 드네요

엄충실 팀장은 자신의 삶에 의문이 들 때가 있다. 지금까지 인생을 제대로 살아왔는지, 아니면 잘못 산 것인지 헷갈릴 때가 있기 때문이다. 그는 남들이 부러워하는 대기업에 당당히 입사해 지금까지 나름대로 능력을 인정받으면서 지냈다. 그 결과 동기들보다 빨리 팀장으로 승진까지 했다. 바쁜 회사일 때문에 가족들과 많은 시간을 보내거나 개인적인 자기계발 시간을 충분히 갖지 못한 것이 약간 후회되기도 하지만, 회사생활만큼은 나름 충실했다고 자부한다. 현재 직장에 다니면서 결혼도 했고, 자녀도 둘을 낳았다. 한마디로 전형적인 샐러리맨으로서 안정적인 삶을 살아왔다고 할 수 있다.

그랬던 엄 팀장은 최근 들어 스트레스가 잦고 지위에 대한 불안감이 들 때가 많아졌다. 팀원 시절에는 안 그랬는데, 팀장으로 승진한 후에는 성과나 실적에 대한 압박이 심해졌다. 그리고 임원들 눈치 볼 일도 많아지면서 일찍 퇴근하기가 힘들어졌다. 그뿐만 아니라 능력 있는 후배들이 치고 올라오는 통에 자칫 경쟁에서 밀려나지나 않을까 하는 생각이 들 때도 있다. 급기야 이러다가 회사에서 잘리지나 않을까 하는 걱정까지 들 정도다. 지금껏 회사를 위해 자신이 하고 싶은 것도 포기하며 열심히 노력해왔음에도 이러한 상황까지 이르다 보니 '혹시 내가 직업을 잘못 선택한 것은 아닐까?' 하는 의문이 들기도 한다.

엄 팀장은 왜 이런 상황에까지 이른 것일까? 정말로 그는 직업을 잘못 선택한 것일까?

A

《논어論語》에는 '고진감래苦盡甘來'라는 고사성어가 나온다. 이 말은 '쓴 것이 다하면, 단 것이 온다'는 뜻이다. 요즘 식으로 풀면 '고생 끝에 낙이 온다'는 말이다. 따라서 이 말은 현재 처한 상황이 고통스럽고 힘겨운 사람에게 미래에 대한 긍정적 희망을 갖게 함으로써 현실의 어려움을 견딜 수 있게 해준다.

무려 2500여 년 전에 공자가 주장한 '고진감래'는 오늘날에도 그대로 적용되는 인생 공식일까? '고진감래'는 세상사에 남다른 통찰력을 가졌던 성인의 언설言說이긴 하지만, 요즘도 변함없이 그대로 적용된다고 말하기는 어렵다. 자신의 경험을 한번 떠올려보자. 나는 지금까지 '고진(어렵고 힘든 일을 견딘)' 후에 '감래(즐겁고 좋은 일이 옴)'한 적이 많았는가? 물론 사람에 따라 차이가 있겠지만, 대개 죽어라 고생하면서 어렵고 힘든 일을 견뎠음에도 좀처럼 즐거운 일은 찾아오지 않고, 여전히 힘겨울 때가 많다.

그래서 현대인의 인생 방정식은 공자가 주장한 '고진감래'보다는 '고진고래苦盡苦來'에 더 가깝다. 고생 끝에 낙이 오는 것이 아니라, 고생 뒤에 고생이 계속되기 십상이다. 예를 들어보자. 누구나 느끼듯이 요즘 아이들은 과거에 비해 확실히 사는 게 힘들다. 조기교육에다 선행학습, 특별활동, 영재교육, 예체능 수업까지 놀 시간이 거의 없다. 왜 그런가? 미래를 준비하느라 그렇게 된 것이다. 공자가 말한 '고진감래'의 철학을 실천하고 있는 셈이다. 고생 끝에 낙이 온다고, 좀 힘들더라도 어릴 때 미리 고생을 해두면 어른이 되어 행복할 수 있다고 믿기 때문이다.

하지만 요즘 대부분 사람이 경험하는 현실은 그것(고진감래)과 다르다. 현실에서는 대부분 고생만 하고 행복은 항상 미래로 넘겨버린다. 초 · 중 · 고 시절에는 좋은 대학을 가기 위해 고생한다. 그래서 좋은 대학에 갔다고 치자. 이제부터 행복해지는가? 아니다. 좋은 회사에 취직하기 위해 또 고생해야 한다. 좋은 회사에 취직했다고 치자. 이제 행복해지는가? 역시 아니다. 높은 자리에 오르기 위해 또 고생해야 한다. 높은 자리에 오르면 행복해지는가? 이 또한 아니다. 이제 소위 '안 잘리기' 위해 또 고생해야 한다. 고생의 연속이다. 이처럼 우리는 항상 내일의 행복을 위해 오늘은 '고생만' 한다. 삶의 어느 순간에도 행복을 즐기지 못하고 늘 미래에 양보한다. 현대인에게 행복이란 '지금 향유하는 것'이 아니라, '내일에 양보하는 것'이 되어버렸다. 안타깝지만 사실이다.

현대인들은 '고진감래'라는 공자의 말을 믿고 오늘의 힘겨움을 견디지만, 인생의 어느 순간에도 즐겁고 행복한 일은 좀처럼 찾아오지 않는다. '고진감래'가 아니라 '고진고래'다. 그렇다면 이제 어떻게 해야 할까? 만약 자신의 삶도 '고진감래'가 아니라, '고진고래'에 가깝다고 느끼는 사람이라면 니체의 주장에 귀 기울여보는 것도 좋은 방법이다. 일단 그의 주장을 들어보자.

> 의도를 잊어버리는 것—여행하는 동안에 사람들은 대체로 여행의 목적을 잊어버린다. 거의 모든 직업도 어떤 목적을 위한 수단으로 선택되고 시작되지만, 그것이 최후의 목적이 되고 만다. 의도를 잊어버리는 것은 가장 빈번하게 행해지는 어리석은 짓이다. ―《인간적인 너무나 인간적인 2》

니체는 인간이 살아가면서 삶의 목적을 잊어버리는 경우가 많다고 보았다. 대부분의 사람은 열심히 살지만, 정작 자신이 '왜 사는지', '어디를 향해 가는지'를 모르는 경우가 많다. 이는 삶의 목적이나 의도를 잊어버린 채 살아간다는 의미다. 마치 목적지를 모른 채 여행을 하는 사람처럼. 그는 또, 사람들이 선택하는 직업이 곧 삶의 목적은 아니라고 주장했다. 직업은 단지 목적을 위한 수단으로 선택되었을 뿐이다. 하지만 직업이 삶의 목적(그것도 '최후의 목적')으로 전도되는 경우가 빈번하게 발생한다는 것이다. 니체는 이것이 "가장 빈번하게 행해지는 어리석은 짓"이라고 표현했다.

생각해보면, 우리는 삶의 수단과 목적을 혼동하는 경우가 많다. 왜 혼동할까? 바로 '돈' 때문이다. 돈은 삶의 목적인 행복에 이르기 위한 하나의 수단일 뿐이다. 하지만 많은 사람에게 돈은 그 자체로 목적이 된다. 돈을 벌기 위해 살고, 돈을 벌기 위한 일이라면 인생에서 소중한 것조차 과감히 팽개쳐버리기도 한다. 돈 때문에 우정을 버리고, 심지어 사랑이나 가족까지 던져버린다. 이는 돈이 '목적'이기에 가능한 일이다. 돈 이외의 나머지 것들은 모두 '수단'으로 전락하고 만다. 심지어 궁극적인 삶의 목적이라고 할 수 있는 행복마저 수단화되어 버려지거나 후순위로 밀려난다.

직업도 마찬가지다. 따지고 보면, 직업도 행복을 위한 '수단'에 불과하다. 직업은 돈을 벌기 위한 '수단'이며, 개인이 실현하고 싶은 자아에 이르는 '수단'이기도 하다. 니체의 주장처럼 직업 그 자체가 삶의 목적이 될 수는 없다. 그런데 직업이 곧 목적인 양 가치 전도가 일어나는 경우가 많다(마치 '돈'이 그러하듯이). 요즘에는 좋은 직장에 취업하는 것이 곧 삶의 목적이 되기도 한다. 그래서 아이들이 조금이라도 공부를 게을리하면 인생에 통달한 어른들은 호되게 꾸짖는다. "그렇게 하다가는 좋은 곳에 절대 취직하지 못한다"고 협박(?)까지 해대면서(물론 여기서 '좋은 곳'이란 대기업을 일컫는다).

아무리 취직이 어려운 시기라 하더라도 이것은 심각한 가치 전도가 아닐 수 없다. 요즘 '취직을 못했다'는 말은 '인생에 실패했다'는 말과 동의어이며, '대기업에 취직하지 못했다'는 말은 '결혼하기 힘들다'는 말과 같은 의미로 쓰인다. 하지만 이것 역시 엄연히 언어도단言語道斷이다. 아무리 좋은 직업이라 할지라도 직업 그 자체가 삶의 목적이 될 수는 없다. 왜 이런 일이 발생하는 것일까? 그 이유는 우리가 삶에서 정작 중요한 질문을 던지지 않고 살기 때문이다.

먹고 살기가 힘겨워서일까? 현대인은 삶에 대한 방법how을 찾는 일에만 관심을 가질 뿐, 존재의 본질에 대한 질문why을 던지는 일에는 인색한 편이다. '어떻게 하면 돈을 많이 벌까' '어떻게 하면 좋은 회사에 취직할 수 있을까' 등의 '방법'에만 몰두하지, '나는 누구인가' '나는 왜 사는가' 같은 존재의 본질에 대한 질문이나 고민은 거의 하지 않는다. 방법을 찾는 데만 골몰하는 태도는 현명한 선택일까? 그렇지 않다.

니체는 《우상의 황혼》에서 "삶에서 자신의 존재 이유인 '왜냐하면'을 가진 자는 거의 모든 방법, 거의 모든 '어떻게'를 견뎌낼 수 있다"고 했다. 쉽게 풀어 말하면, 자신이 '왜 사는지' 그 이유(목적)를 명확히 아는 사람은 그것을 이루기 위한 방법(그것이 어떠한 방법이건 간에, 모든 경우에)을 잘 견뎌낸다는 말이다. 실제로 삶의 목적이 뚜렷한 사람은 현실적 조건이 아무리 어렵더라도 포기하지 않고 기필코 방법을 찾아내고야 만다. 그가 현실적 어려움 앞에서도 포기하지 않은 이유는 삶의 목적이 그만큼 간절했기 때문이다. 결국 삶에서 '방법을 찾는 것'보다 '목적을 명확히 하는 것'이 더 중요한 일이다.

중세 신학자인 마이스터 에크하르트 수사도 비슷한 말을 했다.

"인간이 깊이 생각해야 할 것은 내가 무엇을 '행해야 할 것인가'이기보다는 나는 과연 '어떤 존재인가'이다."

그가 보기에도 삶에서 중요한 것은 방법이 아니라 본질에 대한 질문이었다. 'how'보다는 'why'가 중요하다. 하지만 현대인은 '왜'보다 '어떻게'에 집중하느라 삶의 본질을 잃어버리는 경향이 강하다. 그 과정에서 인생도 목적이 아닌 수단으로 전락하고 말았다. 현대인의 이러한 경향을 보고 니체는 "의도를 잊어버리는 것"이라고 말했다. 또 그것이 "가장 빈번하게 행해지는 어리석은 짓"이라고 비꼬았던 것이다.

처음으로 돌아가 보자. 남들이 부러워하는 대기업에 입사하여 팀장으로 승진까지 한 엄 팀장은 왜 불안해하는가? 그가 열심히 노력하지 않았기 때문인가? 그렇지 않다. 문제는 삶의 목적을 잃어버렸다는 데 있다(잃어버린 것인지, 원래부터 없었던 것인지는 명확하지 않지만). 남들이 부러워하는 직장에 다니는 것이 곧 삶의 목적이 될 수는 없다. 삶이 유한하듯 직장생활도 유한할 수밖에 없다. 어느 누구도 현재 직업을 영원히 지속할 수는 없다. 그렇지 않은가. 결국 유한한 직장생활(직업)이

궁극적인 삶의 목적일 수는 없다. 그렇다면 이제 엄 팀장은 어떻게 해야 할까? 수단이 아닌 목적에 집중해야 한다. 혹시 회사에서 잘리지나 않을까 하는 고민(즉, 수단에 대한 고민)보다는 자기 삶의 목적이 무엇인지를 성찰하고, 그것을 충족시킬 수 있는 선택을 해야 한다.

"아무리 그렇다고 해도 회사에서 잘리는 것을 불안해하지 않을 사람이 어디 있어?"라고 반문할지도 모르겠다. 맞다. 생의 대부분을 차지했던 직장생활을 더 이상 영위하지 못하는 것은 분명히 불안한 사건이다. 그래서 평소에 준비해야 한다. 스스로 삶의 목적을 생각해보고, 그곳에 이르기 위해 무엇이 필요하며 무엇을 준비해야 할지를 평소에 고민해야 한다. 아무리 열심히 살았더라도 그것이 삶의 목적과 무관하다면, 자신의 노력이 삶의 수단을 위해 허비되었다고밖에 말할 수 없을 것이다. 회사일로 야근을 아무리 많이 해도 삶의 목적은 이루어지지 않는다. 수단이 아닌 목적에 부합하는 노력이 필요하다.

정리해보자. 우리는 살면서 삶의 목적을 잃어버릴 때가 많다. 니체가 말했듯이, 직업이 삶의 목적이 될 수는 없다. 수단일 뿐이다. 직장생활이 아무리 바빠도 스스로 삶의 목적을 정하고 그것을 이루기 위한 준비가 중요하다. 단지 직장에서 '잘리지 않기' 위해 개인적 삶을 외면하는 것은 결코 현명한 태도가 아니다. 그것은 삶의 목적을 잃어버리는 것이며, 어리석은 짓이기 때문이다. 스스로에게 한번 물어보자. 혹시 나는 직장에서 잘리지 않을까 불안해하지는 않는가? 내 삶의 목적은 무엇인가? 삶의 수단에 매몰되지 말고 목적에 집중하자.

22 : 평가

불공정함은 불가피하다

Q 인사평가에서 좋은 평가를 받지 못해 억울합니다

김대식 대리는 지금 몹시 화가 나 있다. 연말 인사평가에서 기대했던 S 등급을 받지 못했기 때문이다. 김 대리는 그동안 누구보다 열심히 일했다. 팀에서 제일 먼저 출근해서 가장 늦게까지 남아 있었다. 야근도 밥 먹듯이 하고, 필요한 경우 주말 근무도 마다하지 않았다. 개인별 근무시간을 비교하더라도 팀원 중에서 김 대리의 총 근무시간이 가장 길다. 또 자신에게 맡겨진 일만 한 게 아니다. 팀의 살림꾼 역할도 담당했다. 비공식적으로 생기는 자질구레한 일은 항상 김 대리가 도맡아서

처리했고, 후배들 코칭도 그의 몫이었다.

그렇게 한 해 동안 악착같이 일해왔는데, 정작 최고 등급은 1년 선배인 성 대리에게 돌아갔다. 김 대리가 보기에 성 대리도 열심히 했지만 자신보다 높은 평가를 받을 정도는 아니었다. 하지만 팀장의 생각은 달랐다. 성 대리가 맡은 업무의 난이도가 높고 팀 성과에 대한 기여도 많아서 종합적으로 판단할 때 성 대리에게 최고 등급을 주는 것이 옳다는 입장이다. 하지만 김 대리는 팀장의 의견에 동의할 수 없었다. 아마도 성 대리가 팀장과 같은 대학 출신이라는 점, 또 내년도 진급 대상인 점 등이 고려된 불공정한 평가라는 생각이다. 열심히 일하고도 기대만큼 좋은 평가를 받지 못한 김 대리는 억울한 마음을 억누를 수 없었다.

열심히 노력하고도 불공정한 평가 때문에 억울한 생각이 드는 김 대리는 이제 어떻게 해야 할까?

A 사랑했던 여자에게 버림받은 한 남자가 있다. 그녀는 어느 날 갑자기 "당신보다 더 끌리는 사람이 생겼다"며 그만 만나자고 통보해왔다. 일방적인 이별 통보에 크게 상심한 남자는 '도대체 얼마나 대단한 녀석이기에 그녀가 마음을 빼앗겼을까' 하는 생각이 들었다. 그래서 그녀의 새 애인이 누구인지 알아보기로 했다. 결국 수소문 끝에 찾아냈는데, 남자는 깜짝 놀랐다. 그가 보기에 그녀의 새 애인은 너무나 평범했기 때문이다. 보통의 외모에 키도 크지 않았다. 그렇다고 직업이 대단하거나 돈이 많은 것도 아니었다. 딱 보기에도 그저 그런 외모에 특별히 끌릴 만한 매력을 발견하기 어려웠다. '아니, 그녀는 왜 저런 녀석에게 호감을 가지게 되었을까' 하는 의문이 들면서 그녀의 선택을 도무지 이해할 수 없었다. 그녀의 결정이 합리적이지도 공정하지도 않다고 여겨졌다. 그녀는 왜 옛 애인을 버리고 별볼일없는 남자에게 마음이 끌린 것일까?

살면서 누군가에게 불이익을 당하거나 공평하지 않은 처분을 받으면 억울한 생각이 먼저 든다. 불공정하다고 느끼기 때문이다. 불공정하기에 그 결과를 받아들이기도 쉽지 않다. 분하고 답답한 심정이 앞선다. 별볼일없는 녀석에게 애인을 빼앗긴 남자처럼. 그렇다면 세상사는 언제나 공정하게만 이루어져야 하는 것일까? 아니, 세상사가 항상 공정하게만 이루어지길 바라는 것은 합리적인 기대일까? 물론 공정할수록 좋겠지만, 현실에서 일어나는 모든 일이 그렇기를 기대하는 것은 어불성설이고, 동서고금 어디에도 없던 일이다. 대체로 세상은 공정하지도, 공평하지도 않다. 각자가 처한 삶의 조건이 그렇고, 인생이라는 '게

임'에 적용되는 규칙이 그렇다. 흔히 '유전무죄, 무전유죄'라는 말을 자주 하는데, 이는 세상살이가 공정하지 않기 때문에 생긴 말이다. 요컨대 공정함은 '이상'이고, 불공정은 '현실'이다.

조직생활도 마찬가지다. 회사 일을 하다 보면 불공정하다고 느낄 때가 많다. 공통적으로 지켜야 할 규칙이나 규범이 존재하지만, 그것만으로 조직이 돌아가는 것은 아니다. 공식 규정에 저촉되지 않는 편법과 예외가 무수히 있다. 융통성과 불법의 경계도 모호하다. 한마디로 조직생활은 (규칙과 기준이 명확한) '스포츠 세계'가 아니라 '무림 세계'에 가깝다. 절대적인 규칙은 존재하지 않는다. 그러다 보니 조직에서는 능력 있는 사람보다 '눈치 빠른' 사람이 성공하기도 한다. 열심히 일한 사람보다 약삭빠른 사람이 이익을 보는 경우도 많다. 재주는 곰이 부리고 돈은 여우가 챙기는 격이다. 성공의 관건이 능력보다는 아부에, 노력보다는 눈치에 달렸는지도 모른다. 요령 없이 우직하기만 한 '곰(노력파)'은 처세에 능한 '여우(아부파)'에게 밀려 억울한 일을 당하기 일쑤다.

특히 매년 실시되는 인사평가는 불공정의 극치를 보여준다. 제 아무리 성과주의 인사를 외쳐도 모든 사람이 결과에 수긍하는 평가를 내리기는 거의 불가능에 가깝다. 그래서 연말 인사 시즌이 되면 인사권자는 곤혹감이 앞선다. 누구에게 나쁜 평가를 내릴 것인지에 대한 판단이 쉽지 않기 때문이다. 인사평가에서 좋지 않은 평가를 받은 사람은 예외 없이 불만을 갖는다. 자기에게 내려진 평가 결과를 수긍하기가 쉽지 않고, 상사의 불공정함에 억울해한다. "왜 내가 그런 평가밖에 받지 못하느냐?"고 하면서. 어김없이 그날 저녁은 거나한 술판이 벌어진다. 이런 날은 안주도 필요 없다. 상사만으로도 '안주'는 충분하다.

그렇다면 불공정한 평가를 내린 상사는 정말로 잘못한 것일까? 상황에 따라 다를 수야 있겠지만, 반드시 그렇다고 단정하기 어렵다. 이렇게 한번 물어보자. 만약 역할을 바꿔 부하직원이 평가한다면 모든 사람이 만족할 만한 평가를 내릴 수 있을까? 이 또한 어렵다. 평가는 원래 '주관적'인 활동이기 때문이다. 사람들은 공정하고 객관적인 평가를 바라지만, 평가의 본질은 원래 '주관적'이다. 만약 누구나 수긍할만한 객관적인 기준이 있다면, 굳이 인사권자에게 평가를 맡길 이유가 없다(객관식 시험을 생각해보라. 사람이 아니라 컴퓨터가 알아서 평가한다. 아주 객관적이고 공정하게). 객관적인 기준이 없기에 인사권자에게 평가를 맡기는 것이다. 평가는 본질적으로 주관적이기 때문에 '불공정' 또한 피할 수 없다. 니체도 삶에서 불공정함은 어쩔 수 없다는 입장이다.

> 불공정함은 불가피하다. 삶의 가치에 관한 모든 판단은 비논리적으로 발전해온 것이므로 공정하지 못하다. (……) 모든 평가는 성급하며 그것은 어쩔 수 없다. (……) 우리는 처음부터 비논리적인, 따라서 불공정한 존재이며, 이것을 인식할 수 있다. 이것이 현 존재의 가장 크고 가장 해결하기 어려운 부조화 중의 하나이다. ― 《인간적인 너무나 인간적인 1》

니체는 삶에서 "불공정함은 불가피하다"고 주장했다. 왜 그럴까? 그 이유는 "삶의 가치에 관한 모든 판단은 비논리적으로 발전해"왔기 때문이다. 삶에 대한 가치판단, 예컨대 우리가 무엇을 좋아하거나 싫어하는 것, 선호하거나 기피하는 것 등은 모두 비논리적인 것에 근거하고 있다. 예를 들어보자. 개고기를 좋아하는 사람도 많지만 어떤 이는 어떻게 반려동물을 먹을 수 있느냐면서 개고기를 먹는 사람을 혐오한다. 하지만 그런 사람도 프랑스 요리인 푸아그라는 아무 거리낌 없이 먹는다(푸아그라는 살찐 거위 간 요리로, 간을 비대하게 만들기 위해 거위에게 강제로 먹이를 주입하는 학대 행위를 저지르기도 한다). 개와 거위에 대한 잣대가 이중적이다. 따라서 '불공정함은 불가피하다' 고밖에 볼 수 없다.

또 가치판단은 시점이나 상황에 따라 달라진다. 가령 평소에는 전혀 그렇지 않다가도 자식이 군대에 가면, 비로소 길거리에 다니는 군인들이 눈에 더 자주 띈다. 평소에는 청년실업 문제에 무덤덤하다가도 자녀가 취업에 여러 번 실패하고 나면 청년실업 문제의 심각성을 절감하게 된다. 이처럼 자신도 모르게 입장에 따라 사회적 이슈에 대한 관심과 반응이 달라지는데, 이를 통해 사회적 불공정이 심화되는 데 일조하게 된다.

스스로에 대해 불공정한 경우도 있다. 재래시장에서 콩나물을 살 때는 100원이라도 더 깎으려고 기를 쓰지만, 백화점에서 명품가방을 구매하는 경우에는 '쿨' 하다. 가격이 수백만 원을 호가해도 아무런 흥정 없이 가볍게 신용카드를 내민다. 구내식당에서 저렴한 점심을 먹은 후, 아무렇지도 않게 점심값보다 비싼 커피를 후식으로 마신다. 이처럼 우리는 스스로 합리적으로 판단하고 행동한다고 생각하지만, 실상은 그렇지 못하다. 지극히 비논리적이고 즉흥적인 경우가 많다. 따라서 "불공정함은 불가피하다"고 말하는 것은 일리가 있다.

다시 처음으로 돌아가 보자. 별볼일없는 녀석에게 마음을 뺏긴 애인으로부터 결별 통보를 받은 남자는 이제 어떻게 해야 할까? 불행히도 그에게는 별다른 방법이 없다. 그가 보기에 그녀의 결정이 공정하지 않다 하더라도 어쩔 수 없다. 그것은 그녀가 내린 선택이기 때문이다. 결정과정의 공정성 여부가 결과에 아무런 영향을 미치지 않는다. 억울해도 어쩔 수 없다. 아니, 더 정확하게 말하면, 억울해할 필요가 없다. 니체의 주장처럼 "불공정은 불가피"하기 때문이다. 또 "모든 평가는 성급하며 그것은 어쩔 수 없기" 때문이다.

현실에서도 그렇다. 그녀에게 공정성을 문제 삼으며 따져봐야 아무 소용없다. 결과가 바뀔 여지는 거의 없기 때문이다. 오히려 쿨하지 못하게 애걸복걸하는 '찌질한' 사람으로 비칠 뿐이다. 불공정하다고 생각되더라도 그것을 불가피한 것이라고 여기고, 현실을 있는 그대로 받아들여야 한다. 다시 그녀의 마음을 되돌리고 싶다면, 냉철하게 무엇 때문에 그녀의 마음이 돌아섰는지를 따져본 다음 마음을 얻기 위한 방법을 새롭게 강구하는 편이 낫다. 요컨대 불공정함을 당연한 것으로 받아들이고, 그곳에서 다시 시작해야 한다는 말이다.

인사평가에서 불이익을 받은 경우도 마찬가지다. 물론 자신에게 좋지 못한 평가를 준 상사에게 불공정하다고 느끼는 마음도 이해하지 못할 바는 아니다. 하지만 불공정함은 불가피한 것이기에 그렇더라도 어쩔 수 없다. 니체의 주장처럼 "모든 평가는 성급하며, 그것은 어쩔 수 없기" 때문이다. 평가가 불공정하다고 해서 마냥 체념하고 있으라는 뜻으로 해석해서는 곤란하다. 중요한 것은 불공정한 평가를 현실의 전제 조건으로 인식하고, 거기서부터 다시 출발하는 자세가 필요하다.

상사가 나쁜 평가를 주었다고 해서 억울해하며 그냥 체념해서는 안 된다. 상사가 왜 자기보다 다른 사람을 더 좋게 보았는지를 파악하고, 어떻게 하면 그 인식을 바꿀 수 있을지 고민해야 한다. 한편, 니체는 "삶에 대한 오류는 삶을 위해 불가피하다"고도 했다. 여기서 오류란 삶의 '한계'가 아니라 '조건'이라고 해석하는 편이 옳다. 불공정함을 어떻게 할 수 없는 '한계'로 인식할 게 아니라, 누구에게나 동일하게 적용되는 삶의 '전제 조건'으로 받아들이는 편이 현명하다. 자기만 불공정을 경험하는 것은 아니기에 지나치게 억울해하거나 체념할 필요가 없다.

정리해보자. 살다 보면 '세상이 참 불공정(불공평)하구나' 하고 느낄 때가 있다. 불공정을 경험하게 되면 억울한 생각이 들면서 현재 상태를 있는 그대로 받아들이기 어렵다. 심한 경우 삶의 의욕마저 잃는 경우도 있다. 하지만 이러한 태도는 자신에게 전혀 도움이 되지 않는다. 불공정은 불가피하다고 생각하는 것이 현명하다. 삶에서 만나게 되는 불공정이나 오류는 우리의 삶을 제한하는 한계가 아니다. 그것은 누구에게나 공통으로 적용되는 전제 조건일 뿐이다. 불공정함이 불가피하다는 것을 받아들이고, 거기서부터 새롭게 시작하는 태도가 필요하다.

23 : 회귀

너는 이 삶을 다시 한 번, 그리고 무수히 반복해서 다시 살기를 원하는가?

Q

사는 게 재미없고 권태롭다고 느껴질 때

오상수 과장은 요즘 재미가 없다. 하루하루 일상이 다람쥐 쳇바퀴 돌듯하기 때문이다. 아침에 눈뜨면 씻고 밥 먹고 옷 입고 통근버스에 몸을 싣는다. 버스에서 졸다 보면 회사에 도착. 게슴츠레한 눈을 비비면서 사무실로 올라간다. 습관처럼 컴퓨터를 켠 후 인터넷 뉴스 검색, 메일함 확인, 아침 회의 등 퇴근할 때까지 일상적인 일들이 반복된다. 다른 사람들은 대기업에 다닌다는 사실만으로도 부럽다고 말하지만, 거대한 조직 내에서 자신의 정체성을 발견하기란 좀처럼 쉽지 않다. 밖에서 보면 대기업 직원이니까 뭔가 대단한 일을 할 것 같지만 실상은 전혀 딴판이다. 위에서 하달된 지시사항의 부서별 진행 정도를 확인하거나 실적을 취합해서 정리하는 일, 문제가 생기면 해당 부서에 전화해서 윽박지르거나 사정하는 일 등 대개 거창함과는 거리가 멀다. 막상 실행하기는 쉽지 않지만, 하고 나서도 보람을 느끼기가 어려운 일이 대부분이다. 그런 판국이니 일을 통한 보람이나 성취, 자아실현 같은 단어는 남의 나라 얘기다.

더 큰 문제는 그렇다고 다른 무엇인가를 하고 싶은 것도 명확치 않다는 데 있다. 특별히 이루고 싶은 꿈이나 목표도 없고, 딱히 하고 싶은 일도 없다. 자신이 뭘 좋아하는지도 모르겠고, 뭘 하고 싶은 마음도 안 생긴다. 그냥 하루하루를 살아갈 뿐이다. 이렇게 산 지도 벌써 몇 년째인지 모르겠다. 어제와 오늘이 다르지 않고, 내일이라고 특별히 다를 것 같지도 않다. 한마디로 인생이 재미없고 따분하고 권태롭다.

사는 게 재미없고 권태롭다고 느끼는 오 과장은 이제 어떻게 해야 할까?

A

혹시 '블라디미르'와 '에스트라공'을 아는가? 문학에 관심이 있는 사람이라면 쉽게 기억하겠지만, 아일랜드계 프랑스 작가인 사뮈엘 베케트의 희곡《고도를 기다리며》에 나오는 주인공들이다. '2막의 희비극'이란 부제가 붙은 이 작품은 허무와 권태의 끝을 보여준다. 1막에서는 두 주인공이 등장하여 언제 올지도 모를 고도Godot를 하염없이 기다린다. 주로 이런 식이다.

에스트라공: 그만 가자.

블라디미르: 가면 안 되지.

에스트라공: 왜?

블라디미르: 고도를 기다려야지.

에스트라공: 참 그렇지.

그러다가 별일 없이 1막이 끝난다. 2막에서도 1막과 거의 다름없이 진행되다가 아무 일 없이 끝나버린다. 정말 허무하기 짝이 없다. 별 내용도 없고, 사건도 반전도 없다. 당연히 따분하고 재미가 없다. 그런데 흥미로운 점은 권태롭고 재미없어 보이는 두 주인공의 삶이 우리가 살아가는 모습과 크게 다르지 않다는 사실이다. 앞서 예를 든 오 과장과도 비슷하다고 생각되지 않는가.

스스로에게 한번 물어보자. 혹시 나의 삶도 오 과장(또는 블라디미르와 에스트라공)의 모습과 많이 닮아 있지는 않는가? 만약 그렇다면, 좀 더 자신의 삶에 관심을 기울일 필요가 있겠다. 남의 일이 아니니 말이다. 사실 오 과장의 이야기는 특수한 사례가 아니라 보편적인 경우에 속한다. 현대인은 대부분 열심히 산다. 새벽같이 일어나서 늦은 밤까지 무엇인가를 한다. 하지만 자신이 무엇을 추구하는지, 어디를 향해 가고 있는지 모를 때가 많다. 그저 '열심히'만 살 뿐이다. 그래서 정작 삶은 괴로움의 연속이다. 일상이 이렇다 보니 현대인은 언제나 휴식이 그립다. 그렇지만 막상 휴식이 주어져도 좀처럼 행복을 느끼지 못한다. 휴식이 주어져 봤자 딱히 할 일도 없고 금방 권태가 찾아오기 때문이다.

일이 바쁘면 심신이 괴롭고, 휴식이 주어지면 권태가 찾아오는 일상. 이런 모습을 보고 쇼펜하우어는 이런 말을 했다.

"우리 생활은 마치 시계추처럼 괴로움과 권태 사이를 오가고 있다."

그에 의하면, 삶에서 조금이라도 고통이 없는 상태가 되면 곧이어 권태가 침입해서 우리를 불행에 빠뜨린다. 염세주의 철학자로 알려진 쇼펜하우어의 주장이어서 다소 불편하게 들릴지는 모르겠지만, 곰곰이 생각해보면 크게 틀린 말은 아니다. 가령, 직장을 다닐 때는 너무 힘들어 차라리 사표를 쓰는 게 낫겠다 싶지만 막상 사표를 쓰고 나면 일주일도 못 가서 후회하고 만다. 먹고살 일에 대한 걱정 때문이기도 하겠지만, 좀 더 솔직하게 말하면 재미있는 일이 없기 때문이다. 처음 며칠간은 해방감에 재미있다고 느끼지만 오랜 기간 동안 재미를 느낄 능력은 못 된다. 금방 권태가 찾아와서 결국 사표 낸 것을 후회한다. 한마디로 삶은 고통 또는 권태의 연속이거나 반복이다.

다시 오 과장의 이야기로 돌아가 보자. 별다른 꿈도 목표도 없이 그저 하루하루를 권태롭게 살아가는 그는 스스로의 삶에 대해 어떤 평가를 내릴까? 행복하다고 느낄까? 그렇지 않을 것이다. 그렇다면 불행하다고 느낄까? 이 또한 아니다. 권태가 분명히 행복과 연결되는 것은 아니지만 그렇다고 해서 불행과 직결되지도 않기 때문이다. 단지 업무에서 의미나 가치를 발견하지 못했을 뿐이고, 일상이 재미없고 따분할 뿐이다.

그렇다면 어떤 사람이 불행한 사람일까? 이런 상상을 한번 해보자. 하루하루를 특별한 즐거움 없이 권태롭게 사는 사람에게 악마가 슬그머니 다가와 이렇게 말한다면 기분이 어떨까?

"너는 현재 살고 있고, 지금까지 살아왔던 생을 다시 한 번, 나아가 수없이 몇 번이고 되살아야 한다. 거기에는 무엇 하나 새로운 것이 없을 것이다. 일체의 고통과 기쁨, 일체의 사념과 탄식, 네 생애의 크고 작은 모든 일이 다시 되풀이되어야 한다. 영원히……."

악마는 지금 권태로운 삶을 사는 이에게 현재와 똑같은 생을 무수히 되풀이해서 살아야 한다고 말하고 있다. 이것은 축복일까, 저주일까? 아마도 끔찍한 저주일 것이다. 분명히 그는 악마의 말에 화들짝 놀랐을 것이다. "이 지겨운 삶을 끊임없이 반복해야 한다고?" 하면서. 이는 신을 기만한 죄로 커다란 바위를 산꼭대기로 밀어 올리는 일을 무수히 반복해야 하는 시시포스Sisyphus의 형벌과 다를 게 없다. 단조롭고 권태로운 삶의 무한한 반복은 끔찍한 고통이자 재앙이다. 아마 그는 이 세상에서 가장 불행한 사람일 수도 있다.

악마의 이야기는 니체의 영원회귀永遠回歸 사상을 나타낸 표현이다. 니체는 우리의 삶이 단 한 번에 그치지 않고 무한히 반복된다고 보았다.

"너의 삶 전체는 마치 모래시계처럼 되풀이하여 다시 거꾸로 세워지고 몇 번이고 되풀이될 것이다."(《니체 유고(1881년 봄~1882년 여름)》) 현재와 동일한 삶이 무한히 반복된다는 뜻이다. 니체의 주장대로라면 우리는 누구나 시시포스의 형벌을 받고 있는지도 모른다. 안 그래도 단조롭고 고통스러운 일상을 영원히 반복해야 하니 말이다. 그렇지 않은가?

니체의 주장에 삶이 허무하다고 느낄지도 모르겠다. 아무리 맛난 반찬도 계속 먹으면 질리듯이, 이미 한 번(혹은 여러 번) 살아본 삶을 계속 살아야 한다면 당연히 질릴 만도 하다. 그런데도 니체는 우리에게 또다시 묻는다. "너는 이 삶을 다시 한 번, 그리고 무수히 반복해서 다시 살기를 원하는가?"(《즐거운 학문》) 하고. 그는 왜 우리에게 비슷한 질문을 협박하듯이 하는 것일까? 단지 우리에게 삶은 단조롭고 허무하다는 사실을 일깨워주기 위함일까?

니체는 영원회귀 사상을 통해 삶의 허무함을 주장하려는 것이 아니다. 그의 사상은 그렇게 단순하지 않다. 물론 그가 주장한 영원회귀 사상을 받아들인다면 삶의 허무를 느낄 수도 있을 것이다. 하지만 한편으로는 현재 삶을 긍정할 가능성도 발견할 수 있다. 무슨 말이냐고? 고통스럽고 권태로운 삶이 무한히 반복된다는 사실은 분명히 끔찍하고 허무한 일이다. 하지만 현재 삶이 무수히 반복된다는 것을 전제한다면, 우리에게 주어진 하루하루를 허투루 보내서는 안 된다. 지금 내가 보낸 하루가 무수히 반복될 것이기 때문이다. 만약 재미없고 권태롭게 보낸 하루하루가 무수히 반복된다면, 그것은 끔찍한 형벌일 것이다. 하지만 재미있고 의미 있는 하루하루가 반복된다면 어떨까? 그것은 오히려 축복일 수 있다. 결국 니체의 영원회귀는 두 가지 가능성을 동시에 내포하고 있다. 허무의 가능성과 축복의 가능성. 영원회귀 자체는 행복도 불행도 아니다. 어떤 삶이 반복되는가가 더 중요하다. 따라서 지금 내 앞에 놓여 있는 삶을 어떻게 살아내는가가 매우 중요한 문제가 된다. 그것이 계속 반복될 것이기 때문이다.

니체는 영원회귀를 통해 허무주의를 주장하지 않았다. 그의 주장은 현재 삶이 무수히 되풀이되더라도 그 반복을 흔쾌히 긍정할 수 있도록 '지금-여기의 삶'을 충실히 살라는 주문이다. 현재 삶을 긍정하고 정체됨 없이 내면에서 솟구치는 활동적인 생명의 힘으로 살아나가라는 명령이다. 니체는 이것을 '권력의지'라고 불렀다. 결국 우리가 삶에서 만나는 어려움이나 고통, 그리고 이것의 영원한 반복은 권력의지를 시험하는 시련인 셈이다. 영원회귀 앞에서 짓눌리지 않고 "좋다. 한 번 더!"라고 외치는 것, 어떤 고통과 시련도 회피하지 않고 삶의 일부로 받아들이는 것, 그리하여 매번 영원회귀 자체와 결전을 벌이는 것이 바로 권력의지다. 따라서 권력의지를 가지고 현재 삶을 충실하게 살아야 한다. 그것이 아무리 반복되더라도 후회가 없도록 말이다.

다시 하루하루를 재미없고 권태롭게 살아가는 오 과장에게로 눈을 돌려보자. 그는 이제 어떻게 해야 할까? 악마가 그의 귀에 대고 속삭이는 소리에 귀를 기울여야 한다. "너는 현재 살고 있고, 지금까지 살아왔던 생을 다시 한 번, 나아가 수없이 몇 번이고 되살아야 한다. 그리고 영원히……." 아마도 그 소리를 들었다면 오 과장은 지금처럼 지낼 수 없을 것이다. 현재와 같은 권태로운 삶이 무수히 반복되는 것은 끔찍한 재앙이기 때문이다. 오 과장이 악마의 소리를 제대로 들었다면, '존재의 수레바퀴'를 새롭게 돌리려고 노력해야 한다. 권태로운 삶을 떨쳐버리고 활동적인 생명력으로 현재 삶에 충실해야 한다. 그래서 결국에는 영원회귀 앞에서 당당히 "좋다. 한 번 더!"라고 외칠 수 있어야 한다.

정리해보자. 영원회귀를 주장하는 니체는 우리에게 "너는 이 삶을 다시 한 번, 그리고 무수히 반복해서 다시 살기를 원하는가?"라는 질문을 통해 현재 삶을 긍정하라고 주문하고 있다. 삶에서 어떠한 고통이나 시련이 닥쳐오더라도 이를 회피하지 말고 당당히 맞서서 현재를 충실히 살아야 한다. 오늘 내가 보낸 하루하루가 앞으로 영원히 반복될 것이기 때문이다. 행복한 내일을 꿈꾸는가? 그렇다면 오늘을 충실하게, 그리고 행복하게 보내야 한다. 오늘이 곧 내일이다.

5장

변화,
끝없는 변신과
진화는 강자의 전략

CHANGE

24 : 최고

나는 법을 배우려는 자는 먼저 서는 법, 걷는 법부터 배워야 한다

Q

최고를 꿈꾸는데 허드렛일만 줘서 고민이에요

학창시절부터 성적이 한 번도 상위권을 벗어난 적이 없고, 반장과 전교회장을 도맡아 해왔던 노주현 씨. 언제나 엘리트 코스만 밟아온 터라 주변 사람들의 기대와 칭찬을 한 몸에 받으며 자랐다. 그런 그가 직장생활을 시작하면서 딜레마에 빠졌다. 남들이 부러워하는 대기업의 신입사원으로 당당히 입사했는데, 정작 자신에게는 하찮은 일들만 주어졌기 때문이다. 선배가 지시한 자료를 찾아 복사하기, 회의 전에 회의실을 정리하고 준비하기, 회의가 끝나면 뒷정리하기, 심지어 상사의 잔심부름까지…… 대부분 허드렛일만 주어졌다. 하루 빨리 업무를 배워 자신도 중요한 역할을 하고 싶은데, 기대와는 달리 별로 중요하지 않은 일만 주어져서 실망이 크다.

급기야 '겨우 이 따위 일이나 하려고 지금까지 힘들게 공부했나' 하는 생각이 들면서 '혹시 내가 회사를 잘못 선택한 것은 아닐까' 하는 의구심까지 들기 시작했다. 자신의 능력이나 적성과는 무관하게 허드렛일만 주어져서 고민하고 있는 노주현 씨는 어떻게 하는 것이 좋을까?

A

"TV가 사람을 버려놓는다"는 말이 있다. TV 속 장면이 현실과는 너무 달라서 그것을 보는 사람의 현실감각을 잃게 만든다는 의미로 쓰이는 말이다. 가령 TV 드라마 속 결혼생활은 지나칠 정도로 이상적으로만 그려지는 경우가 많다. 배우자는 결혼 전과 다름 없이 멋있고, 여전히 다정다감하다. 집안에 있을 때도 항상 단정하고 깔끔한 복장을 하고 있다(무릎이 튀어나온 '추리닝'을 입고 있다든지 소파에 널브러져 TV를 보는 경우는 거의 없다). 또 경제적인 문제로 걱정하는 경우도 거의 없다[걱정은 주로 사소한(?) 집안 문제 때문에 발생한다. 예를 들면, 누가 경영권을 승계할 것인지, 아니면 아버지에게 숨겨둔 자식이 있다든지]. 식사는 어떤가. 매끼 푸짐하게 차려진 '성찬'을 즐긴다('끼니'를 때우듯이 먹는 경우는 코미디 프로에서나 볼 수 있다). 사는 곳도 마찬가지다. 고급스러운 인테리어로 치장된 넓은 신혼집은 언제나 깨끗하면서도 깔끔하게 정리정돈이 되어 있다. 의식주가 모두 '폼' 나 보인다.

하지만 현실은 이와 전혀 다른 모습이다. 결혼 후 집에서 보는 배우자의 외모는 결혼 전과는 전혀 딴판인 경우가 많다. 언제 페이스오프face-off를 했는지 의아할 정도다. 따라서 결혼 후에도 결혼 전과 같은 애정을 유지하기란 여간 어려운 게 아니다. 경제적인 어려움은 끊이질 않고, 통장 잔고는 마이너스를 벗어날 기미가 보이질 않는다. 자신이 거주하고 있는 집(대부분 전세 아니면 월세다)은 드라마에 나오는 집과는 비교가 안 된다. 일단 공간이 협소하고, 인테리어도 그다지 고급스럽지 않아서 옹색해 보인다. 나름 청소를 자주 하는데도 지저분하고 어수선해 보일 때가 많다. 그렇지 않은가? 그러니 드라마 속 신혼을 예상하고 결혼생활을 시작하면 신혼의 단꿈을 망치기 십상이다.

직장생활도 마찬가지다(드라마 〈미생〉은 예외다). 드라마 속 주인공이 회사에 취직하면 죄다 폼 나는 일만 맡는다. 주인공이 신입사원임에도 중요한 바이어를 상대로 멋지게 프레젠테이션을 해서 박수를 받거나 최고경영진 앞에서 회사의 미래전략을 보고한 후 사장님께 칭찬을 받기도 한다. 이런 멋진 장면은 현실에서도 흔히 일어나는 일일까? 전혀 그렇지 않다. 회사의 명운이 달린 중요한 일을 누가 신입사원에게 맡기겠는가. 현실에서는 절대 일어날 수 없는 일이다. 입사만 하면 드라마에서처럼 '폼 나는' 일이 주어질 것이라고 믿고 직장생활을 시작하면 얼마 지나지 않아서 실망감에 휩싸일 가능성이 농후하다.

직장인이라면 누구나 경험했을 테지만, 갓 입사한 신입사원이 처음으로 경험하는 딜레마 중 하나는 자신에게 생각보다 하찮은 일이 주어진다는 점이다. 가령, 누구나 부러워하는 은행에 당당히 들어갔다 할지라도 처음 맡겨지는 일이란 기껏해야 동전을 바꾸어주는 일이다(요즘도 그런지는 정확히 모르겠지만 예전에는 그랬다. 만약 그렇지 않더라도 또 다른 허드렛일이 주어진다). 회사의 중요한 전략을 구상하는 것으로 알려진 기획팀에 들어가도 전략은커녕 매월(또는 매주) 매출실적 취합하느라 엑셀시트로 숫자와 씨름하기 일쑤이고, 백화점이나 할인점 등의 유통업체에 취업한 친구는 하루 종일 박스를 날라야 하는 경우도 많다(업계 전문용어로 '까대기'라고 부른다).

수시로 발생하는, 별로 중요하지 않은 일은 대부분 신입사원의 몫이다. 공동으로 사용하는 생수통에 물이 떨어지면 새 것으로 갈아야 하고, 복사기에 종이가 걸리면 '맥가이버'로 변신해서 고쳐야 한다. 회식 때는 2차로 갈 노래방도 미리 예약해야 하고, 노래방에서 분위기를 띄우는 일도 신입사원의 중요한 '미션'이다. 이런 일이 대수롭지 않아 보일지 모르겠지만, 실은 누군가가 하지 않으면 전체가 불편을 겪게 되는 '꼭 필요한' 일이다(미리 노래방을 예약하지 못해 팀원 전체가 밖에서 서성인다고 생각해보라!). 하지만 그 일을 했다고 해서 공치사하기도 어렵고, 별로 눈에 띄지도 않는다. 그래서 별로 중요하지 않고 허름한, 말 그대로 '허드렛일'이다. 조직에서 허드렛일은 전공과 학벌을 배려하지 않는다. 소위 '짬밥'만 고려할 뿐이다. 따라서 짬밥이 낮은 신입사원에게 허드렛일이 주어지는 것은 전혀 이상한 일이 아니다. 암묵적인, 하지만 반드시 지켜야 할 불문율이다.

그렇다면, 별로 중요하지도 않고 남들이 알아주지도 않는 허드렛일은 자신에게 전혀 쓸모가 없는 것일까? 그렇지 않다. 니체는 신입사원에게 주어진 허드렛일도 중요한 일이며, 성장하기 위해서는 반드시 거쳐야 할 중요한 과정이라고 말한다. 니체가 왜 그렇게 주장했는지 그의 말을 통해 그 까닭을 살펴보자.

> 이것이 나의 가르침이니 언젠가 나는 법을 배우고자 하는 자는 먼저 서는 법, 걷는 법, 달리는 법, 기어오르는 법, 춤추는 법부터 배워야 한다는 것이다. 처음부터 날 수는 없는 일이다. ―《차라투스트라는 이렇게 말했다》

니체는 하늘을 날고 싶다고 해서 곧바로 나는 법을 배울 수는 없다고 주장한다. 그러려면 먼저 서는 법, 걷는 법, 달리는 법부터 배워야 한다는 것이다. 사실, 니체의 주장은 지극히 상식적인 이야기다. 서지도 못하는 자가 어떻게 걸을 수 있으며, 걷지도 못하는 자가 어떻게 달릴 수 있겠는가. 높은 수준의 무엇인가를 하려면 그 아래 단계를 모두 '마스터'해야 하는 것은 당연지사. 따라서 하늘을 날고 싶은 자는 사소해 보이겠지만 서는 법, 걷는 법부터 차근차근 배워나가야 한다. 이와 마찬가지로 직장에서도 단계를 훌쩍 뛰어넘어 처음부터 대단한 역할을 수행하는 것은 좀처럼 있을 수 없는 일이다. 대단한 일을 하고 싶다면 사소한 일부터 차근차근 단계를 밟아나가야 한다.

다시 처음으로 돌아가 보자. 허드렛일만 주어져서 고민하고 있는 신입사원 노주현 씨는 어떻게 해야 할까? 당연히 자신에게 주어진 일을 충실히 수행해야 한다. 얼핏 사소해 보이는 허드렛일조차 중요한 역할을 하기 위해 반드시 거쳐야 할 과정이기 때문이다. 지금 중요한 역할을 수행하고 있는 상사도 처음부터 그 역할을 맡은 것은 아니다. 그도 처음에는 사소한 업무부터 차근차근 해오면서 지금에 이른 것이다. 만약 그 상사도 단계를 차근차근 밟아오지 않았다면, 지금처럼 중요한 역할이 주어지지 않거나 주어지더라도 잘해내지 못할 가능성이 높다. 어쩌면 상사에게 허드렛일이란 그를 성장시킨 보약인지도 모른다.

허드렛일이 개인을 성장시킨다는 주제는 무협영화에 자주 등장하는 이야기이기도 하다. 어떤 청년이 부모의 원수를 갚기 위해 재야의 무림 고수를 찾아가 자신을 제자로 받아줄 것을 청한다. 그날 이후, 스승은 제자에게 밥 짓는 일, 나무해오는 일, 물 길어오는 일 등 허드렛일만 시킨다. 처음에는 스승의 분부대로 묵묵히 따르던 제자는 자신에게 언제 무술을 가르쳐주냐며 불만을 터뜨린다. 급기야 더 이상 참지 못하고 그곳을 뛰쳐나왔는데, 그간 해왔던 허드렛일 덕분에 자신도 모르는 사이에 무술의 고수가 되어 있었다. 알고 보니 스승이 시킨 허드렛일(밥 짓기, 나무하기, 물 길어오기 등)은 무술의 고수가 되기 위한 정규 커리큘럼이었던 셈이다.

이런 논리로 보자면, 정작 중요한 것은 자신에게 부여된 역할이 얼마나 막중한지가 아니라, 그것에 임하는 마음가짐일 것이다. 아무리 사소해 보이는 역할이라도 꺼려하지 않고, 오히려 몰입함으로써 자신을 성장시키는 기회로 삼겠다는 자세와 태도가 중요하다. 사소해 보이는 일에 몰입하는 태도는 아무에게서나 찾아볼 수 있는 삶의 자세가 아니다. 그것은 위대한 '천재'들에게서 발견되는 특징이다.

니체가 보기에 천재는 타고난 재능으로만 만들어지는 것이 아니다. 오히려 자신의 부족한 부분을 극복해나가면서 위대함을 만들어낸 사람이 천재가 되는 것이다.

> 재능에 대해서는 이야기하지 말라. (……) 그들은 부족한 자질을 일궈가면서 스스로 위대함을 획득하여 '천재'가 되었다. ―《인간적인 너무나 인간적인 I》

그에 의하면, 천재의 소양은 '타고난 재능'이 아니라, 자신의 부족한 자질을 가꾸어 위대함을 획득하려는 '부단한 노력'이 좌우한다. 결국 천재는 자신에게 주어진 환경과 조건을 탓하지 않고 그 속에서도 꾸준히 노력하여 조금씩 성장의 단계를 밟아가는 사람이다.

철학자 에밀 시오랑은 이런 말을 했다. "무엇을 기다리는 한 우리는 아무것도 배우지 못한다." 자신의 기대와는 달리 허드렛일만 주어져서 실망하고 있는 신입사원도 마찬가지다. 허드렛일이 마음에 들지 않는다고 마냥 기다려서는 곤란하다. 그런다고 해서 갑자기 중요한 역할이 주어지지 않을뿐더러 아무것도 배우지 못하기 때문이다. 중요한 것은 삶의 태도다. 자신 앞에 주어진 삶의 조건을 회피하지 않고, 오히려 몰입함으로써 성장의 기회로 삼으려는 태도가 필요하다.

직장생활을 시작하면서 자신에게 중요한 일이 주어지지 않는다고 실망할 필요가 없다. 오히려 차근차근 성장의 단계를 밟아갈 기회라고 생각하는 게 현명하다. 만약 실망해야 한다면, 주어진 삶의 조건으로부터 아무런 성장의 기회도 만들어내지 못한 자신을 실망해야 한다. 우리의 성장은 삶의 조건이 만들어내는 것이 아니다. 그것을 바라보는 개개인의 태도에 달렸다. 시인 이성복도 이런 말을 했다. "삶은 아무것도 속이지 않는다. 정직하게 시간의 칼을 휘두르며, 자기의 변화를 완성할 뿐"이라고. 최고를 꿈꾸는가? 그렇다면 현재 자신 앞에 주어진 일에 충실하고 몰입해야 한다. 이를 통해 성장의 기회로 삼아야 한다.

25 : 열등감

우리 모두는 우리 안에 숨겨진 정원과 식물을 갖고 있다

Q

잘나가는 동기 때문에 자격지심이 들 때

오 과장은 요즘 들어 부쩍 매사에 자신감이 떨어진다. 자신이 회사 일을 잘하고 있다는 확신도 없고, 상사나 후배들이 자기를 능력 있는 사람으로 인정하는지에 대해서도 의문이다. 또 요즘같이 경쟁이 심한 조직생활에서 다른 사람보다 앞서나갈 자신도 없다. 자신이 가진 역량에 대해서도, 지금껏 자기가 한 일에 대해서도 미흡하게만 느껴진다. 그렇다 보니 업무에 대한 열정도 없어지고, 미래에 대한 기대도 없다. 한마디로 삶에 대한 자신감이 떨어졌다.

오 과장도 처음부터 자신감이 없었던 것은 아니다. 오 과장이 이렇게 자신감을 잃은 데는 이유가 있다. 동기인 최강한 과장이 같은 팀으로 들어오면서부터 시작되었다. 최 과장은 동기 중에서 가장 잘나가는 친구다. 명문대 출신에 두뇌가 명석하고, 업무능력도 탁월하다. 게다가 대인관계까지 좋아서 모든 사람이 그를 좋아하고 높게 평가한다. 그런 그가 오 과장과 같은 팀에서 일하게 되면서 자연스럽게 둘은 비교가 되었다. 결국 잘나가는 동기와 비교하기 시작하면서 오 과장은 자신감을 잃고 자격지심까지 갖게 된 것이다. 자신감을 상실한 오 과장은 스스로에 대한 믿음도 미래에 대한 희망도 갖기 어려워졌다.

잘나가는 동기 때문에 자격지심을 갖게 된 오 과장은 이제 어떻게 해야 할까?

A

'엄친아'라는 말이 있다. 얼굴도 잘생기고 공부도 잘하면서 부모 말도 잘 듣는, 한마디로 모든 면에서 완벽한 '엄마 친구의 아들'을 줄여서 부르는 말이다. 당연한 일이지만, 엄친아의 존재는 다른 엄마들에게는 경탄과 부러움의 대상이 된다. 그런데 문제는 여기서 그치지 않는다는 데 있다. 엄친아를 향했던 시선은 방향을 돌려 자기 아이에게 향하게 되고, 경탄과 부러움의 감정은 시기를 넘어 어느새 자녀를 질타하기에 이른다. "친구 아들은 모든 면에서 뛰어난데, 너는 왜 이 모양 이 꼴이냐!"고 하면서.

여기서 드는 의문점 한 가지. 모든 면에서 뛰어난 '엄친아'는 정말 실체가 있는 것일까? 물론 엄마 친구의 아들이야 당연히 존재하는 실존인물이지만, 엄마가 그토록 경탄하면서까지 완벽하다고 말한 '엄마 친구의 아들'은 현실에는 존재하지 않는 인물일 수도 있다. 실제로는 그도 공부하기 싫어하며, 매사에 투정부리기 일쑤이고, 성격도 모가 나서 늘 부모 속을 태우는 아이일지도 모른다. 엄마가 입이 닳도록 칭찬하던 완벽함과는 거리가 먼, 지극히 평범한 인물일 수도 있다. 어쩌면 주변 사람들이 평범한 친구 아들을 신적 존재로 격상시켜 만든 가공인물일지도 모른다(물론, 왜 그랬는지에 대해서는 짐작이 되기도 한다).

이런 관점으로 보자면, '엄친아'는 현실 세계에서는 존재하지 않는 '이데아Idea'와 같은 존재다. 삶의 중심에 이데아가 자리 잡고 있으면 자신의 존재는 주변으로 밀려날 수밖에 없다. 주인공이 아닌 엑스트라로 전락하는 것이다. 현실 세계의 누구도 이데아와 비교해서는 열등할 수밖에 없기 때문이다. 동네에서 알아주는 '얼짱'이라도 톱스타 연예인과

견주면 평범해 보이는 것과 같은 이치다. 현실에서 엄친아가 문제가 되는 이유는 그의 존재가 평범한 사람들을 열등하게 만든다는 데 있다. 설령 '엄친아'가 가공인물일지라도 그와의 비교를 통해 누군가를 구박하는 데는 아무런 어려움이 없다(이런 용도라면 가공인물이 더 효과적일 수도 있다). 어디 자녀만 그런가. 옆집 남편도 '아친아(아들 친구 아빠)'요, 옆집 엄마도 '딸친엄(딸 친구 엄마)'이다. 따라서 자녀뿐만 아니라 대부분의 남편과 엄마는 모두 옆집 '누구'에게 못 미치는 열등한 존재가 되고 만다. 그래서 모든 '엄친○'들은 주변 사람들을 열등감에 빠뜨리는 '공공의 적'이다.

굳이 엄친아가 아니더라도 살다 보면 자신도 모르는 사이에 열등감을 느낄 때가 있다. 이것은 주로 자신보다 뛰어나다고 '여겨지는' 사람과 함께 있을 때 발생하는 감정이다. 동창회를 나갔는데 자신보다 사회적 지위가 높거나 돈을 잘 버는, 소위 말해서 '잘나가는' 동창을 만나면 어김없이 열등감의 게이지가 작동하기 시작한다. 상대가 학창시절부터 줄곧 잘나가던 친구라면 그래도 참을만한데, 만약 자기보다 별로라고 생각했던 친구가 그랬다면 거의 '열폭(열등감 폭발)' 수준이 된다. 이러한 열등감은 예외 없이 당사자를 불행에 빠뜨린다. 알랭 드 보통도 말하지 않았던가. "가장 견디기 힘든 불행은 가까운 사람의 성공"이라고.

열등감은 왜 발생하는 것일까? 열등감의 정의를 찬찬히 살펴보면 그 이유를 발견할 수 있다. 사전에서는 열등감劣等感을 '자신이 남보다 못하다고 느끼는 감정'으로 정의한다. 열등감이 생기는 이유는 바로 다른 사람과 자신을 '비교'하기 때문이다. 만약 비교 대상이 없거나 비교하는 행위를 하지 않는다면 특별히 열등감을 느낄 이유가 없다. 로빈슨 크루소처럼 무인도에서 혼자 사는 사람이라면 열등감을 느낄 일이 없다. 하지만 우리가 처한 상황은 다르다. 대부분 타인과 함께 부대끼며 살아간다. 따라서 수시로 타인과 자신을 비교하면서 감정적 동요를 겪을 수밖에 없고, 어쩌면 그게 '인생'인지도 모른다.

그렇다면 사람들은 타인과 비교하는 과정에서 우월감을 느낄 때가 많을까, 열등감을 느낄 때가 많을까? 논리적으로 생각해볼 때, 평균적인 사람이라면 우월감과 열등감을 느낄 확률은 거의 반반이다. 자신보다 열등한 사람과 우월한 사람의 수가 엇비슷하기 때문이다. 하지만 현실은 이와 다르다. 평균적인 수준의 사람이라도 우월감을 느끼는 경우는 드문 반면 열등감은 숱하게 경험한다. 왜 그런 것일까?

평균적인 사람조차 우월감보다 열등감을 더 많이 느끼는 이유는 비교 대상이 고정되어 있지 않고 매번 달라지기 때문이다. 그것도 각 분야의 최고 '능력자'만 골라서 비교한다. 가령 경제력은 사업체를 경영하는 A와 비교하고, 회사 내 직위는 동기들 중 가장 진급이 빠른 B와 비교한다. 사회적 위치는 10년간 고시공부에 매달린 끝에 판사가 된 C와 비교하고, 외모는 학창시절부터 키 크고 잘생긴 D와 비교한다. 늘 이런 식이다 보니 자신은 항상 '비교 열위'일 수밖에 없다. 특별히 잘하는 것도 없고, 잘난 것도 없다. 한마디로 자신은 그저 그런, 지극히 평범하고 별 볼일없는 사람처럼 여겨진다.

이처럼 평범한 사람들이 스스로에 대해 느끼는 생각, 다시 말해 자신이 열등한 존재라고 느끼는 것은 근거 있는 판단일까? 결론부터 말하자면, 전혀 그렇지 않다. 그런 판단은 여러 가지 요소를 골고루 비교 분석한 것이 아니라 특정한 한 가지 기준만으로 비교한 결과이며, 또한 평점을 매김에 있어서도 지극히 자의적으로 해석하여 상대방은 높이고 스스로는 낮추어서 평가한 결과일 뿐이다. 다시 말해, 특정한 면에 대해 상대방은 과대평가를, 스스로는 과소평가를 했기 때문에 자신이 열등한 존재로 생각되는 것이다.

"남의 떡이 커 보인다"는 속담도 있듯이 우리는 대체로 상대방이 가진 것을 과대평가하고, 자신이 가진 것은 폄하하는 습성이 있다. 왜 이러한 현상이 발생하는 것일까? 그것은 우리 스스로에 대한 믿음이 없기 때문이다. 또 자신이 가진 잠재력이나 미래의 가능성을 긍정하지 못하기 때문에 현재의 가치를 더욱 낮추어 해석하는 것이다. 그러니 열등감에 사로잡힐 수밖에 없다. 그렇다면 어떻게 해야 할까? 니체라면 자신이 가진 가능성을 긍정하라고 조언할 것이다.

> 우리 모두는 우리 안에 숨겨진 정원과 식물을 갖고 있다. 달리 비유하면 우리 모두는 언젠가 분출하게 될 활화산이다. 그러나 이것이 얼마나 가까운 시간에 혹은 먼 미래에 이루어질지는 아무도 모른다. 심지어 신조차도. ____《즐거운 학문》

니체는 모든 인간의 가능성을 긍정했다. 그의 말처럼 우리 모두는 "우리 안에 숨겨진 정원과 식물을 갖고" 있으며, "언젠가는 분출하게 될 활화산"이기 때문이다. 그런데 문제는 대부분의 사람들이 우리 안에 감추어진 정원과 활화산을 알지 못한다는 데 있다. 왜 그럴까? 그것은 드러나 있지 않고 숨겨져 있기 때문이다. 숨겨져 있기에 그것을 발견하지 못한 이에게는 마치 존재하지 않는 것처럼 여겨지는 것이다. 그 결과, 끊임없이 분출할 기회를 엿보던 '활화산'은 끝내 '휴화산'이 되고 만다.

그렇다면 우리는 어떻게 자신 안에 숨겨진 활화산을 발견할 수 있을까? 니체는 자신에 대한 믿음이 그것을 가능하게 만든다고 주장했다. "극히 소수의 사람만이 자신에 대한 믿음을 지닌다. (……) 이들은 자신에게 만족하지 못하는 위대한 인간들이다." 스스로에 대한 믿음을 가진 사람은 자신의 잠재력과 미래의 가능성을 긍정하게 된다. 니체의 표현처럼 자신 안에 숨겨진 활화산을 발견한 사람이다. 그는 또한 정확한 시점은 알지 못하지만 그 활화산이 언젠가는 분출하게 될 것이라는 점에 대해서도 믿어 의심치 않는다. 따라서 현재의 자신에게 만족하지 않고 화산이 분출할 수 있도록 여러 가지 시도를 한다. 그 결과, 마침내 화산은 시뻘건 불기둥을 거칠게 뿜어내며 폭발하게 된다.

이처럼 자신에 대한 믿음은 우리 안에 감추어진 잠재력의 활화산을 발견하게 돕고, 끝내 이를 분출하게 만든다. 언젠가 분출하고야 말 활화산을 속에 품고 있는 사람은, 다시 말해 자신의 잠재력과 가능성을 믿는 사람은 '잘나가는' 타인과 비교하면서 자신을 열등하게 해석하지 않는다. 언젠가 자신의 화산도 폭발할 것이기 때문이다. 결국, 미래를 긍정하는 사람은 현재를 부정적으로 해석하지 않는다. 따라서 그에게 열등감이란 찾아볼 수 없다.

니체는 《즐거운 학문》에서 우리의 삶에 대해 "가능성이라는 황금실로 짜인 베일로 덮여 있다"고 비유적으로 표현하기도 했다. 그의 말처럼 삶은 대부분 실재가 아닌 '가능성'으로 덮여 있기에 아름다움을 드러내는 순간은 매우 적을 수밖에 없다. 따라서 현실은 대부분 어두운 잿빛의 연속이고 아름다운 순간은 '찰나'에 그친다. 하지만 그 속에서도 소수의 위대한 인간은 삶이 아름다울 수 있다는 사실을 알아챈다. 이것은 그가 "가능성이라는 황금실"을 발견했기 때문에 가능한 일이다. 또한 그는 그 가능성이 현실이 된다는 점에 대해서도 확신한다. 그렇기에 그의 삶은 전체적으로 아름답게 해석된다. 결국, 삶의 아름다움은 '가능성에 대한 믿음'에서 출발한다.

정리해보자. 우리는 '엄친아'에 비해 열등한 존재일까? 그렇지 않다. 가공의 존재인 '엄친아'와 우리를 비교할 필요가 없다. 아니, 어쩌면 우리 자신이 그 누군가에게는 '엄친아'인지도 모른다. 중요한 것은 타인과 비교해서 열등감을 느끼지 않는 것이다. 그러기 위해서는 우선 자기 자신에 대한 믿음, 미래의 가능성에 대한 믿음을 가져야 한다. 니체의 말처럼 우리는 "언젠가 분출하고야 말 활화산"이기 때문이다. 지금 우리에게 필요한 것은 그 '가능성'을 현실로 만들어내는 믿음과 노력이다. 그 믿음과 노력이 우리를 덮고 있는 베일을 벗겨내고, 삶을 아름다운 황금실로 장식해줄 것이다. 니체는 자칫 열등감에 사로잡히기 쉬운 우리에게 자신이 가진 잠재력과 가능성을 믿으라고 말하면서 용기를 주고 있다. 그의 말처럼 "우리는 자신이 알고 있는 것 이상으로 훨씬 더 예술가"이기 때문이다.

26 : 변신

낙타에서 사자로, 사자에서 어린아이로 변신해야 한다

Q 업무가 바쁘다고 교육을 못 가게 하시네요!

장준호 씨는 이번에 대리로 진급했다. 회사 규정으로는 상위 직급으로 진급한 사람은 '승격자 교육'을 필수로 받아야 한다. 당연히 장 대리도 승격자교육 대상이다. 대리 승격자교육은 연수원에서 4박 5일간 진행될 예정인데, 대리 역할을 잘 수행하는 데 필요한 기획력이나 문제해결력 등을 함양할 수 있도록 커리큘럼이 짜여 있다. 평소 기획이나 문서 작성 등에 어려움을 겪었던 터라 장 대리는 이번 교육이 자신의 업무 능력을 향상시킬 수 있는 좋은 기회라고 생각했다.

그런데 문제가 생겼다. 팀장이 업무가 바쁘다는 이유를 들어 교육 입과를 내년으로 연기하라는 지시를 내렸다. 장 대리가 보기에 팀 업무가 바쁜 것은 사실이지만 그렇다고 교육을 못 갈 정도는 아니었다. 나머지 팀원들이 교육기간 동안 조금씩 대신해주면 교육을 다녀와도 크게 문제 되지는 않는다고 보았다. 그래서 팀장에게 다시 한 번 이번 교육에 참여하겠다는 의사를 밝혔는데, "팀 전체를 생각하지 않고 자기만 생각한다"는 핀잔만 들었다. 팀장은 교육보다는 업무가 우선이며, 장 대리가 교육 받으러 가 있는 동안 업무진행이 제대로 안 되면 문제가 된다고 판단했다. 장 대리는 교육을 못 가게 막는 팀장이 야속하게만 느껴졌다.

교육 입과 문제로 팀장과 갈등을 겪고 있는 장 대리는 어떻게 해야 할까?

A

"쓸데없는 짓 하지 말고 공부나 해!" 엄마가 중학생 아들에게 던진 말이다. 평소 독서를 좋아하는 아들이 기말고사가 임박했음에도 시험과 관련 없는 책을 읽고 있는 것을 보고 꾸지람을 하고 있다. 엄마가 아들을 야단치는 이유는 당연히 그를 생각해서다. 엄마가 보기에 시험을 코앞에 둔 상황이라면 시험 준비가 '쓸데없는' 독서보나 훨씬 중요한 일이다. 이러한 엄마의 생각은 타당한 것일까?

일견 당연해 보일 수도 있겠지만, 실상은 이치에 맞지 않는 판단이다. "쓸데없는 짓 하지 말고 공부나 해!"라고 말한 엄마의 주장을 찬찬히 뜯어보자. 우선, '쓸데없다'는 판단에 대해 생각해보자. 엄마는 지금 시험공부는 '쓸데 있는' 것이고, 독서는 '쓸데없는' 것으로 단정하고 있다. 그런데 무엇을 근거로 쓸 데가 있고 없음을 판단한 것일까? 아마도 눈앞에 닥친 기말고사가 그 기준일 것이다. 그렇다면 아들의 인생 전체를 기준으로 놓고 판단해도 동일한 결론이 나올까? 그렇지 않을 것이다. 인생 전체를 기준으로 생각하면 독서가 더 '쓸데 있는' 행위일 수도 있다. 결국 '쓸데없음'에 대한 엄마의 판단은 지극히 단기적이고 편협한 시각 때문에 도출된 결론에 불과하다.

다음은 '공부나 해'라고 말한 부분이다. 알다시피 '공부'란 학문이나 기술을 배우고 익히는 것을 말한다. 그렇다면 시험 준비와 독서 중 어느 것이 더 '공부'에 가까울까? 당연히 독서다. 삶의 기술을 배우고 익히는 방법으로는 '책 읽기'가 가장 효과적이다. 책은 저자의 정신을 통째로, 그리고 체계적으로 담아낸 보고이기 때문이다. 시험 성적을 높이기 위한 준비에 비할 바가 못 된다. 송나라 말기의 학자 황견黃堅이 편찬한 시문선집인 《고문진보古文眞寶》에는 "빈자인서부貧者因書富 부자인서귀富者因書貴"라는 말이 나온다. "가난한 사람은 책으로 인해 부자가 되고, 부자는 책으로 인해 귀해진다"는 뜻이다. 이 말대로라면 가난한 사람에게도 부자에게도 모두 독서가 필요하다. 최고의 인생공부가 바로 독서다. 결국 독서를 하고 있는 아들에게 쓸데없는 짓 하지 말고 공부나 하라며 잔소리를 늘어놓는 엄마는 진정한 공부의 의미를 모르고 있는 셈이다.

여기서 우리는 자식이 부모의 요구에 무조건 따르기만 해서는 현명한 선택이 아닐 수도 있음을 발견하게 된다. "아니, 자식이 부모 말을 따르지 않으면, 누구 말을 따라야 하는가?" 하고 반론을 펴고 싶은 마음이 들지도 모르겠다. 물론 대부분의 경우, 부모의 뜻을 따라야겠지만 모든 상황에서 '무조건' 그래야 하는 것은 아니다. 앞선 예에서처럼 때로는 부모의 생각이 옳지 않을 수도 있기 때문이다.

상식적인 말이지만, 모든 것을 타인의 뜻에 따라 살아가는 태도를 바람직한 삶이라고 말하기 힘들다(비록 부모라 할지라도). 타인의 기대대로만 살다 보면 자기가 진정으로 바라는 삶을 살기 어렵기 때문이다. 부모 뜻대로만 사는 '마마보이'가 자신만의 삶을 개척하기 힘든 것과 같은 이치다. 그렇다면 부모 뜻에 '거스르는' 삶을 살아야 할까? 이 또한, 'Yes'라고 대답하기 어렵다. 그럼 어떻게 해야 할까? 이 대목에서 우리는 니체의 도움을 받을 필요가 있다. 니체는 《차라투스트라는 이렇게 말했다》에서 끊임없이 변신해야 한다고 힘주어 말했다. 왜 그런 주장을 펼치는 것일까? 우선 그의 말을 들어보자.

나 이제 너희에게 정신의 세 가지 변화에 대해 이야기하련다. 정신이 어떻게 낙타가 되고, 낙타가 사자가 되며, 사자가 마침내 어린아이가 되는가를. (……) 공경하고 두려워하는 마음을 지닌 억센 정신, 짐깨나 지는 정신에게는 무거운 짐이 허다하다. 정신의 강인함은 무거운 짐을, 그것도 더없이 무거운 짐을 지고자 한다. 무엇이 무겁단 말인가? 짐깨나 지는 정신은 그렇게 묻고는 낙타처럼 무릎을 꿇고 짐이 가득 실리기를 바란다. ―《차라투스트라는 이렇게 말했다》

니체는 사람들에게 세 가지 변신을 요구한다. 낙타에서 사자로, 사자에서 어린아이로 변해가야 한다는 것이다. 그의 주저인《차라투스트라는 이렇게 말했다》는 상징과 비유의 표현이 많아 니체의 주장을 제대로 이해하는 데 어려움이 있다. 당연히 그가 비유적으로 사용하고 있는 낙타, 사자, 어린아이는 각각 해석이 필요하다. 먼저, '낙타'는 무엇을 의미하는 것일까? 낙타는 무거운 짐을 진 채 꿋꿋하게 걷는 사람을 말한다. 그렇게 하기 위해서는 강인하고 인내심 많은 정신이 필요하다. 그러한 정신은 더 무거운 짐을 지고자 한다.

니체는 인간 중에 낙타 같은 정신의 소유자가 많다고 보았다. 강한 인내심으로 기꺼이 자신의 어깨에 무거운 짐을 짊어지려는 사람이 많다는 뜻이다. 자식을 위해 기꺼이 자신을 희생하는 부모가 대표적인 예다. 자신의 건강이나 행복은 뒤로한 채 자식에게 헌신하는 부모의 모습은 낙타에 비유할 만하다. 낙타는 아무리 무거운 짐이라도 견뎌낸다.

강인한 정신은 "무엇이 무겁단 말인가?" 하면서 더 무거운 짐도 마다하지 않는다. 결국 낙타는 자신에게 주어진 짐을 숙명처럼 여기고 묵묵히 복종하는 자를 뜻한다. 복종만 하기에 낙타에게는 자유나 창조가 없다. 오로지 묵묵히 따를 뿐이다. 그런데 외롭기 짝이 없는 사막에서 두 번째 변화가 일어난다. 낙타가 사자로 변신하는 것이다.

> 새로운 가치의 창조. 사자라도 아직은 그것을 해내지 못한다. 그러나 새로운 창조를 위한 자유의 쟁취. 사자의 힘은 그것을 해낸다. 형제들이여, 자유를 쟁취하고 의무에 대해서조차 경건하게 '아니오'라고 말할 수 있기 위해서는 사자가 필요하다. ―《차라투스트라는 이렇게 말했다》

사자는 '자유정신'을 의미한다. 사자는 낙타처럼 묵묵히 의무를 견디는 자가 아니다. 사자는 자유를 획득하려는 자다. 자유를 쟁취하여 자신이 사막의 주인이 되고자 한다. 이를 위해 사자는 마지막 주인인 용을 찾아가 일전을 벌인다. 용은 "너는 마땅히 해야 한다"며 명령을 내리는 자다. 사자의 정신은 용의 명령에 맞서 '나는 하고자 한다'는 의지와 욕망을 내세운다. 사자는 결국 용과 싸워 승리함으로써 자유의지의 주인이 된다. 여기서 용은 기존의 관습, 진리, 도덕, 가치체계 등 우리가 '당연히 따라야 한다고 여기는 의무'를 뜻한다. 사자는 이러한 의무 앞에서도 서슴지 않고 '아니오'라고 말한다.

결국 사자는 의무와 싸워 이김으로써 자유를 쟁취하는 자다. 낙타가 의무감에 사로잡힌 노예라면 사자는 자유정신과 의지를 가진 주인이다. 그렇다고 해서 사자가 새로운 것을 창조하는 수준까지 나아간 것은 아니다. '새로운 가치의 창조'는 사자도 이루지 못한 일이다. 차라투스트라는 사자가 자유의 투사일 수는 있으나 창조자일 수는 없다고 말한다. 사자에게는 또 한 번의 변신이 필요하다.

> 어린아이는 순진무구요 망각이며, 새로운 시작, 놀이, 제 힘으로 돌아가는 바퀴이며 최초의 운동이자 거룩한 긍정이다. 그렇다. 형제들이여, 창조의 놀이를 위해서는 거룩한 긍정이 필요하다. 정신은 이제 자신의 의지를 의욕하며, 세계를 상실한 자는 자신의 세계를 획득한다. ___《차라투스트라는 이렇게 말했다》

니체는 놀이에 몰두하는 어린아이의 모습에서 창조자의 이미지를 발견했다. 어린아이는 순진무구와 긍정, 새로운 시작의 상징이다. 창조를 하려면 어린아이가 되어 놀이를 즐겨야 하는데, 이를 위해서는 거룩한 긍정이 필요하다. 결국 창조는 놀이를 즐기듯 자기 힘으로 돌아갈 때 가능한 법이다. 타의에 의해 하는 활동(이것은 놀이와는 대비되는 '노동'이다), 의무감 때문에 어쩔 수 없이 해야 하는 일에서는 창조의 샘이 솟아나지 못한다. 놀이를 긍정하고 스스로의 힘으로 돌아가는 바퀴 같은 어린아이의 정신은 자신의 욕망과 의욕을 의지함으로써 새로운 가치의 창조를 가능케 한다. 이를 통해 자신의 세계를 획득하게 된다. 결국 자신이 원하는 삶을 살기 위해서는 어린아이의 정신을 회복해야 한다. 니체는 우리에게 낙타에서 사자로, 사자에서 어린아이로의 변신을 통해 새로운 것을 창조하는 자신만의 삶을 획득하라고 주문하고 있다.

이제 교육 입과 문제로 팀장과 갈등을 겪고 있는 장 대리의 이야기로 돌아가 보자. 팀장이 교육 참가를 반대하는 상황에서 장 대리는 어떻게 해야 할까? 단순하게 보면, 장 대리 앞에는 두 가지 선택이 놓여 있다. 팀장의 뜻에 따르는 것과 팀장의 요구를 거부한 채 교육 입과를 감행하는 일. 먼저 팀장의 뜻에 따르기로 했다고 치자. 이렇게 되면 장 대리는 자신이 원하던 교육을 받을 수 없다. 이것은 최선의 선택일까? 교육을 포기함으로써 팀장과의 갈등은 사라질 것이다. 하지만 원하던 교육을 미룬 것에 대한 후회는 남을 것이다. 니체라면 이런 선택을 한 장 대리를 두고 '낙타'라 부를 것이다. 자유를 포기하고 복종하기로 선택했기 때문이다. 물론 상황이 예외적인 것이어서 이번 한 번만 그랬다면 그다지 문제 삼을 필요는 없을 것이다. 하지만 일상적인 상황이라면? 다시 말해, 늘 업무가 바쁘다면 그는 아마 내년에도 교육을 연기해야 할지 모른다(아마 그럴 가능성이 매우 크다. 경험적으로 보자면, 업무가 갑자기 한가해지는 상황은 좀처럼 없다). 팀장의 지시를 따르기로 선택한 장 대리는 그로 인해 팀장과의 갈등은 해소되었겠지만 자신이 원하는 삶을 살기는 힘들어졌다.

니체라면 장 대리에게 어려움이 있더라도 자신이 원하는 교육에 참가하라고 말할 것이다. 즉 낙타가 되지 말고 '사자'로 변신하라는 조언이다. 사자가 되어 팀장에게 맞서 자유를 쟁취하라고 충고할 것이다.

사자는 '하고자 하는' 의지와 욕망으로 자신의 자유를 가로막는 '용'과 싸우는 존재다. 장 대리에게는 교육 참가를 가로막는 팀장이 '용'인 셈이다. 사자가 된 장 대리는 용(팀장)과 싸워 이김으로써 자유를 쟁취하고, 삶의 주인이 되어야 한다.

팀장에게 복종하지 말고 싸워 이기라는 니체에 대해 우리는 자칫 부정적인 인상을 갖기 쉽다(이런 면 때문에 니체에게는 '전복의 철학자'라는 호칭이 따라 다닌다). 하지만 이러한 인상은 니체의 진면목을 제대로 이해하지 못해 가지는 이미지에 가깝다. 니체는 상사와의 관계를 투쟁 일변도로만 전개하라고 주장하지 않았다. 그가 "복종하지 말고 싸워서 자유를 쟁취하라"는 주장을 통해 강조하고 싶었던 요지는 다른 데 있다. 그것은 바로 타인의 뜻대로만 살게 될 경우, 자신이 원하는 삶을 외면하게 된다는 것이다. 만약 그런 상황과 마주친다면, 순응하지 말고 투쟁하여 자유를 쟁취해야 한다는 것이다. 비록 그 상대가 상사라 할지라도.

좋다. 자유를 위해 팀장과 싸워 이겼다고 치자. 그래서 자신이 원하던 교육에 참가했다고 하자. 그럼에도 장 대리의 마음 한켠에는 찜찜한 구석이 남는다. 그것은 투쟁을 선택함으로써 생긴 팀장과의 불편한 관계다. 그에게는 현실적 문제가 남아 있다. 조직생활에 대한 경험이 조금이라도 있는 사람이라면 쉽게 느끼겠지만, 팀장과 싸워 자유를 쟁취한 장 대리의 직장생활이 심히 걱정스럽다. 어떻게 해야 할까? 장 대리에게 투쟁하라고 조언했던 니체는 한 가지를 더 요구할 것이다. 또 한 번의 변신이 필요하다고. 어떻게? 바로 '어린아이'로의 변신이다.

장 대리가 '사자'로 변신한 후 팀장과 맞서 자유를 쟁취한 것만으로는 문제가 완전히 해결된 것이 아니다. 팀장과의 불편한 관계를 해소하기 위해서는 또 한 번의 변화가 필요하다. '어린아이'가 되어 새로운 가치를 만들어내야 한다. 교육 참가 이후 이전과는 다른 업무의 질적 변화를 보여주어야 한다. 자기 뜻대로 교육을 다녀온 이후에 업무능력이 향상되었다면, 그래서 조직성과에 더 크게 기여한다면 팀장과의 불편한 관계도 조금씩 나아질 것이다. 결국 교육을 통해 자신의 업무 역량을 높임으로써 새로운 가치를 창조하는 것만이 팀장과의 관계를 회복할 수 있는 유일한 방법이다.

정리해보자. 니체는 현대를 살아가는 우리에게 어떻게 하면 자신이 원하는 삶을 살 수 있을지에 대한 소중한 통찰을 제공한다. 그것은 타인의 기대나 의무감에 얽매여 살 경우, 자신이 원하는 삶을 살기 어렵다는 깨달음이다. 진정으로 자신만의 삶을 위해서는 '낙타'에서 '사자'로, 또 사자에서 '어린아이'로 끊임없이 스스로를 변화시켜나가야 한다. 사실 장 대리가 교육에 참여하려는 이유도 팀장에게서 벗어나기 위함이 아니라 자신의 능력을 향상시키려는 목적이었음을 상기해보자. 따라서 자신의 본래 목적대로 교육을 통해 새로운 가치를 창조해야 한다.

니체가 차라투스트라의 목소리를 빌려 우리에게 '세 단계의 변화'를 강조하는 이유는 무엇일까? 그것은 우리가 타인의 기대나 의무감으로 짐 지워져 자칫 낙타처럼 살아가고 있기 때문은 아닐까? 니체는 지금 우리 모두에게 묻는다. 혹시 지금 낙타처럼 힘겹게 살아가고 있지는 않는가? 자신에게 한번 물어보자. 나는 지금 어떤 모습으로 삶을 살아가고 있는가? 낙타인가, 사자인가, 아니면 어린아이인가?

27 : 변화

허물을 벗을 수 없는 뱀은 파멸한다

Q 굳이 변해야 할 필요가 있는지 의문이 들어요!

나억만 부장은 요즘 고민이 생겼다. 그의 회사는 백화점과 할인점 등 오프라인 매장을 중심으로 사업을 하는 유통회사다. 높은 인지도와 전국의 요지에 자리 잡은 매장 덕분에 매출은 항상 1~2위를 다툴 정도로 탄탄한 시장지위를 가지고 있었는데, 최근 들어 매출 실적이 둔화되는 추세다. 그 이유는 인터넷과 스마트폰 증가에 따른 온라인 유통이 급격하게 성장했기 때문이다. 이런 상황에서 나 부장의 회사도 온라인 유통 사업에 새롭게 진출하기로 결정하였다. 그 과정에서 경영진은 누구에게 신규 사업을 맡길지 고민하던 중 나 부장에게도 의견 타진을 해왔다.

이에 따라 나 부장은 고민이 깊어졌다. 시장 상황으로만 본다면 온라인 채널에 뛰어들어야 하는 것이 맞는다고 생각한다. 또, 신규 사업을 성공적으로 정착시킨다면 나 부장도 새로운 경쟁력을 갖추는 계기가 되고, 능력을 인정받아 임원으로 승진할 수 있다. 하지만 위협요소도 많다. 새롭게 진출하려는 온라인 유통도 이미 경쟁이 심해져 시장 매력도가 예전만 못한 데다 온라인 유통 사업을 추진할 만큼의 핵심역량이 갖춰지지 않은 상황이다. 따라서 신규 사업의 성공을 장담할 수 없는 상황이다. 만약 신규 사업이 계획대로 진행되지 못할 경우 책임지고 옷을 벗어야 할 수도 있다. 결국 나 부장에게 신규 사업은 양날의 칼인 셈이다. 성공의 기회가 될 수도 있고, 직장을 잃을 수도 있다.

나 부장은 직장생활도 얼마 남지 않은 상황에서 괜히 변화를 추구하다가 곤란한 일을 겪기보다 지금까지 익숙하게 해왔던 일을 계속하는 편이 안전하지 않을까 하는 생각도 들었다. 새로운 사업을 맡아 변화를 꾀할지 말지를 고민하는 나 부장은 어떻게 하는 것이 좋을까?

A '환골탈태換骨奪胎'라는 말이 있다. '뼈를 바꾸고 태를 빼낸다'는 뜻인데, 몸과 얼굴이 몰라볼 만큼 좋게 변해서 딴 사람처럼 된다는 의미다. 무협영화의 주인공은 환골탈태하는 경우가 많다. 처음에는 지극히 평범한 사람이었는데, 우연한 계기로 기연奇緣을 얻어 완전히 딴 사람이 되어 나타나 나쁜 놈들을 무찌른다. 원래부터 대단했넌 주인공이 적을 무찌르는 것보다 평범했던 사람이 멋있게 변신한 후 활약을 펼치는 편이 아무래도 더 감동적이기 마련이다. 왜냐하면 누구에게나 지금의 모습보다 멋있어지거나 더 나아지려는 환골탈태의 욕구가 내재되어 있기 때문이다.

해마다 경험하듯이 새해가 되면 한 해 동안 이루고 싶은 소망과 목표를 정하고, 그것을 이루기 위한 계획을 세운다. 거창하게 말하자면, '환골탈태를 위한 실행 계획'쯤 되겠다. 개인별 목표가 달라 실행 계획도 사람마다 차이가 있겠지만, 누구에게나 빠지지 않는 단골 메뉴가 있다. 바로 독서 계획이다(그래서 해마다 1월이 되면 다른 때보다 서점 매출이 많고, 도서관의 대출도서가 늘어난다). 모름지기 책 속에 길이 있고, 책을 읽어야 성공한다는 이야기를 귀가 닳도록 들어서 매년 새해 계획에도 어김없이 독서 관련 계획은 등장한다. 만약 계획대로만 실행한다면 머지않아 멋지게 바뀐 자신의 모습을 확인할 수 있을 것이다. 이처럼 신년에 세우는 새해 계획에는 '올해는 기필코 환골탈태해서 멋지게 변신하리라'는 야무진 욕망이 숨겨져 있다.

그렇다면 사람들은 자신의 생각처럼 새해 계획을 실천해서 환골탈태할까? 불행히도 대부분 실패하고 만다. 작심삼일作心三日이라는 말이 있듯이, 대부분은 며칠 못 가서 원래의 모습으로 되돌아간다. 왜 그럴까? 환골탈태하는 것이 말처럼 쉽지 않기 때문이다. 생각해보라! 뼈를 바꾸고 태胎(배 속의 아기를 뜻함)를 빼내는 것이 얼마나 힘들지(요즘에는 외형적으로 환골탈태를 시도하는 사람은 많아졌다. 흔히, 양악수술이라고 불리는 시술법이 바로 환골탈태의 방법, 즉 뼈를 바꾸는 시술법이다. 물론, 엄청난 고통을 동반해서 아무나 시도하지 못한다. 독종들만 가능한 변신술이다). 그래서 몇 번 시도해보다가 대부분 포기하고 만다. 독서 계획도 마찬가지다. 의욕적으로 계획은 세우지만 제대로 실천하는 경우는 드물다. 따라서 독서 계획은 해마다 반복되고, 읽어야 할 도서목록 또한 거의 변함이 없다.

달리 한번 생각해보자. 우리는 '반드시' 환골탈태해야만 할까? 그냥 지금처럼〔생겨난 대로(?)〕 살면 안 되는 것일까? 아니면 환골탈태까지는 아니더라도 조금씩 자신을 바꾸어나가도 되지 않을까? 급격한 변신보다는 점진적으로 개선해나가면 되는 게 아닐까? 물론이다. 꼭 뼈를 깎는 고통이 수반되는 변신을 시도할 필요는 없다. 어차피 선택은 개인의 몫이고, 인생은 자신의 것이니 말이다. 하지만 환골탈태를 포기하고 조금씩 개선하기로 선택한 사람은 반드시 감수해야 할 것이 있다. 그것은 환골탈태의 길을 벗어버림으로써 극심한 고통을 회피한 대신, 파멸의 위험을 감수해야 한다. 왜 그럴까? 우선 니체의 주장을 들어보고 나서 논의를 이어가자.

허물을 벗는다. ―허물을 벗을 수 없는 뱀은 파멸한다. 의견을 바

꾸는 것을 방해 받는 정신들도 마찬가지다. 그들은 정신이기를 그친다. ___《아침놀》

니체가 보기에 환골탈태는 반드시 필요한 일이다. 그는 "허물을 벗을 수 없는 뱀은 파멸한다"는 표현으로 변신을 회피하려는 사람을 경고하고 나섰다. 철학자의 주장이라고 해서 이 말을 비유적으로만 해석할 필요는 없겠다. 그의 주장은 현실에서도 관찰 가능한 현상이기 때문이다. 익히 알고 있겠지만, 뱀이라는 동물은 성장하면서 수차례 허물을 벗는다. 몸은 계속해서 성장하지만 껍질(허물)은 자라나지 않기 때문이다. 만약 성장단계에 맞추어 제때 허물을 벗지 못하면 뱀은 죽고 만다. 허물을 벗어야만 면역력도 생기고 더욱 튼튼하게 자랄 수 있다. 뱀에게 허물을 벗는 일은 삶의 필연적 과정이자 성장의 단계이기도 하다.

인간도 마찬가지다. 뱀이 허물을 벗듯이 우리도 수많은 변신의 과정을 통해 성장해나간다. 중학생이 되면 초등학생 때의 허물을 벗어버려야 한다. 다시 말해, 초등학생의 '태態'를 더 이상 찾아볼 수 없어야 진짜 중학생으로 성장한 것이다. 마찬가지로 성인이 되면 학생 때와는 다른 껍질을 가져야 한다. 더 이상 학생 '티'가 나지 않아야 한다. 만약 성인이 되어서도 학생 시절의 생각이나 행동이 반복된다면, 정상적인 사회생활을 영위하기 힘들다. 결국, 우리가 얼마나 성장했는지는 과거의 허물을 얼마나 잘 벗어버렸는지에 달렸다. 그렇지 않으면 니체의 주장처럼 '파멸'할지도 모른다.

한편, 니체가 뱀의 비유를 통해 환골탈태하라고 주장하는 것에는 외형적 변신보다 정신적 변화에 방점이 찍혀 있음을 놓쳐서는 안 된다. "의견을 바꾸는 것을 방해 받는 정신들도 마찬가지다. 그들은 정신이기를 그친다." 그에 따르면, 정신도 제대로 성장하기 위해서는 기존 생각의 틀을 벗어던지고 새롭게 바꾸기를 주저해서는 안 된다. 만약 새로운 것을 받아들이지 못하는 정신은 그의 말처럼 "정신이기를 그치기" 때문이다. 그런 의미로 보자면 바뀌지 않는 생각, 즉 고정관념固定觀念은 더 이상 '정신'이 아니다. 요컨대 정신도 환골탈태해야 한다.

정신을 환골탈태하기 위해 가장 효과적인 방법은 무엇일까? 책을 읽어야 한다. 책은 자신의 생각에 깊이와 풍요로움을 더할 수 있는 가장 효과적인 수단이다. 그렇다면 모든 책이 정신을 환골탈태시켜줄까? 그렇지 않다. '좋은' 책만 가능하다. 이렇게 말해도 되겠다. 생각을 바꾸어주는 책, 기존에 가지고 있던 신념체계를 송두리째 바꾸어주는 책이 '좋은' 책이다. 위대한 소설가 카프카의 표현을 빌려 말하면, 좋은 책이란 "우리 내면에 얼어 있는 바다를 내려치는 도끼 같은 것이어야 한다." 자신의 생각을, 좀 더 정확히는 편견을 깨는 도끼 같은 책이 좋은 책이며 그런 책을 읽어야 정신의 환골탈태가 가능하다는 말이다.

흔히 사람들은 독서에서도 편식을 하는 경향이 있다. 대체로 사람들은 저자와 자신의 생각이 일치하거나 최소한 저자의 주장에 공감할 수 있는 책을 선호한다. 그런 책은 가치 충돌이 일어나지 않기 때문에 심적으로 불편함 없이 술술 잘 읽힌다. 하지만 이런 식의 독서는 기존에 가졌던 생각이나 관념체계를 강화시켜줄지는 모르겠지만, 지적 발전에는 별 도움이 되지 않는다. 따라서 정신의 환골탈태를 기대하기도 어렵다.

프랑스 소설가 구스타프 플로베르도 좋은 책에 대해 카프카와 비슷한 말을 남겼다. "어떤 책이 좋은 책인지를 판단하는 기준은 그 책이 당신에게 얼마나 강한 펀치를 날리는가 하는 점이다." 기존에 가졌던 생각에 펀치를 날리는, 카프카 식으로 말하면 '도끼 같은' 책이 우리의 정신을 환골탈태시키는 좋은 책이다.

이제 처음으로 돌아가 보자. 새로운 사업을 맡아 변신을 꾀해야 할지를 고민하는 나 부장은 어떻게 하는 것이 좋을까? 그의 고민은 신규 사업에 대한 불확실성 때문에 생긴 것이다. 또, 괜히 새로운 일을 벌이다가 곤란한 일(구체적으로는 신규 사업 실패로 옷을 벗는 일)이 생기지 않을까 하는 우려도 있다. 니체라면 망설이는 나 부장에게 새롭게 변신하라고 주문할 것이다. 그의 표현처럼 허물을 벗지 못한 뱀이 파멸하듯이 변신에 실패한 직장인도 멸망할 수밖에 없다. 변신을 거부하는 한 시기의 차이만 있을 뿐 멸망은 필연이다. 따라서 변신은 선택이 아니라 필수다. 삶의 매 순간마다 안전한 선택만 하게 되면 허물을 벗는 데 실패하게 되고, 이것은 삶의 실패로 이어진다. 다소 위험과 고통이 따르더라도 기꺼이 환골탈태하려는 자세가 필요하다.

소설가 앙드레 지드도 《지상의 양식》에서 비슷한 말을 남겼다. "인류는 자기의 배내옷을 귀중하게 여긴다. 그러나 그것을 벗어버리지 않고는 성장하지 못한다." 그가 보기에 대다수 사람들은 자신의 배내옷을 귀중하게 여기듯이 과거의 모습을 유지하려 애쓴다. 하지만 과거를 벗어버리지 못하면 성장도 이룰 수 없다. 또한 지드는 "스스로를 관찰하는 자는 누구든 발전을 멈춘다. '자신을 잘 알려고' 애쓰는 애벌레는 절대로 나비가 되지 못할 것이다"라고 했다. 자신의 모습, 자기가 이루어 놓은 것, 기존의 생각에 집중하는 사람에게는 더 이상 발전이 없다는 논리다. 자신의 과거를 탐구하고 그것에 집착하느라 새로운 성장의 기회를 만들지 못한다. 마치 애벌레가 자기에게 집착하면 절대로 나비가 될 수 없는 것처럼.

정리해보자. 우리는 새로운 변화를 앞두고 망설이는 경우가 있다. 하지만 자신을 변화시키기를 주저해서는 좋은 결과를 얻기 힘들다. 니체의 주장처럼 허물을 벗을 수 없는 뱀이 파멸하듯이 우리도 새롭게 변신하지 않으면 멸망할 수밖에 없다. 우리의 정신도 마찬가지다. 정신도 환골탈태의 자세로 과거의 허물을 벗어버려야 한다. 어떻게? 가장 좋은 방법은 책을 읽는 것이다. 그것도 '좋은 책'을 읽어야 한다. 어떤 것이 좋은 책일까? 우리의 정신을 바꾸어주는 책이 좋은 책이다. 기존의 신념체계를 송두리째 깨뜨려버리는 '도끼 같은' 책, 자신의 편견에 강한 펀치를 날리는 책이 좋은 책이다. 우리의 정신은 저절로 깊어지지 않는다. 지적 충격을 받아야 한다. 강한 자극이 있어야만 지적 성장을 이룰 수 있는 법이다. 정신의 환골탈태는 열린 독서에서만 가능한 일이다. 자신의 편견을 깨어주는 도끼 같은 책을 많이 읽자!

28 : 경쟁

너희는 너희에게 걸맞은 적을 찾아내어 일전을 벌여야 한다

Q

강력한 경쟁자 때문에 고민이 될 때

오상수 과장은 이번에 같은 팀에서 일하게 된 박 차장 때문에 신경이 많이 쓰인다. 박 차장은 오 과장과 입사 동기이지만 다른 동기들보다 진급이 빨랐다. 박 차장은 명문대 출신에 업무 능력이 뛰어난데다 외국어 능력까지 탁월하다. 인간성까지 좋아서 후배들도 잘 따른다. 게다가 소위 '말발'이 좋아서 중요한 순간에 돋보이는 발언을 잘한다. 가령, 중요한 회의나 공식적인 행사가 있으면 주로 앞에 나서서 발표나 프레젠테이션을 하기 때문에 많은 사람들이 그의 능력을 높게 평가한다. 그런 박 차장이 이번에 팀을 옮기면서 오 과장과 같이 일하게 되었고, 둘은 자연스럽게 비교가 되었다.

박 차장이 옮겨오기 전까지만 해도 오 과장은 팀에서 가장 돋보이는 존재였다. 중요한 업무는 대부분 오 과장에게 맡겨졌고, 후배들도 오 과장을 잘 따랐다. 한마디로 업무에서는 능력자요, 인간관계에서는 중심이었다. 하지만 박 차장이 온 후로는 상황이 달라졌다. 중요한 업무는 박 차장에게 주어지는 일이 많아졌고, 박 차장 주변으로 사람들이 몰리기 시작했다. 상황이 이렇다 보니 오 과장은 박 차장을 의식하는 일이 잦아졌고, 은근히 경쟁의식까지 느끼게 되었다. 급기야 박 차장을 피해 다른 팀으로 옮기는 것이 좋지 않을까 하는 생각도 하게 되었다.

팔방미인인 박 차장 때문에 경쟁의식을 갖게 된 오 과장은 이제 어떻게 해야 할까?

A

'라이벌rival'이라는 말이 있다. '같은 분야에서 일하면서 이기거나 앞서려고 서로 겨루는 맞수'를 뜻한다. 이 말은 강을 의미하는 영어 표현인 'river'에서 유래되었다. 내용은 이렇다. 옛날에는 대개 강을 중심으로 여러 마을이 형성되었는데, 주로 강에서 물고기를 잡아다 팔아 생계를 유지할 수밖에 없었다. 같은 강에서 물고기를 잡다 보니 마을마다 비슷한 종류의 물고기를 팔게 되었고, 고객의 입장에서는 어느 곳에서 사야 할지 고민하다가 이곳저곳 옮겨가게 되었다. 그러다 보니 자연스럽게 강을 중심으로 한 마을이 서로 경쟁 상대가 되었고, 이로 인해 '라이벌'이라는 말이 생겨났다고 한다. 결국 오늘날 경쟁자를 뜻하는 라이벌은 서로 경합을 벌였던 각축장인 '강'에서 파생되어 나온 말이다.

이와 같이 서로 좀처럼 우열을 가리기 힘든 막상막하의 경쟁 상대를 '라이벌'이라고 부른다. 라이벌은 기본적으로 서로에게 피곤한 존재다. 왜냐하면 라이벌끼리는 특별히 누가 높고 낮은지를 가리기가 어렵기 때문이다. 따라서 서로 상대방의 존재를 의식할 수밖에 없다. 또, 그로 인해 계속해서 노력을 경주해야 한다. 잠시라도 방심하면 라이벌이 자신을 앞질러갈 수도 있기 때문이다. 이처럼 라이벌의 존재는 나로 하여금 항상 노심초사하게 만들고, 한시도 편하게 내버려두지 않는다. 따라서 라이벌이 있으면 대체로 피곤해지기 마련이다.

상대가 있더라도 라이벌 관계가 아니라면 한결 수월하다. 가령, 상대를 내가 확실하게 뛰어넘었거나 반대로 상대방이 나보다 월등히 뛰어나다고 생각되면, 상대를 의식하거나 추가적인 노력을 기울일 필요가 없다. 굳이 노력하지 않더라도 현재의 관계가 역전될 일은 없기 때문이다. 따라서 몸도 마음도 편하다. 누군가를 의식한다는 것은 내가 상대를 염두에 두고 있다는 반증이다. 다시 말해, '라이벌' 관계에서만 상대를 의식한다. 상대가 나를 의식한다면, 그 또한 나를 라이벌로 생각하는 것이다. 이처럼 라이벌은 나로 하여금 그를 '의식'하게 만들고, 그는 나를 '의식'하느라 피곤하다. 따라서 라이벌은 피곤한 존재다.

그렇다면 라이벌은 불필요한 존재일까? 상대의 존재를 의식하게 만듦으로써 나를 피곤하게 만들 뿐인가? 그렇지 않다. 라이벌은 나를 피곤하게 만드는 주범이기도 하지만, 한편으로는 나를 끊임없이 긴장시키고 자극함으로써 더 높은 수준으로 성장하게 도와주는 조력자이기도 하다. 니체도 인생에서 라이벌은 반드시 필요하다고 보았다. 먼저 라이벌에 대한 그의 주장을 들어보자.

> 너희는 너희에게 걸맞은 적을 찾아내어 일전을 벌여야 한다. (……) 내가 너희에게 권하는 것은 노동이 아니라 전투다. 내가 너희에게 권하는 것은 평화가 아니라 승리다. ―《차라투스트라는 이렇게 말했다》, 〈전쟁과 전사들에 대하여〉

니체는 싸움을 찬양했다. 그는 사람들에게 '노동이 아니라 전투'를, '평화가 아니라 승리'를 권했다. 얼핏 보면 그의 주장은 매우 폭력적으로 비칠 수도 있다. 하지만 니체가 그러한 주장을 하는 데는 다 이유가 있다. 니체는 우리에게 주어진 윤리법칙이나 도덕명령을 아무런 의심

없이 수용하게 되면, 정작 행복한 삶을 살기 힘들다고 보았다.

"전혀 모순을 느끼지 않고 명령을 받아들일 경우, 사람들은 자기 자신에 대해서는 거의 기쁨을 느낄 수 없게 된다."(《아침놀》)

살다 보면 자기 앞에 놓인 현실이 부조리하다고 느껴지는 순간을 자주 경험하게 되는데, 이런 상황에서조차 싸우지 않고 받아들이기만 하면 정작 자신은 삶의 기쁨을 느낄 수 없다는 것이다. 가령, 조직에서 상사가 불합리한 지시를 내리거나 과거부터 그래왔다는 이유만으로 맹목적인 복종을 요구하는 상황에 처했다고 치자. 이때 우리는 어떻게 해야 할까? 그냥 순순히 따를 수도 있고, 불합리(부조리)에 대항해서 싸울 수도 있다. 니체는 이런 경우라면 기꺼이 전투를 벌여야 한다고 조언하였다. 부조리한 상황에서조차 싸우지 않고 순순히 받아들이기만 하면, 정작 자신은 기쁨을 느낄 수도 행복할 수도 없기 때문이다.

심지어 니체는 "싸움의 포기는 위대한 삶의 포기다"(《우상의 황혼》)라고 주장했다. 삶의 부조리에 대해 싸움을 포기하는 것은 기쁨의 포기이며, 이는 위대한 삶을 포기하는 것과 다름없다는 논리다. 니체의 관점으로 보자면 '노동'이나 '평화'는 노예의 도덕에 속한다. 이와 달리 '전투'와 '승리'는 강자의 도덕이다. 강자란 삶의 부조리에 대항해서 평화보다는 전투를 택하는 자다. 그에게 전투는 위대한 삶에 대한 노력이며, 승리는 그 노력에 대한 대가다. 이런 이유 때문에 니체는 "너희는 너희에게 걸맞은 적을 찾아내어 일전을 벌여야 한다"고 말하면서 전투를 찬양했다. 결국 위대한 삶을 위해 라이벌은 반드시 필요하다. 만약 라이벌이 없다면, 라이벌을 찾아내기라도 해야 한다. 라이벌이 없다면 더 이상 전투가 없는 것이고, 전투가 없다면 위대한 삶의 승리도 없기 때문이다. 요컨대 라이벌과의 전투를 포기하거나 회피하지 말라는 뜻이다.

라이벌이라는 존재가 나에게 주는 의미는 이중적이다. 나를 피곤하게 만듦과 동시에 나를 성장시키는 훌륭한 파트너가 되기 때문이다. 그렇다면 라이벌은 어떤 작용을 통해 나를 성장시키는 것일까? 기본적으로 나와 라이벌은 서로에게 '타자他者' 관계로 존재한다. 타자는 결코 나와 같을 수 없으며, 나에게 동화될 수 없는 존재다. 나의 대척점對蹠點에서 있기 때문이다. 타자는 언제나 나의 욕망을 무화無化시킨다. 타자는 한시도 내 뜻대로 움직여주지 않는다. 그럼에도 타자가 필요한 이유는 무엇일까? 그것은 타자가 아니면 우리 스스로의 존재를 확인할 길이 없기 때문이다.

독일 철학자 하이데거는 인간인 현 존재를 '세계-내-존재'라고 표현했다. 이는 인간의 존재방식을 표현한 말인데, 인간은 다른 사람 없이는 존재할 수 없으며, 인간의 존재방식은 언제나 타자와의 관계에서 드러난다는 뜻이다. 흔히 "나는 누구인가?"라고 물을 때, 나는 다른 무엇과도 얽힘 없이 홀로 존재하는 실체가 아니다. 나는 무수히 많은 관계망 속에 놓여 있으며, 그러한 관계 속에서만 나를 표현할 수 있다. 예컨대 나는 '누군가의 자식'이고, '누군가의 친구'이고, '누군가의 아빠(엄마)'이며, '누군가의 상사(후배)'다. 항상 '타자의 무엇'으로 존재한다. 결국 나의 존재는 언제나 타자와의 관계 속에서만 드러나고 표현될 뿐이다. 요컨대 나는 언제나 타자를 의식하며 살아가지만, 나 또한 타자에 의해 존재하는 셈이다.

그렇다면, 라이벌(맞수)로서 타자는 어떤 사람인가? 라이벌은 나를 극복하려는 힘인 동시에 나 또한 그를 극복하지 않으면 안 되는 힘이다. 라이벌은 결코 서로에게 동화될 수 없다. 그럼에도 라이벌은 필요하다. 왜냐하면 라이벌이 아니면 홀로 자신의 외부와 극한을 경험할 수 없기 때문이다. 자신을 뛰어넘으려는 라이벌의 존재를 통해 나를 넘어선 외부가 있음을 확인할 수 있다. 더 나아가 라이벌을 뛰어넘기 위해 노력하는 가운데 자신이 어디까지 성장할 수 있을지에 대한 극한을 경험하게 된다. 결국 라이벌과의 경쟁을 통해 우리는 비로소 이제까지의 내가 아닌 새로운 경계 위에 설 수 있다.

그러므로 타자로서 라이벌은 소중한 존재임과 동시에 반드시 필요한 존재다. 라이벌은 지금까지의 나에게서 벗어날 수 있게 해주는 가장 원초적이면서도 짜릿한 동력이다. 만약 라이벌이 없다면 지금의 나에게서 벗어날 필요성을 크게 느끼지 못할 것이다. 따라서 라이벌은 과거의 나에게서 벗어날 수 있는 성장동력이 된다. 또한 라이벌은 나를 끊임없이 긴장시키고 자극시킨다. 미당 서정주 시인의 표현을 빌려서 이렇게 표현할 수도 있지 않을까? "지금의 나를 키운 건 8할이 '라이벌'이었다"고. 나를 성장시킨다는 면에서 라이벌은 보약이자 영양제이다. 과거의 나에게서 벗어나게 해주고, 나를 완성시켜주는 라이벌은 분명히 필요한 존재다.

사실 위대한 성장은 대체로 라이벌이 있었기에 가능했다. 맹자孟子는 고자告子라는 라이벌을 통해 유학사에서 성현聖賢의 반열에 오를 수 있었다. 유학을 집대성한 남송의 유학자 주자朱子도 한창 학문이 무르익을 무렵 동시대의 가장 위험한 논적 육상신陸象山과의 논변을 통해 자신의 학문을 더욱 견고하게 재구성할 수 있었다. 이렇게 보면 제대로 된 라이벌끼리의 만남은 서로가 서로에게 최고의 선물이 될 수도 있다.

비록 라이벌은 나를 피곤하게 만드는 타자이지만, 다른 한편으로는 나를 구성하고 완성시키는 외부다. 따라서 높이 성장하고자 하는 사람은 라이벌이 사라지거나 무력해지길 기대해서는 안 된다. 강력한 라이벌은 오히려 축복이다. 상대가 강하면 강할수록, 전투의 상처가 깊으면 깊을수록 그만큼 자신의 능력도 커지기 때문이다. 강력한 라이벌과의 전투 과정이 나를 새롭게 발견하게 만들고, 그 과정에서 내력耐力을 증진시켜준다. 이를 통해 과거의 나와는 전혀 다른 새로운 나로 거듭날 수 있다.

이제 처음으로 돌아가 보자. 동기인 박 차장에게 경쟁의식을 느끼는 오 과장은 이제 어떻게 해야 할까? 당연히 박 차장과 일전을 치러야 한다. 평화가 아닌 전투를 벌여야 한다. 오 과장은 동기인 박 차장과 경쟁하게 된 상황을 피곤한 일로 생각하고 회피하려 해서는 안 된다. 오히려 축복이자 선물로 받아들여야 한다. 박 차장과의 라이벌 관계는 오 과장을 일시적으로 피곤하게 만들겠지만, 이를 통해 자신을 발견하고 한 단계 높이 성장할 수 있는 계기가 된다. 박 차장이 강할수록 더 좋다. 상대가 강할수록 오 과장에게는 더 좋은 성장 기회가 된다. 전투를 축복으로 승화시키고, 라이벌을 선물로 긍정할 수 있어야 한다. 이 또한 강자의 권리이자 능력이다.

EGO
EGO

6 장

자아,
삶이란 자신을 알고 사랑하고 넘어서는 것!

29 : 자기극복

인간은 극복되어야 할 그 무엇이다

Q

나도 한때는 잘나갔는데, 지금은 인생이 무상하게 느껴지네요!

오상수 과장은 요즘 들어 인생무상人生無常을 자주 느낀다. 같이 근무했던 강 대리가 이번에 과장으로 진급하면서 미국 지사로 발령을 받아 떠났기 때문이다. 미국 지사는 모두가 근무하기를 희망하는 요직要職으로, 사내에서는 임원이 되기 위해 반드시 거쳐야 할 필수 코스로 인식되고 있다. 당연히 오 과장도 간절히 바랐던 자리이기도 하다. 그런 곳을 까마득한 후배인 강 대리가 차지하게 되자 부러운 마음이 앞섰다. 또 '지금까지 나는 무엇을 하고 지냈나' 하는 자괴감이 들고 인생이 덧없게 느껴졌다.

가깝게 지낸 후배가 잘나가는 게 뭐가 문제냐고 반문할지 모르겠지만, 오 과장에게 그는 특별한 존재였다. 강 과장은 오 과장보다 다섯 살이나 어린데다가 한때 자신이 업무를 직접 가르쳤던 직속 후배였다. 아무것도 몰랐던 신입사원을 옆에서 가르쳐주고 키운 사람이 바로 오 과장이다. 그랬던 후배가 어느새 자신과 같은 직급이 되었고, 자기보다 더 잘나가는 것 같아서 기분이 묘하다. 오 과장도 한때는 능력 있고 잘나간다는 소릴 곧잘 들었다. 그런데 고참 과장이 되면서부터는 그저 그런 평범한 샐러리맨이 되어버렸다. 상황이 이렇다 보니 오 과장은 '어느새 나도 늙었구나' 하는 생각과 함께 인생의 무상함이 절로 들었다.

잘나가는 후배를 보고 '나도 한때는 잘나갔는데' 하면서 인생무상을 느끼는 오 과장은 이제 어떻게 해야 할까?

A

'설니홍조雪泥鴻爪'라는 말이 있다. 북송의 시인인 소동파의 시에 나오는 표현으로, '눈 진흙 위의 기러기 발자국'이라는 뜻이다. 즉 눈 위에 기러기 발자국이 남겨져 있더라도 눈이 녹으면 흔적도 없이 사라진다는 의미인데, 흔히 인생의 무상함을 빗대어 표현할 때 자주 쓰는 말이다. 실제로 인생을 살다 보면 삶이 덧없다고 느껴질 때가 있다. 어느새 나이를 훌쩍 먹었는데, 생각보다 이루어놓은 것도 별로 없고 모아둔 것도 많지 않다. 그러니 인생이 무상할 수밖에.

사람은 인생의 어느 시기에 무상함을 느낄까? 인생주기로 보면, 최소한 중간을 넘어서야 인생무상을 경험하게 된다. 어린이나 청년이 인생의 덧없음을 느낀다면 그것은 난센스에 가깝다. 인생무상은 삶의 주기에서 열정이 사그라지는 시기가 되어야 비로소 느낄 수 있는 감정이기 때문이다. 소설가 박완서 선생도 이렇게 말했다.

"삶에 대한 열정의 침체기를 통해 사람들이 터득할 수 있는 건 삶의 속절없음, 인생무상이 고작이다."

그녀의 말처럼 생의 한창때를 지나 쇠퇴하기 시작하면 우리는 삶이 속절없음을 느끼게 된다. 그동안 자신이 추구했던 모든 것이 덧없다는 자각에 이른 것이다. 이때가 되면, 자신에게도 마지막 순간이 멀지 않았음을 직감하게 된다. 아울러 삶에 활력을 주던 모든 욕망이 삭아서 없어지고, 열정은 온데간데없이 증발해버린다. 자신이 늙었다는 생각을 거부감 없이 수용하는 시기도 이때다. 이제 비로소 진짜 '늙은이'가 되어버린 것이다. 요컨대 인생무상은 자신이 늙었음을 인정하는 회한의 감정이다.

그렇다면 예전보다 평균수명이 늘어난 지금은 예전에 비해 인생의 무상함을 더 늦은 나이에 느끼게 될까? 물론 개인차가 있겠지만, 반드시 그렇지만은 않다. 오히려 빨라진 사람이 더 많다. 하루가 멀다하고 쏟아져 나오는 신상품으로 인해 기존 상품의 유효기간이 점점 짧아지듯이 노동력을 상품으로 하는 인간의 유효기간도 점점 짧아지고 있기 때문이다. 요즘은 최신정보와 신기술로 무장한 신세대가 기성세대의 상품가치를 갉아먹고 무너뜨린다. 변화에 보조를 맞추지 못하고 경쟁에서 뒤처진 기성세대는 유행이 지난 상품처럼 신속히 '진열대(?)'에서 사라지고 만다.

철 지난 상품이 제값을 받지 못하듯 유효기간이 끝나버린 직장인도 그 가치를 인정받기가 어렵다. 심지어 '진열대'에 남아 있는 것조차 허용되지 않는다. 한때 아무리 잘나갔던 주인공이라도 인기가 시들해지면 무대에서 내려와야 하는 것과 같은 이치다. 이제 더 이상 그가 맡을 배역이란 존재하지 않는다. 그에게는 그 흔한 엑스트라 기회조차 주어지지 않는다. 이쯤 되면 과거의 인기란 한낱 거품에 불과하다는 생각에 이르면서 인생이 허무해진다. 인생무상을 경험한 사람은 신체연령과 무관하게 쉬이 늙은이가 되고 만다. 이처럼 끝없는 변화와 치열한 경쟁에 내몰린 현대인은 과거에 비해 빨리 늙고, 조기에 인생무상을 경험하는 경우가 많다.

실제로 현대인이 겪는 조로早老 현상은 어렵지 않게 관찰할 수 있다. 요즘은 직장에서 정년까지 살아남기란 거의 불가능에 가깝다. '사오정

(45세 정년)'도 모자라 '삼팔선(38세 정년)'이라는 말이 있을 정도다. 오늘날 직장인에게 능력이란 '얼마나 잘나가는가, 또는 얼마나 높이 올라가는가'가 아니라 '얼마나 오래 버티는가'에 달렸다고 해도 과언이 아니다. 상황이 이렇다 보니 오늘날 직장에서는 기이한 현상이 벌어지기도 한다. 빨리 진급하는 것을 외려 꺼리는 현상까지 생겼다. 왜? 빨리 진급하면 빨리 나가야 하기 때문이리나. 상품진열의 원칙인 선입선출先入先出의 원리가 직장인에게도 동일하게 적용되는 셈이다. 오늘날 빠른 진급은 능력의 상징이기도 하지만, 한편으로는 남들보다 빠른 퇴직의 신호이기도 하다. 과거 직장인들이 '높이high'를 지향했다면, 오늘날 직장인들은 '길이long'를 지향한다. '높이 나는' 자보다는 '오래 버티는' 자가 능력자다. 서글프지만 현실이다.

그렇다면 직장에서 오래 버티려면(살아남으려면) 어떻게 해야 할까? 흥미로운 점은 오늘날 직장인의 지향점이 높이에서 길이로 바뀌었지만, 그것에 대한 해법은 크게 달라지지 않았다는 사실이다. 직장에서 오래 버티려면 '높이 날아야' 한다(임원의 평균 나이가 관리자 평균보다 높다는 사실을 생각해보라). 높이 날지 못하는 자는 금방 다른 사람에게 추월당하고 만다. 한번 추월당한 자에게는 만회할 기회가 거의 주어지지 않는다. 곧이어 경기장에서조차 추방되어버리기 때문이다. 오늘날 직장은 이렇듯 야박한 싸움터다. 패자에게는 추호의 온정도 베풀어지지 않는다. 따라서 '멀리 그리고 길게' 가려면 '높이' 날아야 한다. 높이 날기 위해서는 어떻게 해야 할까?

이 대목에서 우리는 니체의 도움을 받을 필요가 있겠다. 니체는 높이 날려면 먼저 자신을 극복해야 한다고 가르쳤다. 그의 '말씀'을 경청해 보자.

> 나는 그대들에게 초인을 가르친다. 인간은 극복되어야 할 그 무엇이다. 그대들은 인간을 극복하기 위하여 무엇을 했는가? 지금까지 존재해온 모든 것들은 그들 이상의 것을 창조해왔다. 그런데도 그대들은 이 거대한 밀물을 맞이하여 썰물이 되기를 원하며 인간을 극복하기보다는 오히려 동물로 되돌아가려 하는가? (……) 그대들은 벌레에서 시작하여 인간이 되는 길을 걸어왔으나, 아직도 그대들은 많은 점에서 벌레다. 그대들은 예전에는 원숭이였고, 지금도 인간은 어떤 원숭이보다 더한 원숭이다. _《차라투스트라는 이렇게 말했다》

'오래 버티기'에 대한 니체의 가르침은 '자기극복'이다. 니체는 인간을 '스스로 극복되어야 할 대상'으로 보았다. 그에 따르면, 지금까지 인간은 벌레에서부터 시작해서 인간에 이르기까지 스스로를 극복하면서 새로움을 창조해온 존재다. 이러한 자기극복 과정은 언제나 현재진행형이다. 완성의 순간이 없기 때문이다. 니체가 보기에 자기극복의 관점에서 보면 대부분의 사람은 아직 동물과 다를 바 없다. 왜? 자기극복 과정을 멈추었기 때문이다. 니체는 현재 상태에 정체해 있는 인간들에게 다음과 같은 독설을 날린다. "아직도 그대들은 많은 점에서 벌레"라고. "어떤 원숭이보다 더한 원숭이"라고.

인간을 벌레나 원숭이에 비유하는 니체의 독설이 자칫 불편하게 들릴 수도 있다. 하지만 한편으로 그의 독설은 우리에게 의미 있는 관점을 제공한다. 무엇일까? 그것은 바로 '진화'에 대한 통찰이다. 그는 진화를 '끊임없는 자기극복의 과정'으로 이해했다. 어제의 내가 극복된 오늘의 나, 오늘의 내가 극복된 내일의 나가 바로 진화의 결과이기 때문이다. 얼핏 니체의 진화론은 다윈의 진화론과 유사해 보인다. 하지만 그 둘 사이에는 큰 차이가 있다.

"환경 변화에 잘 적응하는 종種이 마지막까지 살아남는다"고 주장한 다윈은 진화의 핵심을 '적응' 능력으로 보았다. 이에 반해, 니체에게 진화란 환경에 잘 적응하는 것이 아니라 보다 높은 존재로 자신을 고양시키는 것으로 사유되었다. 결국 자기극복을 통해 자기를 고양시킨 자, 스스로를 더 높은 곳으로 이끌고 간 자가 진화한 자이며, 그런 자만이 마지막까지 살아남는다는 것이다. 요컨대 니체가 주장하는 진화는 '자기극복' 능력과 관련이 있다.

한편, 다윈과 니체는 삶에 대한 해석도 달랐다. 다윈에게 삶이란 '생존과 자기보존을 위한 투쟁'이었다. 니체는 '보다 높은 곳을 향한 자기고양의 운동'으로 사유하였다. 다윈이 말한 자기보존이란 니체의 관점으로는 자기를 극복하고 성장하기 위한 기본 조건에 지나지 않았다. 생각해보면 니체의 주장에는 매우 타당한 면이 있다. 스스로에게 한번 물어보자. 내가 현재의 직장을 선택한 이유가 단지 '오래 버티기 위해서'였던가? 그렇지는 않을 것이다. 단순히 먹고살기 위해서(생존을 위해서)이거나 죽지 않기 위해(자기보존을 위해) 현재의 직장을 선택한 것은 아닐 것이다. 대부분 지금보다 나은 성장과 이를 통한 자아실현을 위해 직장을 선택했을 것이다. 잊지 말아야 할 점은 삶의 목적이 자기보존이든 자기고양이든 간에 현재의 자기를 극복해야만 진화가 가능하다는 사실이다. 그래야만 더 높이 날 수 있고, 마지막까지 살아남을 수 있다.

다시 처음의 질문으로 돌아가 보자. 잘나가는 후배 때문에 인생무상을 느끼게 된 오 과장은 어떻게 해야 할까? 이제 늙었으니 '버티기' 모드로 전환하여 힘닿는 데까지 버텨야 할까? 그렇지 않다. 니체가 주장했듯이 더 높은 곳으로 진화하기 위해 노력해야 한다. 그도 한때는 잘나갔던 시절이 있었음을 잊지 말자. 그는 왜 후배에게 추월당하는 신세가 되었을까? 어느 순간 자기극복을 멈추었기 때문이다. 만약 그가 지금껏 스스로를 잘 극복해왔다면 후배에게 추월당하는 일은 없었을지도 모른다. 지금 오 과장이 느끼는 인생무상의 감정은 자기극복을 멈춘 대가다. 따라서 오 과장은 이제부터라도 자기를 극복하기 위한 투쟁에 나서야 한다.

자기극복을 통해 진화해야 한다는 니체의 주장은 모두에게 공통으로 적용되는 사항이다. 즉 어느 누구도 예외를 두지 않았다. 그는 모든 면에서 뛰어난 초인(위버멘쉬)조차 극복되어야 한다고 주장했다.

> 최상의 인간일지라도 아직 극복되어야 할 존재인 것이다.
>
> ___《차라투스트라는 이렇게 말했다》

이 대목에서 이런 의문이 들지도 모르겠다. 가장 높은 존재가 굳이 자기극복을 할 필요가 있을까? 그는 어떻게 자기를 극복할 수 있을까? 니체의 대답은 이렇다.

> 더 이상 올라갈 사다리가 없다면 네 자신의 머리를 딛고 올라갈 줄도 알아야 한다. 달리 오를 방도가 없지 않은가?
>
> ____《차라투스트라는 이렇게 말했다》

가장 높은 존재조차 자신의 머리를 밟고 더 높이 올라야 한다는 논리다. 이처럼 니체가 말하는 자기극복은 그 어떤 예외도, 끝도 없다. 만약 어느 단계에서든 그것을 멈추는 순간, 이미 하강하고 있는 것이기 때문이다. 삶이 하강하지 않기 위해서는 끊임없이 자기를 극복해야 한다.

정리해보자. 만약 삶에서 인생의 무상함을 느낀다면 그것은 자신이 늙었다는 신호다. 극심한 변화와 경쟁에 내몰린 현대인은 과거에 비해 빨리 늙는다. 따라서 자칫 인생의 무상함을 느끼기가 쉽다. 어떻게 해야 할까? 니체의 주장처럼 '자기극복'을 통해 높은 단계로 진화해야 한다. 그것만이 자기를 더 높은 곳으로 고양시키는 길이며, 새로움을 창조하는 밑거름이 된다. 끊임없이 자기극복을 하는 사람은 인생의 무상함을 느낄 이유도 겨를도 없다.

또한 자기극복 과정에는 예외가 없다. 과거에 아무리 잘나갔던 사람이라도 자기극복을 멈추는 순간 삶이 하강하기 때문이다. 니체는 자기극복을 멈추고 과거의 영광에 안주하려는 사람들에게 다음과 같이 외쳤다.

앞으로는 어디서 왔는가가 아니라 어디로 가고 있는가 하는 것을 너희들의 명예로 삼아라. 너희 자신을 뛰어넘고자 하는 의지와 발길, 그것들을 새로운 명예로 삼아라. ―《차라투스트라는 이렇게 말했다》

이처럼 자기를 끊임없이 극복하는 자는 과거나 현재에 안주하지 않고 미래를 지향한다. 그렇기 때문에 그의 미래는 항상 오늘보다 밝을 수밖에 없다. 과거와 현재에 안주하는 한, 다시 말해 자기극복을 멈추는 한 우리에게 더 나은 미래란 없다. 아인슈타인도 이런 말을 했다.

"어제와 똑같이 살면서 다른 미래를 기대하는 것은 정신병 초기증세이다."

더 나은 미래를 원하는가? 그렇다면 끊임없이 자기를 극복해야 한다.

30 : 자기애

이웃보다 자기 자신을 먼저 사랑하라!

Q

업무가 바쁜 동료를 도와주지 못해 눈치가 보일 때

야간 대학원을 다니고 있는 장준호 대리는 요즘 학교 다니는 것이 눈치가 보인다. 갑자기 회사에서 감사를 받게 되었는데, 관련 업무가 많은 오상수 과장이 눈코 뜰 새 없이 바빠졌기 때문이다. 그래서 오 과장은 벌써 며칠째 야근을 하고 있는데, 장 대리는 학교 때문에 정시에 퇴근하고 있다. 학교만 아니라면 장 대리도 남아서 오 과장의 업무를 도왔을 텐데, 기말고사를 얼마 남겨두지 않은 때라서 학교를 빠지기도 어려운 상황이다.

이를 지켜보던 팀장이 장 대리를 불러 다음과 같은 훈계를 늘어놓았다. "요즘 감사 때문에 오 과장이 바쁜 줄 뻔히 알면서 자기만 쏙 빠져나가면 어떡해? 팀원끼리는 서로 돕고, 때로는 팀을 위해 자신을 희생할 줄도 알아야지. 그렇게 혼자만 잘 먹고 잘살겠다고 이기적으로 행동하면 되겠어?" 물론 장 대리도 오 과장을 돕고 싶지만, 시험을 앞두고 학교를 빠지는 것도 부담스럽다. 이러지도 저러지도 못한 채 장 대리는 다른 사람의 눈치만 보고 있는 실정이다.

학교 때문에 바쁜 동료를 도와주지 못해 눈치를 보고 있는 장 대리는 이제 어떻게 해야 할까?

A

노블레스 오블리주noblesse oblige. 사회 고위층 인사에게 요구되는 높은 수준의 도덕적 의무를 일컫는 말이다. 이 말은 초기 로마시대에 왕과 귀족들이 보여준 투철한 도덕의식과 솔선수범하는 공공정신에서 비롯되었다. 당시 귀족들은 공공봉사에 모범적으로 앞장섰고, 사회적 약자를 위해 기부나 헌납을 적극적으로 하였다. 그들은 사회적 약자를 위해 그러한 행위를 하는 것을 당연한 의무로 여겼다. 그래야만 사회 전체가 풍요로워지기 때문이다. 한마디로 공동체를 위해 강자가 솔선해서 약자를 사랑하고 배려해야 한다는 것이다.

흔히 사람들은 타인에게 사랑과 배려를 베푸는 것이 무엇보다 중요하고도 필요한 일이라고 생각한다. 하지만 이러한 논리가 인간이라면 누구에게나 공통으로 적용되는 보편적 기준일까? 성급하게 결론을 내리기에 앞서 다음의 경우를 생각해보자. 여섯 살과 일곱 살인 연년생 형제가 먹을 것을 두고 다투고 있다. 아이들은 서로 더 많이 먹겠다고 싸운다. 옆에서 지켜보던 엄마가 싸움을 말리면서 일곱 살짜리 형을 나무랐다. "너는 형이면서 동생에게 먹을 것 하나도 양보하지 못해?"라고. 엄마가 보기에 한 살이라도 더 먹은 형이 어린 동생에게 양보하는 것이 바람직한 일이라고 판단한 듯하다. 형제의 다툼에 대한 엄마의 중재는 합리적인가? 그렇지 않다. 아직 꼬마인 형에게 과도한 도덕관념을 요구하고 있기 때문이다. 그럼, 형은 왜 동생을 배려하지 않았을까? 그것은 그가 타인을 배려할 입장이 아니기 때문이다. 일곱 살짜리 꼬마에게 누군가를 배려하라고 기대하는 것은 아무래도 지나친 감이 없지 않다.

실제로 아이에게 그 같은 요구를 하는 경우는 흔치 않겠지만, 현실에서는 배려할 입장이 아닌 사람에게 도덕적 의무를 부과하는 경우가 종종 발생한다. 예를 들어보자. 오 헨리의 단편소설 《크리스마스 선물》에는 이런 이야기가 나온다. 가난한 부부가 크리스마스가 되자, 남편은 평소 아끼던 손목시계를 팔아서 아내에게 줄 빗을 샀는데, 아내는 긴 머리카락을 팔아서 남편을 위한 시곗줄을 샀다는 이야기다. 소설은 가진 것이 없는 가난한 부부가 상대방에게 의미 있는 선물을 주기 위해 자신이 가장 소중하게 아끼는 것을 희생했다는 훈훈한 이야기로 해석되어 진정한 선물과 사랑의 교훈처럼 읽히기도 한다. 하지만 한편으로는 지나친 도덕관념으로 분수에 맞지 않는 허세처럼 비치기도 한다.

무엇이 지나친 것일까? 크리스마스가 되면 반드시 무엇인가 선물을 주어야 한다는 생각, 자기를 희생해서라도 상대를 배려하는 것이 고귀한 행위라는 생각 등이 그렇다. 또, 가난하다면 마음의 선물만으로도 상대방에게 감사와 고마움을 전할 수 있을 것 같은데, 꼭 '물질적인' 선물을 주어야만 했을까 하는 의구심이 들기도 한다. 결과만 놓고 보면, 서로를 배려하려는 부부의 행위는 정작 상대에게 실질적인 도움도 주지 못한 채 아끼던 물건만 없앤 꼴이 되었다.

이 지점에서 우리는 누군가를 배려하는 행위에 대한 철학적 논의를 해볼 필요가 있겠다. 알다시피, 배려配慮란 누군가를 도와주거나 보살펴주려는 마음을 말한다. 이렇게 한번 물어보자. 누군가를 도와주거나 보살펴주는 행동을 모두 '배려 행위'라고 부르는 것이 타당할까? 가령, 오 헨리의 소설에 나오는 부부의 행동을 보고 '배려'라고 부를 수 있을까? 단정해서 말하기 어렵다. 앞서 말했던 '노블레스 오블리주'처럼 귀족이 사회적 약자를 돕는 행위를 '배려'라고 부르는 것에는 이견이 없을 것이다.

하지만 그 반대의 경우라면 어떨까? 사회적 약자가 귀족(강자)을 돕는 행위도 '배려'라고 부를 수 있을까? 그렇지는 않을 것이다. 약자가 강자를 돕는 행위를 배려라고 부르지 않는 이유는 그 행위의 당위와 목적이 의심되기 때문이다. 우선 그러한 행위(약자가 강자를 돕는 것)는 아무래도 합당해 보이지 않는다. '왜 굳이 그렇게 해야 했을까?' 하는 생각이 앞서면서 행위자의 목적이 의심스러울 수밖에 없다. 혹시 다른 사람이 모르는 숨겨진 의도가 있는 것은 아닐까? 만약 그렇다면, 약자가 강자를 도와주거나 보살펴주는 행위는 '배려'라고 부르기보다 '허세'라고 부르는 편이 더 타당하지 싶다.

그렇다면 약자가 약자를 돕는 행위는 어떨까? 이것은 배려일까, 허세일까? 상황에 따라 판단이 달라질 수 있겠지만, 니체라면 '허세'라고 말할 것이다. 니체는 자기보다 다른 사람을 먼저 생각하는 것을 극도로 경계하였다. 우선 그의 주장을 들어보자.

> 이웃에 대한 너희들의 사랑은 너희들 자신에 대한 좋지 못한 사랑에 불과하다. (……) 너희들은 너희 자신으로부터 도피하여 이웃에게로 달아난다. ―《차라투스트라는 이렇게 말했다》, 〈이웃 사랑에 대하여〉

"이웃을 항상 자신처럼 사랑하라. 그러나 그에 앞서 자기 자신을 사랑하는 자들이 되어야 한다! (……) 크나큰 사랑으로 사랑하고, 크나큰 경멸로 사랑하라!" (……) 신을 믿지 않는 차라투스트라는 이렇게 말한다. ___《차라투스트라는 이렇게 말했다》, 〈왜소하게 만드는 덕에 대하여〉

니체는 이웃 사랑에 앞서 자기를 먼저 사랑해야 한다고 강조했다. 그의 주장은 마치 '이웃을 사랑하지 말라'는 말로 이해되어 불편함을 주기도 한다. 그는 왜 이웃 사랑을 긍정하지 않았을까? 그것은 이웃에 대한 사랑이 "자신에게는 좋지 못한 사랑에 불과"하기 때문이다. 즉, 이웃을 사랑하느라 정작 자기에게는 나쁜 결과를 가져오기 때문이다. 자기를 희생하면서까지 타인을 배려하고 사랑하는 행위는 얼핏 고귀한 행동처럼 보이지만, 실상은 자신에 대한 좋지 못한 사랑에 불과하다.

니체는 이웃을 먼저 생각하는 태도는 소인배들이나 갖는 도덕관념이라고 보았다. "'이웃을 위해'라는 것은 소인배들의 덕일 뿐이다."(《차라투스트라는 이렇게 말했다》) 그에 의하면, 소인배나 약자가 귀족이나 강자보다 '이웃을 위한다'는 명분에 더 집착한다. 강자는 항상 자기를 먼저 생각한다. 어쩌면 그래서 강자인지도 모른다. 반면, 약자는 타인을 먼저 생각한다. 그래서 강자로 올라서지 못한다. 타인을 배려하느라 정작 자신을 배려하지 못했기 때문이다. 그렇다고 해서 니체가 사랑이나 배려 자체를 부정한 것은 아니다. 자기를 나중에 생각하는 '무조건적' 사랑이나 '맹목적' 배려를 문제 삼았을 뿐이다. 요컨대 자기에 대한 사랑이 타인보다 우선해야 한다는 것이다.

사람들은 자기를 먼저 생각하는 이를 '이기주의자'라고 폄하하는 반면, 타인을 사랑하고 배려하는 사람을 '성인군자'라며 추앙하는 경향이 있다. 하지만 이런 생각은 객관적 사실로 증명된 바가 전혀 없는 맹목적 관념에 불과하다. 한번 생각해보자. 자기를 먼저 위하는 '이기주의자'는 정말 나쁜 사람일까? 절대 그렇지 않다. 솔직하게 말해 모든 사람은 이기주의자다. 자기를 먼저 위하는 마음은 인간이라면 누구나 가지고 있는 본능이기 때문이다. 니체도 인간을 기본적으로 이기주의자로 이해했다. 우선 그의 이야기를 들어보자.

> 순수하게 이기적이지 않은 행위를 할 수 있는 존재는 불사조에 대한 이야기보다 더 터무니없는 것이다. (……) 결코 어떤 사람도 단순히 다른 사람을 위하여, 개인적인 어떤 동기도 없이 어떤 일은 한 적은 없었다. ___《인간적인 너무나 인간적인 1》

니체가 보기에 이기주의는 특별히 비난받아야 할 관념이 아니다. 모든 행동은 이기적 동기에서 출발하기 때문이다. 가령, 부모가 자식을 위하는 것도 순수하다고만 볼 수 없다. 그 안에는 개인적인 어떤 동기가 내포되어 있다고 보는 편이 옳다(자식을 잘 키웠다고 남들 앞에서 뿌듯해하거나 나중에 자식 덕을 보려는 동기 등). 귀족들은 왜 '노블레스 오블리주'를 행할까? 거기에도 이기적 동기는 존재한다. 그러한 행위가 궁극적으로 자신에게 도움이 되기 때문이다. 귀족들은 지금 상태대로 사회 체제가 유지되기 바란다. 사회적 약자를 배려하는 그들의 행동은 현재의 사회 체제를 유지하고 지속하는 데 긍정적 역할을 한다. 결국, 어느 누구도 아무런 사심 없이 타인을 배려할 수는 없다. 요컨대 순수한 배려란 없다는 말이다. 따라서 이기주의라고 비난받을 일이 아니다.

"아니, 그렇다면 사회적 약자를 배려하지 말란 말인가?" 하고 반문하고 싶을지도 모르겠다. 순수한 마음에서건 특정한 동기 때문이건 간에 강자가 약자를 배려하는 일은 별 문제가 안 된다. 문제는 도덕 감정에 사로잡혀 약자가 타인을 배려할 때다. 왜 약자가 강자를 배려하는 것이 문제가 될까? 그 이유는 타인에 대한 배려가 자신에게 나쁜 결과를 가져오기 때문이다. 니체 식으로 표현하면 타인에 대한 배려가 "자신에 대한 좋지 못한 사랑"이 되기 때문이다. 니체는 지금 자기 앞가림도 제대로 하지 못하는 약자가 타인을 먼저 배려하려는 상황을 비판하고 있는 것이다.

물론 사회 전체로 보면, 타인을 전혀 배려하지 않고 항상 자신만 위한다면 이 또한 좋은 일은 아닐 것이다. 하지만 개인 측면에서 보면, 자기를 먼저 배려하지 않는다면 타인을 배려할 수조차 없다는 사실을 잊어서는 안 된다. 생각해보라. 평소 자신을 돌보지 않는 사람이 어떻게 타인을 배려할 수 있겠는가. 이것은 태도의 문제가 아니라, 능력의 문제다. 평상시 자신을 배려하지 않으면 타인을 배려할 만큼의 능력을 갖추는 데 실패하고 만다. 따라서 타인을 배려하고 싶어도 할 수 없게 된다.

타인보다 자기를 우선적으로 생각하는 태도는 결코 나쁘거나 비도덕적인 것이 아니다. 오히려 자신을 위하지 않으면서 타인을 배려하려는 태도가 허세이며, 이는 자기기만에 불과하다. 프랑스 철학자 미셸 푸코도 말년의 한 인터뷰에서 타인보다 자신에 대한 배려가 우선한다고 강조했다.

"타인에 대한 배려가 자신에 대한 배려에 우선하도록 해서는 안 된다. 자신에 대한 배려가 도덕적으로 우선하는 것이다. 왜냐하면 타인보다는 자신이 존재론적으로 우선권이 있기 때문이다."

이제 처음으로 돌아가 보자. 학교 문제로 동료를 도와주지 못해 눈치가 보이는 장 대리는 어떻게 해야 할까? 니체라면 눈치 보지 말고 학교를 다니라고 조언할 것이다. 왜? 이웃 사랑이 자신에게는 좋지 못한 사랑이 되기 때문이다. 다시 말해, 학교를 빼먹고 동료를 돕는 행위는 정작 자신을 배려하지 않는, 자기에게는 좋지 못한 사랑이기 때문이다. 그럼에도 눈치가 보이고, 미안한 감정이 앞선다면 어떻게 해야 할까?

그러한 걱정에 대비해 니체는 《선악의 저편》에 친절하게 한 말씀 남겨두었다.

> 다른 도리가 없다. 우리는 이웃을 위한 헌신과 희생의 감정, 자기환멸의 도덕 전체를 가차 없이 해명하고 법정에 세워야 한다.

자신을 먼저 배려하느라 생겨난 미안한 마음에 대한 니체의 해법은 단호하다. 다른 도리가 없다는 입장이다. 그래서 자기환멸의 도덕 전체를 없애버리라고 주장한다. 달리 말해, 자기를 배려하느라 이웃 사랑을 실천하지 못한 것에 대해서는 불필요한 도덕 감정조차 가질 필요가 없다는 말이다.

정리해보자. 살다 보면 종종 타인을 배려해야 하는 상황에 놓이게 된다. 또, 타인을 배려하는 행동을 긍정적으로 생각하는 경향이 있다. 하지만 니체는 이웃 사랑보다는 자기를 먼저 사랑해야 한다고 주장하였다. 이웃 사랑이 자신에게는 좋지 못한 사랑이 되기 때문이다. 물론 타인과 더불어 사는 사회에서는 타인을 위하고 배려하는 마음은 필요하다. 하지만 배려는 강자가 약자에게 베푸는 행위다. 약자가 타인에게 베푸는 행위는 배려가 아니라, 허세이거나 자기기만에 가깝다. 타인을 배려하느라 정작 자신을 희생하거나 돌보지 않는다면 문제가 된다. 요컨대 언제나 이웃 사랑보다 자기 배려가 우선이다. 자신을 먼저 사랑하고 배려하는 사람만이 결국에는 타인도 배려할 수 있는 법이다.

31 : 욕망

금욕주의는 자기에게 가하는 폭행이다

Q 조직을 위해 개인적인 욕망을 버려야 할까?

신세대 사원인 노주현 씨는 요즘 들어 직장생활이 재미가 없다. 선배들이 그의 행동에 대해 사사건건 간섭하는 일이 많아졌기 때문이다. 선배들이 보기에 소위 '튀는 행동'이 많다는 것이다. 자율복장 근무제가 시행되고 있음에도 선배들 눈에는 노주현 씨의 복장이 너무 튀어 보인다고 타박한다. 회의 때도 신입사원이 너무 나대며 선배들을 무시한다고 말한다. 일을 할 때도 기존의 관행이나 전통을 무시하고 자기 멋대로 진행한다고 선배들에게 혼나는 경우가 많다.

한마디로 조직의 규율에 벗어나는 일이 많고 지나치게 개인주의적이라는 지적이다.

한번은 같은 팀의 하준식 대리가 노주현 씨를 따로 불러서 조용이 타일렀다. “직장은 집이 아니다. 다른 사람과 함께 일하는 직장에서는 개인이 하고 싶은 대로 해서는 곤란하다. 따라서 가급적 튀지 말고 하고 싶은 일이 있더라도 참고 지내야 한다.” 하 대리의 말에 노주현 씨는 ‘아니, 조직생활이 무슨 시집살이인가? 정말로 직장에서는 자신이 하고 싶은 일이 있어도 참아야 하는 것일까?’ 하는 의구심이 들었다.

직장에서는 개인적 욕망이 있더라도 억제하면서 행동해야 하는 것이 바람직한 태도일까?

A 군대를 다녀온 남자라면 누구나 한 번씩은 다시 군대에 가는 꿈을 꾼다. 지옥 같은 군대를 다시 가야 하다니 그야말로 악몽이 아닐 수 없다. 비록 꿈이지만 그런 일은 상상만으로도 소름이 돋는다. 그만큼 군대는 끔찍한 곳이다. 왜 그럴까? 군대에서는 개인의 자유가 철저하게 제한되기 때문이다. 신체적 자유는 물론이고 정신적 자유마저 구속 당해서 자기 마음대로 할 수 있는 일이 거의 없다. 이렇듯 자유가 제한되기에 군대는 종종 감옥에 비유되기도 한다. 감옥에서도 군대처럼 개인의 자유를 철저히 통제하고 제한한다. 아니, 군대보다 더 심하게 제한한다. 따라서 감옥은 군대보다 더 끔찍한 곳이다.

그렇다면 직장은 어떨까? 직장에서도 개인의 자유는 어느 정도 제한된다. 그래서 우스갯소리로 직장을 감옥에 빗대어 말하기도 한다. 아침에 출근해서 퇴근할 때까지 '감금'되어 있어야 하는 사무실은 흡사 감옥과도 같고 혹시라도 규율을 어기지는 않는지, 일하지 않고 딴짓은 하지 않는지 끊임없이 감시하는 직장 상사가 바로 교도관이다. 감옥 같은 직장에 교도관 같은 상사는 개인에게 좀처럼 자유를 허락하지 않는다. 실제로 퇴근 후 감옥 같은 직장을 벗어나게 되면 비로소 자신에게 자유가 주어졌음을 느끼게 되는 것도 바로 이런 이유 때문이다. 마치 오랜 수감생활을 마치고 자유롭게 풀려난 재소자처럼 말이다(그래서인지 대부분의 직장인은 출근할 때는 얼굴이 어두운데 퇴근할 때는 밝아진다).

알다시피 직장은 여러 사람이 모여서 공동의 목표를 달성하기 위해 함께 협력하는 곳이다. 따라서 개인의 자유보다는 조직 차원의 질서를 유지하는 것이 무엇보다 중요하다. 이를 위해 모두가 지켜야 할 규칙을 정하게 되는데, 이것이 바로 규율規律이다. 규율은 질서를 유지함으로써 조직의 효율성을 높이는 데 긍정적으로 작용한다. 하지만 한편으로는 질서 유지를 위해 개인의 자유를 제한한다. 이처럼 규율은 자유와 대척해 있다. 규율은 자유를 억압하고, 자유는 규율로부터 탈주한다. 직장 규율은 대체로 감옥이나 군대에 비해서는 느슨한 편이다. 하지만 직장마다 편차는 엄연히 존재한다. 규율이 강할수록 개인의 자유는 제한될 수밖에 없다. 따라서 규율이 엄청나게 강조되는 직장이라면 군대나 감옥과 별반 차이가 없어진다(실제로 군대보다 직장생활이 더 힘들다고 말하는 이도 적지 않다).

그러면 직장에서의 규율은 어떻게 정해질까? 누가 정하는 것일까? 흔히 사람들은 직장 규율이 합리적 절차에 따라 만들어진다고 믿지만, 그런 증거는 찾아보기 어렵다. 어느 직장에서나 규율은 존재하지만, 그 실체를 직접 확인하기는 힘들다. 대개 직장 내 규율은 성문법이라기보다 불문법에 가깝기 때문이다. 취업 규칙이나 근무 규정 등 기본적인 것만 문서 형태로 만들어져 있을 뿐 대다수 개인의 자유를 통제하는 규율은 비공식적이다. 주로 상식, 관습, 관행, 조직문화 등의 이름을 달고 암묵적으로 존재할 뿐이다. 따라서 주체에 따라 규율에 대한 해석이나 적용 범위가 다르고, 그 결과 개인의 자유를 통제하는 강도도 달라진다. 이때 최종적인 해석을 결정하는 심급審級은 부하직원이 아니라 상사에게 있다('법은 멀고 주먹은 가깝다'는 말은 직장에서 처음 만들어졌는지도 모른다).

결국 상사에 따라 규율의 적용 범위와 강도가 결정된다. 어떤 상사는 부하직원에게 어느 정도 자유를 보장하지만, 또 어떤 상사는 군대나 감옥 수준의 엄격한 규율을 요구하기도 한다. 부하직원 입장에서는 전자라면 행운인데 후자라면 악몽일 것이다. 그렇다면 직장에서는 규율을 강조하는 상사가 많을까, 개인의 자유를 보장하는 상사가 많을까? 물론 직장마다(또는 개인마다) 차이가 있겠지만, 규율을 강조하는 상사가 더 많다는 점은 부인하기 어려울 것이다. 그래서 많은 사람들에게 직장은 '끔찍한 곳'이다. '월요병'이라는 말이 왜 생겨났겠는가. 주말에 집에서 자유롭게 있다가 월요일이 되면 감옥 같은 직장에 '수감'되어야 하기 때문이다. 이런 상황이 매주 반복되다 보니 자유를 통제하는 규율을 지키는 일도 익숙해졌다. 또 직장에서만큼은 규율을 벗어나고 싶은 자유 본능을 스스로 억제하며 산다. 직장에서 일탈을 꿈꾸는 일은 무모함이요 사치다.

이 지점에서 다시 한 번 생각해보자. 직장은 정말로 개인의 자유를 포기한 채 생활해야 하는 곳일까? 자신의 욕망을 억누른 채 조직의 규율만 지키면서 살아야 할까? 결론부터 말하면, 절대 그렇지 않다. 어떤 이유에서건 인간이 자신의 욕망을 억누르며 살아가는 일은 결코 현명한 행동이 아니다. 니체는 인간의 욕망에 대해 굳건한 입장을 가졌다. 그는 금욕주의를 반대한다. 아니, 오히려 그러한 태도를 경멸한다. 먼저 그의 주장을 들어보자.

스토아주의는 자기에게 가하는 폭행이다. ―《선악의 저편》

스토아주의Stoicism는 고대 그리스 철학의 주요 학파인 스토아학파의 철학사상을 가리키는 말로, '금욕 · 절제 · 극기'가 중심 사상이다. 그들은 금욕 · 절제 · 극기의 생활태도를 통해 '정념이 없는 마음의 상태(아파테이아apatheia)'에 도달함으로써 궁극적으로 행복에 이르고자 했다. 욕망을 '추구함으로써' 행복에 도달하는 것이 아니라 금욕, 즉 욕망을 '억제함으로써' 행복에 도달할 수 있다고 믿었기 때문이다. 하지만 니체는 그들의 주장에 반론을 제기한다. 왜? 욕망을 억제하는 일은 "자기에게 가하는 폭행"이기 때문이다.

니체는 스토아주의에 기반을 둔 도덕규범에는 반감을 가진 반면, 자신의 욕망에 충실하라는 본능의 명령에는 호감을 느꼈다.

> "이것을 행하지 말라! 단념하라! 너 자신을 극복하라!"고 말하는 모든 도덕은 내게 근본적인 반감을 불러일으킨다. 반면에 아침부터 저녁까지 어떤 일을 행하고 또 행하도록 하고, 밤에도 그 일에 대해 꿈꾸게 하는 도덕, 이 일을 가능한 한 잘해내는 것 외에는 다른 아무것도 생각하지 않도록 만드는 도덕에 나는 호감을 느낀다.
>
> ___《즐거운 학문》

니체가 활동했던 시대에도 스토아학파의 중심 사상(금욕 · 절제 · 극기)이 도덕적 정언명령으로 자주 회자되었나 보다. 하지만 니체는 이처럼 개인의 욕망을 부정하는 도덕명령에 대한 반감을 숨기지 않았다. 자신의 욕망과 배치되는 도덕으로는 진정한 삶의 기쁨을 맛볼 수 없기 때문이다. 생각해보라. 자신의 욕망과 반대되는 도덕명령에서 어떻게 기쁨을 느낄 수 있겠는가. 니체는 이러한 태도를 '자기모순'이라고 표현했다. "금욕주의적 삶이란 하나의 자기모순이다."

왜 자기모순일까? 그의 주장에 따르면, 금욕주의적 삶은 "삶에 거스르는 삶"이기 때문이다. 우리가 도덕을 지키는 이유도 잘살고 행복하기 위해서다. 하지만 금욕주의는 그 자체로 삶의 본성을 거스르는 행위다. 따라서 금욕주의적 삶은 그 자체로 모순이다. 예를 들어보자. 여기 여행 중에 배가 고픈 선비가 있다. 마침 어느 마을을 지나는데, 평민들이 둘러앉아 식사를 하고 있다. 선비의 허기를 눈치 챈 평민들은 그에게 같이 식사를 하자고 권한다. 하지만 선비는 그들의 권유에 "괜찮다"며 거절했다. 아무리 배가 고파도 체통 있는 가문의 선비가 평민들과 함께 식사를 해서는 안 된다는 생각 때문이었다. 선비의 도덕관념이 사람들의 호의를 거절하게 만든 것이다. 물론 이를 절제와 금욕이 몸에 밴 선비의 도덕 정신이라며 고귀하다고 해석할 수도 있다. 하지만 그 선택으로 인해 선비로서의 체통은 지켰을지 모르겠지만, 배고픔까지 해결해주지는 못했다.

니체는 자신의 욕망에 충실한 도덕을 선호했다. 그의 말처럼 "아침부터 저녁까지 어떤 일을 행하고 또 행하도록 하고, 밤에도 그 일에 대해 꿈꾸게 하는 도덕"에 호감을 느꼈다. "이 일을 가능한 한 잘해내는 것 외에는 다른 아무것도 생각하지 않도록 만드는 도덕"에 집중했다. 좀 더 쉽게 풀어보면, 니체가 주장한 "욕망에 충실하라"는 말은 '열정이 생기고 몰입할 수 있는 일에 충실해야 한다'는 의미다.

이제 우리는 니체의 의도를 다소간 이해하게 되었다. 그가 금욕(스토아주의)보다 욕망에 충실하라고 강조한 이유는 자신의 욕망을 따를 때 자연스레 열정이 생기고 몰입이 이루어져 궁극적으로 삶의 기쁨을 맛볼 수 있기 때문이다. 본성을 거스르는 도덕은 외려 삶의 열정과 몰입을 감소시킬 뿐이다. 니체는 욕망을 포기하는 것에 대한 위험성을 다음과 같이 경고했다.

> 포기하는 자들의 위험—너무 좁은 욕망의 기호 위에 삶을 세우지 않도록 조심해야 한다. 왜냐하면 지위, 명예, 동료, 쾌락, 편안함, 예술이 가져오는 기쁨을 포기해버리면, 이렇게 포기함으로써 지혜 대신 삶에 대한 염증만 이웃으로 얻게 되었다는 사실을 깨닫는 날이 올지도 모르기 때문이다. —《인간적인 너무나 인간적인 2》

욕망을 포기하면 무엇이 위험한가? "지혜 대신 삶에 대한 염증"만 남는다. 욕망을 거스르는 도덕을 지키느라 정작 삶의 기쁨을 맛보지 못하게 되어 결국 삶에 대한 염증만 남는다는 것이다. 따라서 삶의 기쁨을 원한다면 자신의 욕망을 포기하거나 너무 적게 가져서는 안 된다. 욕망을 포기한다는 것은 오히려 삶을 위험하게 만드는 행위다. 아무리 사소한 욕망이라도 포기하지 말고 기쁨과 행복을 위해 적극적으로 추구해야 한다.

이제 처음으로 돌아가 보자. 상사(하 대리)로부터 개인적 욕망을 포기하고 조직의 규율을 지키라는 질타를 받은 노주현 씨는 이제 어떻게 해야 할까? 니체라면 절대 자신의 욕망을 포기하지 말라고 조언할 것이다. 자신의 욕망을 포기하는 것은 자기모순이자, "삶에 거스르는 삶"이기 때문이다. 욕망을 포기하는 순간, 삶의 기쁨도 날아가 버린다. 다소 어려움이 있더라도 자신의 욕망에 충실하고, 이를 통해 삶의 열정과 몰입을 위한 불씨를 살려야 한다. 그래야만 삶의 기쁨과 행복도 만들어갈 수 있는 법이다.

물론 욕망을 포기하지 않은 데 대한 위험도 없지는 않다. 상사의 조언을 무시한 것에 대한 대가가 뒤따를 수도 있다. 아마도 일시적으로 하 대리와의 사이가 나빠질 것이다. 좀 더 직설적으로 표현하면, 노주현 씨는 하 대리에게 찍힐 수도 있다. 하지만 상사와의 관계보다 더 중요한 것은 자신의 삶이다. 삶의 기쁨과 행복이 더 중요하다는 말이다. 기쁨을 만끽할 수만 있다면 어떤 대가를 치르더라도 이겨내야 한다. 당장은 어려움이 있겠지만 노주현 씨가 자신의 욕망에 충실한다면, 그래서 삶에서 열정과 몰입을 불러낼 수만 있다면 상사와의 새로운 관계를 만들어낼 수도 있을 것이다(열정과 몰입을 다하는 사람은 업무성과가 좋아져서 결국에는 상사와의 관계도 원만해질 수 있다).

정리해보자. 조직생활을 하다 보면 자신의 욕망을 억제해야 한다는 논리와 부딪히는 경우도 있다. 하지만 어떠한 경우라도 개인의 욕망을 거스르는 금욕주의를 선택하는 것은 올바른 태도가 아니다. 그것은 "자기모순"이자 "삶에 거스르는 삶"이기 때문이다. 금욕주의로는 삶의 기쁨에 이를 수 없다. 오히려 자신의 욕망에 충실한 것이 더 좋다. 욕망에 충실해야 열정과 몰입이 가능해지고, 그럴 때에만 삶의 기쁨에 이를 수 있다. 프랑스 소설가 앙드레 지드도 욕망을 긍정하라고 주문했다.

"매번 욕망 그 자체가 나를 더욱 풍요롭게 해주었느니라."

모든 금지된 욕망을 금지하라! 삶의 기쁨과 행복 그리고 풍요로움을 위해.

32 : 소유

소유가 지나치면,
소유는 주인이 되고
소유자는 노예가 된다

Q 다른 회사에서 돈을 많이 준다는데, 직장을 옮겨야 할까요?

송석원 대리는 지금 다니는 회사가 벌써 네 번째 직장이다. 명문대 출신인 송 대리는 아는 선배가 헤드헌팅 회사에 다니고 있어서 '좋은' 자리가 있으면 수시로 연락을 해온다. 물론 여기서 '좋다'는 말의 의미는 연봉을 많이 준다는 뜻이다. 그 선배와의 인연 때문에 남들보다 빈번하게 회사를 옮겨 다니게 되었다. 그 결과, 한 회사만 계속 다닌 친구들보다는 높은 연봉을 받고 있다. 연봉을 많이 주는 회사만 골라서 지원했고, 옮길 때마다 그전 직장에서보다는 연봉을 조금씩 올려 받았기 때문이다. 간혹 동창회에 가면 손쉽게 더 좋은 회사로 옮겨 다니면서 연봉까지 높여 받는 송 대리를 부러워하는 동창들도 있다.

하지만 그들이 모르는 반대급부도 있다. 자주 옮겨 다니다 보니 회사에 적응하기가 쉽지 않다. 또 업무 전문성을 쌓는 데도 어려움이 있었다. 조직에 적응할 만하면 회사를 옮기다 보니 체계적으로 업무를 배우지도 못했다. 그래서 이제는 더 이상 옮겨 다니지 말아야겠다고 마음먹었다. 그런데 얼마 전 선배로부터 아주 좋은 자리가 나왔다는 연락이 왔다. 과장 직급에 지금보다 연봉도 훨씬 높게 준다는 말과 함께. 경력관리나 업무 전문성을 쌓기 위해 더 이상 옮겨 다니지 않겠다고 결심은 했지만, 이번에는 조건이 너무 좋아서 마음이 흔들렸다. '어차피 돈을 벌려고 회사에 다니는 것이니 이번 한번만 더 옮겨볼까' 하는 생각도 들었다.

타사에서 제시한 좋은 조건 때문에 흔들리고 있는 송 대리는 어떻게 하는 것이 좋을까?

A

(1) 가정환경 (2) 직업 (3) 학력 (4) 경제력

(5) 성품 (6) 건강 (7) 외모

위 내용은 모 결혼정보회사에서 상대를 평가할 때 기본적으로 평가하는 7대 고려항목이다. 이 중에서 배우자를 선택할 때 가장 중요하게 고려하는 요소는 무엇일까? 사람마다 중요하게 생각하는 기준이 다를 거라고 생각하기 쉽지만 실상은 그렇지 않다. 결혼정보회사를 찾는 사람이라면, 대개 기준은 대동소이하다. 가장 중요한 것이 '돈'이다. 가정환경도 상대 집안의 '재력이 얼마인가'를 평가하는 것이고, 직업도 '얼마나 돈을 잘 버는지'에 대한 평가 요소이며, 학력도 돈과 밀접한 관련이 있다. 따라서 (1)번에서 (4)번까지는 표현만 다를 뿐 모두 돈과 관련된 요소라고 봐도 무방하다. 결국 돈이 가장 중요한 평가기준이다.

니체가 "신은 죽었다!"고 선언한 이래로 '돈'은 신의 자리를 대체했다. 이제 돈은 신이고 왕이고 권력이다. 오늘날 모든 부분에서 돈의 영향력은 가히 압도적이다. 앞서 보았듯이, 결혼에서도 돈이 가장 중요한 고려 요소다. 만약 상대에게 돈이 없다면 나머지 요소들은 아무리 출중해도 제대로 평가조차 받지 못한다. 가령, 성격이 아주 좋고 유머감각이 뛰어나도 그에게 돈이 없다면, 종합적으로 '꽝'이다. 경제력이 뒷받침되고 나서야 비로소 나머지 요소들도 평가 대상에 오를 수 있다. 결국 돈(경제력)이 최우선 기준이고 나머지는 부차적 요소일 뿐이다.

이뿐만이 아니다. 돈이 많으면 평가에 심각한 왜곡이 발생하기도 한다. 학교 다닐 때는 볼품없어 보였던 친구가 어른이 되어 동창회에 나

타났는데, 고급 외제차를 타고 나타났다고 치자. 사람들(특히 이성의 동창)은 그를 여전히 초라하게 볼까? 그렇지 않을 것이다. 갑자기 백마 탄 왕자처럼 보일 수도 있다. 이렇듯 고급 외제차, 그럴듯한 명함, 명품 등 '부'를 상징하는 기호 앞에서 사람들의 가치판단은 흔들리기 마련이다. 아무리 평범한 외모의 소유자라도 고급 외제차에서 내리는 모습은 왠지 모르게 멋있어 보인다. 이는 가치평가에서 심한 왜곡현상이 일어난 것인데, 정작 당사자는 그러한 사실조차 깨닫지 못한다. 이것이 바로 돈의 힘이다. 이러한 힘이 사람들로 하여금 맹목적으로 돈을 추구하도록 만드는 근거가 되기도 한다. 니체도 '돈의 힘'을 통찰했다.

> 우리에게는 더 이상 신분이 없다! 우리는 '개인'이다! 그러나 돈은 힘이고 명성이며 존엄이고 우위이며 영향력이다. 현재 돈은 한 인간이 그것을 얼마나 소유하고 있는지에 따라 그 사람에 대한 크고 작은 도덕적인 편견을 만들어낸다! 누구든 그것을 되 밑에 두려하지 않는다. ___《아침놀》

니체는 봉건사회 이후로 절대적 주종관계의 신분제도는 없어졌으나, 돈이 그 자리를 대체했다고 보았다. 따라서 그의 말처럼 "돈은 힘이고 명성이며 존엄이고 우위이며 영향력이다." 돈을 가진 자가 힘 있는 자이고, 그 사람의 명성도 대체로 그가 가진 돈에서 비롯된다. 흔히 비즈니스 관계에서 힘의 우위를 '갑을 관계'로 표현하는데, 이는 주로 누가 돈을 가지고 있느냐에 달렸다. 당연히 돈을 가진 자가 '갑'이다.

자본주의도 달리 표현하면 '자본(돈)이 주인'인 사회다. 따라서 자본주의 경제체제에서는 돈만 많으면 '슈퍼갑' 행세도 가능하다. 어떻게 이런 일이 가능할까? 그것은 돈이 가진 절대적인 힘 때문이다. 자본주의가 시작된 이래 모든 것이 교환가치로 환원되어버렸기에 이제는 돈만 있으면 뭐든지 살 수 있다. 원하는 물건이나 노동력은 물론, 심지어 사랑과 존엄 같은 비물질적인 것도 살 수 있는 것처럼 보인다.

마르크스가 말했듯이 돈은 "불가능한 일을 친숙한 일로 만들며, 자신과 모순되는 것들에게 자신과 입 맞추도록 강요"할 정도로 힘이 세졌다. 사람들은 때때로(어쩌면 자주) 자신이 싫어하는 일도 어쩔 수 없이 해야 하는 경우가 있다. 평소 같으면 마주치기조차 싫은 사람에게도 상냥한 미소를 보낸다. 왜? 돈 때문이다. 이처럼 돈은 자신과 모순되는 것들과도 입 맞추도록 강요한다. 돈만 있다면 절대 하지 않았을 일도 서슴지 않고 한다. 돈이 없으니 어쩔 수 없다. 더럽고 치사해도 방법이 없다.

한편, 돈은 자신의 힘을 '강압적으로' 사용하지 않는다는 데 더 큰 특징이 있다. 굳이 자신의 힘을 드러내지 않아도 사람들이 알아서 따른다. 시키지 않아도 자발적으로 복종한다. 니체의 주장처럼 "한 인간이 돈을 얼마나 소유하고 있는지에 따라 그 사람에 대한 크고 작은 도덕적인 편견을 만들어내기" 때문이다. 동창회에 고급 외제차를 타고 나온 친구를 예전과는 달리 멋있게 보는 것이 그런 경우다. 그는 자신을 멋있게 봐 달라고 한 적이 없다. 하지만 그가 끌고 온 고급 외제차가 사람들에게 스스로 도덕적 편견을 갖도록 만든 것이다. 물론 고급 외제차를 끌고 온 친구도 돈의 힘을 알기에 자신의 부유함을 굳이 숨기려 하지 않는다(니체는 부유함을 "되 밑에 두려 하지 않는다"고 표현했다. 여기서 '되'는 쌀을 담는 네모난 모양의 틀이다). 이것이 돈의 힘이자 영향력이다.

이처럼 돈이 절대적 힘과 영향력을 가졌기에 누구나 돈을 좇는 것은 매우 자연스러운 현상처럼 보인다. 그렇다면 우리가 돈을 추구하는 것은 지극히 당연한 일일까? 우리도 돈을 많이 가지면 자유롭고 행복해질까? 앞서 말했듯이, 돈의 힘이 엄청나기에 그것만 가지면 자유롭고 행복해질 수 있다고 생각하기 쉽다. 하지만 세상사가 그렇게 단순하지만은 않다. 니체는 돈이 주는 자유가 무한하지 않다고 주장했다.

> 소유가 소유한다—소유는 단지 어느 한계까지만 인간을 더 독립적이고 더 자유롭게 만들어줄 수 있다. 그 한계에서 한 단계만 나아가면, 소유는 주인이 되고 소유자는 노예가 된다. __《인간적인 너무나 인간적인 2》

니체는 "소유가 소유한다"는 말로 맹목적으로 돈을 소유하려는 욕망을 경계하라고 주장했다. 그에 따르면, 돈(소유)은 어느 한계까지만 우리를 더 독립적이고 더 자유롭게 만들지만, 그 경계를 넘어서면 오히려 그 관계가 역전된다고 보았다. 즉 일정 수준을 넘어서면 오히려 돈(소유)이 주인이 되고 주인은 돈의 노예가 된다고 단언했다.

예를 들어보자. '10억을 가진 남성(십억남)'이 자유로울까, 아니면 '1000억을 가진 남성(천억남)'이 자유로울까? 당연히 돈이 100배나 많은 '천억남'이 더 자유로울 것 같지만, 반드시 그렇지만은 않다. 따져보

자. '십억남' 정도만 되어도 주변 사람보다 경제적으로 여유 있는 편에 속한다. 따라서 큰 욕심만 부리지 않는다면 그는 대체로 자유롭게 살 수 있다. 쉬엄쉬엄 일하면서 레저도 즐기고 간간이 여행도 다닐 수 있다. '천억남'은 어떨까? 그도 주변 사람보다 경제적으로 여유가 있을까? 장담할 수 없다. 그의 주변 사람은 소시민이 아니라, 대체로 자신과 비슷하거나 자신보다 훨씬 부유한 재벌인 경우가 많다. 따라서 그는 자기가 가진 재산이 많지 않다고 생각할 수도 있다. 어쩌면 상대적 빈곤감에 시달리고 있을지도 모른다. 따라서 그는 지금 가진 것에 만족하지 못하고 더 많은 돈을 벌기 위해 휴식도 없이 일에만 매달릴 수도 있다. 이런 상황이라면 '천억남'은 돈의 주인이라기보다는 노예에 가깝다.

철학자 베이컨도 "돈은 최상의 하인이자, 최악의 주인이다"라고 했다. 우리가 돈과 어떤 관계를 맺는가에 따라 돈은 충직한 하인이 되어 우리를 자유롭게 만들기도 한다. 하지만 돈을 지나치게 추구한다면, 오히려 돈이 주인이 되어 우리를 노예처럼 부릴 수도 있다. 이것은 심각한 가치 전도다. 수단과 목적의 전도. 자유와 행복을 위한 수단일 뿐인 돈이 경우에 따라서는 목적이 되어 우리를 수단으로 만들어버리고, 삶을 유린할 수도 있다. 이쯤 되면 자유도 행복도 요원해지고 만다.

이제 처음으로 돌아가보자. 또다시 좋은 조건 때문에 결심이 흔들리는 송 대리는 어떻게 하는 것이 좋을까? 회사를 옮겨야 할까 말아야 할까? 선택은 본인의 문제지만, 중요한 점은 선택의 중심에 '돈'이 자리해서는 안 된다는 것이다. 그렇게 되면, 니체의 주장처럼 돈이 그를 소유할 수 있다. 돈이 삶의 주인이 되어 그를 노예처럼 부릴지도 모른다. 그러면 어떻게 해야 할까? 상식적인 말이지만 돈의 노예가 되어서는 안 된다. 그러기 위해서는 돈만 추구하려는 삶의 태도에서 벗어나야 한다.

돈이 삶의 중심에 자리 잡고 있으면, 정작 삶의 중요한 가치들이 주변으로 밀려나고 만다. 송 대리에게 지금 중요한 것은 더 많은 연봉이 아니다. 업무 전문성을 쌓는 일, 직장 동료와 신뢰할 만한 관계를 맺는 일, 직장과 업무에서 중심을 잡는 일, 일을 통한 자아의 발견 및 실현 등이 훨씬 더 중요하다. 이런 것들은 쉽게 얻어지는 것도 아니며, 결코 돈보다 덜 중요한 것도 아니다. 돈보다 훨씬 가치 있는 것들이다. 따라서 송 대리는 돈을 삶의 중심에서 빼내고 그 자리에 돈보다 가치 있는 것들로 채워나가야 한다.

돈이 중심이 되면 삶은 초라해진다. 돈이 나를 소유하기 때문이다. 그렇다면 무엇으로 삶의 중심을 채워야 할까? 《성공을 부르는 일곱 가지 영적 법칙》을 쓴 디팩 초프라의 글을 음미하면서 삶의 중심에 무엇을 넣어야 할지 스스로 생각해보자.

"성공에는 여러 측면이 있다. 예컨대 물질적인 부는 성공의 한 요소에 불과하며, 성공은 최종 종착지가 아니라 하나의 여정일 뿐이다. 물질적 풍요는 이 여정을 보다 즐겁게 만드는 하나의 요소일 뿐이다. 건강과 활력, 삶에 대한 열정, 만족스러운 인간관계, 창조적인 자유, 정서적 · 심리적 안정, 넉넉하고 평화로운 마음 ……. 이 모두가 성공에 포함된다."

33 : 자기믿음

자신에 대한 신뢰가 있어야 미래에 대한 신뢰도 있다

Q 다른 사람들이 제가 한 노력을 너무 몰라줘요!

오상수 과장은 팀에서 감초 같은 역할을 수행하고 있다. 자신에게 주어진 공식적인 역할 외에도 수시로 위에서 떨어지는 긴급사항에 대한 처리는 거의 도맡아서 하고 있다. 또 후배들을 챙기는 일도 그의 몫이다. 후배들의 업무를 뒤에서 꼼꼼히 살피는 것뿐만 아니라 개개인별로 부족한 부분에 대한 업무 코칭까지 눈코 뜰 새 없이 바쁘게 산다. 이처럼 오 과장이 여러 역할을 마다하지 않는 데는 다 이유가 있다. 조직에서는 공식적으로 주어진 업무 역할 이외에도 해야 할 일이 추가로 생기기 마련인데, 이것을 서로 미루다 보면 팀이 제대로 돌아가지 않을 거라는 생각 때문이다. 또 자신의 역할 범위를 넓게 가질수록 조직 내 영향력도 커지고, 자신이 성장하는 데 도움이 된다는 믿음도 깔려 있다.

이런 오 과장도 최근 들어 의욕이 떨어질 때가 많다. 다른 사람들이 오 과장의 노고를 몰라주기 때문이다. 특히 후배들이 그렇다. 자신들을 위해 업무를 봐주고 코칭까지 해주는데도 몇몇은 오히려 불편해하면서 간섭으로 여기기도 한다. 그럴 때면 굳이 시간을 내서 후배를 도와줄 필요가 있을까 하는 마음이 들기도 하고, 자신의 노고를 몰라주는 후배들이 야속하다는 생각에 원망스럽기까지 하다.

다른 사람들이 자신의 노고를 몰라주는 상황에서 오 과장은 이제 어떻게 해야 할까?

A

사람의 됨됨이를 평가할 때, 흔히 '싸가지 없다(또는 있다)'고 표현하는 경우가 있다. '싸가지'란 표현은 '싹수'라는 말의 방언인데, 주로 두 가지 용법으로 사용된다. 하나는 버릇과 같은 의미로 사용되는데, 이 경우 '싸가지 없다'는 말은 '버릇이 없다'는 의미다. 또 다른 용법으로는 나무나 풀의 '새싹'을 뜻한다. 속담에 "될성부른 나무는 떡잎부터 알아본다"는 말이 있는데, 여기서 '떡잎'이 바로 새싹, 즉 싸가지다. 이 용법에서 '싸가지 없다'는 말은 '싹수가 없다'는 의미다. 즉 싹수(새싹, 떡잎)를 보아하니 나중에 제대로 자라지 못하고 망가질 것이라는 부정적인 전망을 내포하고 있는 표현이다.

하나를 보면 열을 알 수 있듯이, 우리는 특정한 사람의 '싸가지'만 보고도 그의 미래를 예측할 수 있다. 그렇다면 '싸가지'가 있고 없음은 어떻게 드러날까? 무엇을 보고 그 사람의 '싸가지'를 판단할 수 있을까?

《논어論語》〈위정爲政〉 편에는 '퇴이성기사退而省基私'라는 대목이 나온다. 공자가 제자 안회와 대화를 나눈 뒤에 그의 됨됨이를 '(그가) 돌아간 뒤 사적인 생활을 살펴보고 생각하니' 비로소 제대로 알게 되었다는 말이다. 풀어보면, 공자가 안회의 사람됨을 공식적 대화 자리에서는 알지 못했는데, 물러난 뒤 사적인 행동을 보고 난 후 비로소 제대로 알게 되었다는 것이다. 이는 어떤 사람의 싸가지(됨됨이)가 공식적인 역할에서보다 사적인 역할, 즉 비공식인 자리에서 하는 행동에서 더 잘 드러난다는 의미다.

이처럼 누군가를 평가할 때, 공식적인 자리에서 보여주는 행동만으로는 그의 됨됨이를 제대로 포착해내기 어렵다. 가령, 채용 면접에서 지원자가 공식적으로 보여주는 말과 행동만으로는 그 사람의 참모습을 제대로 파악하기가 쉽지 않다. 맞선 장소에서 상대와 주고받는 몇 마디 대화만으로 상대방의 성품을 정확히 파악하는 것도 쉬운 일이 아니다. 왜 그럴까? 공식적인 장소에서는 자신이 보여주고 싶은 면만 상대방에게 보이도록 연출할 가능성이 높기 때문이다. 마치 연기를 하는 것처럼. 이처럼 꾸며진 장면을 보고 상대방의 됨됨이를 속단하면 진실이 왜곡되기 쉽다.

그러면 조직생활에서는 어떨까? 조직에서 구성원의 싸가지(됨됨이)는 어떻게 파악할 수 있을까? 앞서 보았듯이 공식적 역할보다는 비공식적 역할에서 더욱 명료하게 드러날 가능성이 높다. 따라서 비공식적 역할을 얼마나 잘 수행하는지를 관찰하는 것이 한 가지 방법일 수 있다. 비공식적 역할의 수행 여부는 어떻게 알 수 있을까?

경영학의 조직행동론에는 구성원의 조직행동 중 '조직시민행동(Organizational Citizenship Behavior, 줄여서 'OCB'라고 부른다)'이라는 용어가 있다. 조직시민행동은 '공식적인 역할도 아니고 적절한 보상도 없지만, 조직의 발전을 위해 자발적으로 수행하는 조직구성원의 지원행동'으로 정의된다. 즉 자신에게는 별로 이익이 없지만 조직에게는 필요한 '비공식적인 역할 행동'을 뜻한다.

조직구성원에게 싸가지가 있는지 없는지는 그가 조직시민행동을 얼마나 잘 수행하는가와 깊은 관련이 있다. 앞서 보았듯이, 사람의 됨됨이는 공식적인 역할보다는 비공식적인 상황에서 더 잘 드러나기 때문이다. 비공식적인 역할 행동인 조직시민행동OCB을 잘 수행하는 사람이 라면 대체로 '싸가지가 있는 사람'이라고 보아도 무방하다.

조직시민행동에 대한 연구를 선도적으로 수행했던 오건Organ의 구분에 따르면, 조직시민행동에는 다섯 가지 유형이 있는데 그중 가장 대표적인 것이 '이타적 행동altruism behavior'이다. 이것은 아무런 대가 없이 자발적으로 동료를 도와주는 것을 말하는데, 업무량이 많아서 일 처리가 늦어지는 동료를 도와주거나 새로 입사한 신입사원이 조직에 빨리 적응할 수 있도록 도와주는 일 등이 여기에 해당한다(앞의 예시에서 후배들의 업무를 돌봐주고 코칭을 해주는 오 과장의 행위도 OCB의 일종이다).

그렇다면 조직시민행동은 정말로 '아무런 대가도 바라지 않고' 행하는 것일까? 후배를 도와주고 코칭을 해주는 오 과장의 행위는 정말로 아무런 보상도 기대하지 않는, 그야말로 순수한 행동일까? 니체라면 그렇지 않다고 말할 것이다.

> 결코 어떤 사람도 단순히 다른 사람을 위하여 개인적인 어떤 동기도 없이 어떤 일을 한 적은 없었다. ―《인간적인 너무나 인간적인 1》

니체는 절대적으로 순수한 행위는 없다고 단언한다. 일견 순수해 보이는 행위조차 나름대로 자신에게 이로움을 주는 동기가 존재한다는 것이다.

니체라면 분명 오 과장이 후배를 돕는 행동에도 나름의 이기적 동기가 존재한다고 말할 것이다. 가령, 후배들로부터 '좋은 선배'라는 평가를 받고 싶다거나 후배를 도와주는 행위가 어떤 형태로든 자신에게 도움이 될 것이라는 믿음 때문에 그렇게 행동했다는 것이다. 어쩌면 후배를 도와줌으로써 조직 내에서 자신의 입지(영향력)가 커지기를 희망했는지도 모른다. 요컨대 아무런 대가를 바라지 않는 순수한 행동은 없다는 말이다. 결국 이타적으로 보이는 행동조차 대부분 자기 이익을 위한 동기 때문에 행해진다. 이타적 행동은 없고 이기적 행동만 있다는 말이다.

여기서 혼동해서는 안 될 부분이 있다. 니체는 이기적 행동을 한 번도 부정적으로 해석하지 않았다는 점이다. 그는 원래부터 이기주의란 존재하지 않는다고 보았다.

> 자기 자신에 머물러 있어서 다른 것을 침범하지 않는 한 이기주의란 존재하지 않는다. ―《유고 19》

타인을 침범하지 않는 한 자신을 위한 어떠한 행위도 이기적 행동이라고 볼 수 없다는 논리다. 자기 이익을 먼저 생각하는 태도는 인간의 근본적인 본성이기 때문이다. 동일한 논리로 순수하게 이타적 행위라고 믿었던 누군가의 행동이 실은 이기적 동기 때문에 행해졌다는 사실이 밝혀졌다 하더라도 그것을 이유로 그를 비판할 수는 없다. 이는 개인적 명성을 높이기 위해 불우이웃돕기 성금을 낸 사람을 비난할 수 없는 것과 같은 이치다. 니체의 주장처럼 이기주의란 존재하지 않기 때문이다. 오 과장의 행위에 대해서도 마찬가지다. 그가 이기적 동기로 후배를 도왔다고 해서 부정적인 평가를 내려서는 곤란하다.

이제 처음의 상황으로 돌아가서 생각해보자. 오 과장이 자신의 공식적인 역할이 아님에도 후배의 업무를 봐주고, 코칭을 해주는 이유는 무엇일까? 그 이유가 무엇인지 정확하게 알 수는 없지만, 오 과장의 동기가 절대 순수한 것만은 아닐 것이다. 최소한 오 과장은 자신의 행동에 대해 후배들이 고마워해주길 바랐거나 자신에게 호의적 반응을 보여주길 기대했다. 물론 현실에서는 그 기대가 충족되지 않았지만.

그렇다면 이제 오 과장은 어떻게 해야 할까? 자신의 기대가 충족되지 않았으므로 더 이상 그러한 행동(후배를 돕는 행위)은 하지 말아야 할까, 아니면 그럼에도 계속하는 것이 올바른 것일까? 이 대목에서 니체에게 한 번 더 조언을 구해보자.

> 사상가는 자기 자신이 보내는 박수를 확신한다면, (타인의) 박수와 갈채를 필요로 하지 않는다. 하지만 자신이 보내는 박수는 반드시 필요하다. ___《즐거운 학문》

니체는 어떤 행위를 판단할 때 타인의 박수와 갈채보다는 자신이 보내는 박수가 더 중요하다고 보았다. 더 정확히는 "자신이 보내는 박수는 반드시 필요하다"는 입장이다. 이는 타인의 믿음보다 자기믿음이 중요하며, 어떤 행위를 지속하려 할 경우에도 자기믿음은 반드시 필요하다는 말이다. 즉 어떤 일을 실행하려 할 때 타인의 찬사와 관계없이 스스로의 신뢰가 있으면 그것을 믿고 실행해야 한다. 니체는 그런 믿음으로 행동하는 자를 '사상가(철학자)'라고 보았다. 요컨대 자신과 자신의 행위에 대한 스스로의 믿음이 가장 중요하다는 말이다. 오 과장이 후배를 돕는 행위를 지속해야 할지 말아야 할지는 후배가 보내오는 박수와 갈채에 따라 달라지는 것이 아니라, 오 과장 스스로 얼마나 자신을 믿는가에 달렸다. 후배를 돕는 자신의 모습에 대해 스스로 박수와 갈채를 보낸다면, 설령 후배들이 호응해주지 않더라도 그 행위는 충분히 지속할 가치가 있다.

또한, 니체는 "자신에 대한 신뢰가 있어야 미래에 대한 신뢰도 있다"고 하면서 자기신뢰가 미래에 대한 신뢰로 이어진다고 주장했다. 자기에 대한 신뢰는 행동에 대한 믿음으로 이어지고, 그것이 실행력에 좋은 영향을 미쳐서 궁극적으로 미래의 성공 가능성을 높인다는 논리다. 결국 '지금 내가 나를 얼마나 신뢰하는지'에 따라 미래의 성공 여부가 결정된다.

한편, 자기신뢰는 자신에 대한 사랑과도 연관이 있다. 자신을 사랑하지 않는 사람이 스스로에 대한 믿음을 가질 리 만무하기 때문이다. 니체는 이러한 자기신뢰나 자기사랑의 능력도 위대한 정신의 소유자만이 가질 수 있는 권리라고 말한다. 즉 강자만의 특권인 셈이다.

> 모든 위대한 문제는 위대한 사랑을 요구한다. 그리고 위대한 사랑의 능력은 오직 자기 자신을 확고히 지니고 있는 강하고, 원숙하고, 굳건한 정신의 소유자만 지니고 있다. ―《즐거운 학문》

결국 모든 위대함은 자신에 대한 믿음과 사랑에 달렸다. 얼마나 자신을 믿는가, 얼마나 자신을 사랑하는가에 따라 자신의 위대함이 결정되고, 이는 타인에 대한 사랑과 미래의 성공 가능성과도 밀접하게 연결된다. 요컨대 자신에 대한 믿음과 사랑이 미래를 결정하는 셈이다. 《수상록》을 쓴 철학자 몽테뉴도 자신에 대한 믿음을 강조했다.

"우리 한 사람 한 사람은 자신이 생각하는 것보다 훨씬 더 소중한 존재다."

위대한 철학자들은 대부분 자기 존재의 소중함과 자신에 대한 믿음이 그 무엇보다 중요함을 통찰했다.

오 과장은 이제 어떻게 해야 할까? 앞서 말했듯이 후배를 돕는 행위를 지속할지 여부는 후배들의 반응이 아니라, 스스로에 대한 믿음에 달렸다. 스스로 자기를 얼마나 믿는지에 따라 그 행위의 지속 여부가 결정된다. 이렇게 말할 수도 있겠다. 오 과장이 후배들을 돕는 행위를 지속하기 위해서는 먼저 자신에 대한 믿음을 가져야 한다고. 결국 오 과장의 고민은 후배가 아니라 자기 자신의 문제다. 따라서 스스로에게 먼저 물어봐야 한다.

"나는 나를 진정으로 믿고 사랑하는가?"

정리하면 이렇다. 타인의 신뢰보다 스스로에 대한 믿음이 더 중요하다. 자신에 대한 믿음과 사랑만이 모든 위대함의 전제가 되기 때문이다. 또, 이것은 미래에 대한 신뢰로 이어진다. 자신에 대한 믿음이 강할수록 미래에 대한 전망도 밝아진다. 앙드레 지드도 《지상의 양식》에서 이렇게 말했다.

"동지여, 사람들이 그대에게 제안하는 바대로의 삶을 받아들이지 말

라. 삶이 더 아름다울 수 있다는 것을 항상 굳게 믿어라."

타인의 시선(믿음)에 따라 나의 삶이 결정되어서는 안 된다. 내 삶에 대한 선택은 자신에 대한 믿음과 사랑을 기반으로 해야 하며, 이를 통해 자신의 미래를 열어나가야 한다. 스스로에게 한번 물어보자. 나는 나를 얼마나 믿고 사랑하는가?

34 : 자기기만

치료제라고 생각했던 것이 장기적으로는 병을 더욱 나쁘게 만든다

Q 지금 정도면 나름 괜찮게 사는 것 아닐까요?

직장생활 10년차에 접어든 오상수 과장. 문득 '세월 참 빠르구나' 하고 느껴질 때가 종종 있다. 입사 시절만 하더라도 그의 꿈은 원대했다. 회사생활을 시작했으면 한번쯤은 최고의 위치까지 올라가봐야지 하는 생각에 그의 꿈도 당연히 사장이 되는 것이었다. 하지만 10년이 지난 지금은 생각이 달라졌다. 사장은 아무나 하는 게 아니라는 사실을 진즉 깨달았기 때문이다. 이제 그의 꿈은 소박해졌다. 그저 지금 다니고 있는 직장에 오래 붙어 있기를 바랄 뿐이다. 입사

초기에는 '더 높이higher'를 지향했다면 지금은 '더 오래longer'를 바라는 처지가 된 것이다.

신입사원 시절의 원대한 꿈이 사라졌다고 해서 오 과장은 결코 절망하거나 좌절하지 않는다. 왜냐하면 다른 사람들도 대부분 오 과장과 비슷한 처지이기 때문이다. 오히려 '그래도 나 정도면 괜찮다'는 생각이 들 때도 있다. 동창들 중에는 대기업 과장으로 근무하는 그의 위치를 부러워하는 친구도 있다. 그래서 오 과장은 동창모임에 빠지지 않고 나가는 편이다. 친구들을 만나 옛 추억에 빠져드는 것도 좋지만, 자신과 비슷한 입장에 있는 친구를 만나면 '나만 이렇게 살고 있는 게 아니구나' 하고 위로가 되기 때문이다. 심지어 자신보다 힘든 친구를 보면서 '나 정도면 괜찮다'는 만족감이 들 때도 있다.

예전같이 원대한 꿈은 사라졌지만 대기업 과장으로 근무하며 만족해하는 오 과장은 정말로 잘살고 있는 것일까?

A 인기 있는 TV 프로그램 중에 〈힐링캠프, 기쁘지 아니한 가〉라는 게 있다. 이경규라는 걸출한 인물의 덕일 수도 있겠지만 그만큼 힐링을 필요로 하는 사람이 많아졌기 때문일 수도 있다. 확실히 현대인들에게는 과거에 비해 더 많은(혹은 더 빈번한) 힐링이 필요한 듯 보인다. 현대사회의 특징인 불확실성과 치열한 경쟁이 그들의 불안감을 높이고 스트레스를 가중시켰기 때문이다. 현대인(특히 직장인)은 대체로 불안하다. 경기 불황으로 인한 실적 압박과 실업에 대한 공포, 승진에 대한 압력과 승진 실패에 따른 자존감 하락〔전문용어로 '쪽팔림(?)'〕, 퇴직 압력, 노후 대책 문제 등 우리를 위협하는 불안요소는 무수히 많다. 또 이러한 불안감에 뒤따르는 스트레스는 우리의 건강을 쉬지 않고 위협한다. 그래서 우리에게는 '힐링'이 필요하다.

힐링healing은 '몸이나 마음의 치유'를 의미한다. 치유란 '치료하여 병을 낫게 한다'는 뜻이다. 현대인은 불안감과 스트레스 때문에 '힐링캠프'를 찾게 되는데, 그곳에서는 그들의 병을 확실하게 '치유'해주는가? 병을 치료하여 낫게 해주는가?

상황에 따라 다를 수 있겠지만, 대체로 병을 치료하여 낫게 해준다는 의미의 '치유'보다는 단지 위로하여 마음을 편안하게 해주는 '위안'에 그치는 경우가 많다. '치료를 통해' 병을 낫게 해주는 것이 아니라 '위안을 통해' 고통의 정도를 완화시키는 것이 목적인 경우가 더 많다. 수술이나 치료를 전문으로 하는 것이 아니라, '플라시보 효과'만 노리는 힐링캠프가 허다하다.

"치료건 위안이건 고통만 사라지면 괜찮은 것 아닌가?" 하고 반문할지도 모르겠다. 그 둘은 고통을 완화시켜준다는 점에서는 비슷하지만, 실질적인 영향이나 결과는 천양지차다. 치료의 대상은 '몸'이지만, 위안의 대상은 '영혼'이다. 따라서 치료는 궁극적으로 병을 없앰으로써 몸을 건강하게 만들지만, 위안은 정신의 고통만 완화시킴으로써 오히려 병세를 더욱 악화시키고, 결국 몸을 병들게 만든다. 철학자 니체도 이처럼 "영혼을 치유하는 의사"의 위험성을 경고하였다. 그의 주장을 들어보자.

> 사람들은 인생에는 근본적으로 고통이 가득 차 있다고 믿는다. 그런데 위안이라는 약이야말로 인생이 이런 근본적인 성격을 갖게 된 원인이다. (……) 치료제라고 생각되었던 것이 장기적으로는 그것에 의해 고쳐져야 할 병보다 더욱 악성인 병을 만들어냈다. 무지하기 때문에 사람들은 순간적인 효과는 있지만 마비시키고 도취시키는 약, 이른바 위안이 치료의 힘을 갖는다고 생각했다. ___《아침놀》

니체는 영혼을 치유하는 방법 중에서 '위안'의 위험성을 경고하였다. 흔히 사람들은 위안을 '치료제'라고 생각하지만, 장기적으로는 병을 더욱 악성으로 키우게 만든다는 것이다. 위안은 순간적으로 고통을 완화시키는 효과는 있지만, 그 본질은 우리를 "마비시키고 도취시키는 약"에 불과하다. 니체에 따르면, 사람들이 인생을 근본적으로 고통스럽다고 느끼는 이유는 치료제라고 생각해서 '위안'을 처방함으로써 오히려 병을 악성으로 키웠기 때문이다.

이는 마치 실직자가 실직의 고통을 잊기 위해 평소에 하지 않던 등산을 열심히 하는 것과 비슷한 이치다. 물론 등산에 열중함으로써 일시적으로 실직의 고통에서 벗어나 편안한 생각을 가질 수는 있겠지만, 그것은 실직에 대한 근원적 해결책이 되기 어렵다. 지금 실직자에게 필요한 것은 '위안'이 아니라 '솔루션(새로운 직장)'이다. 고통을 잊기 위해 산에 오르는 행위만으로 새로운 직장이 나타날 리 만무하다. 등산은 실직자에게 잠시 동안 고통을 잊게 만드는 수단일 뿐이다. 즉 진통제에 불과하다. 정말로 필요한 것은 치료제다. 보조국사 지눌도 이렇게 말했다. "우리는 넘어진 곳에서 일어나야 한다"고. 실직에 대한 치료제는 산이 아니라 현장에서 찾아야 한다.

한 번도 힐링캠프에 가본 적이 없어서 자신에게는 해당되지 않는 이야기라고 말하는 사람도 있을지 모르겠다. 굳이 외부의 힐링캠프를 찾지 않더라도 스스로 그것을 만드는 경우도 많다. 이름하여 '내 마음속 힐링캠프!' 스스로 위안하기, 현재에 만족하며 살기, 지금의 삶을 긍정하기 등. 내 안에 '자기만족'이라는 힐링캠프를 차려놓고 현실이 자신을 외면할 때마다 알아서 위로하고 위안을 삼는 경우가 여기에 해당한다. 가령 실직을 당해도 '나만 그런 게 아닌데 뭐'라며 스스로 위안하고, 자신이 원하던 삶과는 다른 삶을 살고 있어도 '이렇게 사는 것도 나쁘지만은 않네'라며 또 스스로 위로한다. 참 편한 방법이다. 아무리 나쁘고 억울한 일을 당해도 크게 문제가 없다. 내 마음속에는 잘 차려진 힐링캠프가 있으니까 말이다.

그러나 힐링캠프가 만병통치약이 되어서는 곤란하다. '자기만족'과 '자기기만'이 동일한 것을 지칭하는 다른 이름이라는 사실을 잊어서는 안 된다. 위안의 세계에서는 '자기만족'이라 부르는 것이 치료의 세계에서는 '자기기만'이 된다. 즉 자기만족은 한편으로 자기기만이기도 하다는 말이다. 불행한 현실에 대해서도 '이만하면 살 만하다'며 만족스러워하는 태도는 다른 측면으로는 스스로를 속이는 기만행위이기도 하다. 왜 그럴까?

자기만족 여부는 그 사람이 갖는 '기대'와 '실제'의 차이로 결정된다. 가령 이달 월급이 100만 원이 나왔다고 치자(실제). 이때 당초 50만 원을 '기대'한 사람은 현재 상태가 무척 만족스러울 것이다. '기대'보다 '실제'가 더 크기 때문이다. 이와 달리 200만 원을 기대한 사람이라면 100만 원의 월급은 실망감을 안겨줄 것이다. '기대'한 바가 '실제'로 충족되지 못했기 때문이다. 이처럼 어떤 사태에 대한 만족 여부는 기대한 바가 실제로 얼마나 충족되었는가에 따라 달라진다.

그렇다면 자기만족은 어떻게 자기기만이 될까? 앞에서 예를 든 것처럼 힐링을 통해 얻게 되는 자기만족이란 대부분 현재 상태(실제)를 만족스럽게 해석하기 위해 조작적으로 '기대'를 낮추는 행위이기 때문이다. 가령 당초 200만 원을 기대했는데 100만 원밖에 나오지 않았더라도 힐링캠프에 가서 '원래 나의 기대는 50만 원이었어' 하고 조정해버리면 현재 상태에도 충분히 만족할 수 있게 된다. 아주 편리한 셈법이다.

자기기만을 통해 자기만족을 얻는 알고리즘의 문제점은 현실에 대해 실질적인 개선책을 처방하는 것이 아니라, 현실을 외면한 채 자신의 기대를 낮춤으로써 허위적인 효과를 얻는다는 데 있다. 이는 일종의 착시효과로 기만행위에 해당한다. 굳이 타인을 속이지는 않고, 자기 자신만 속이기에 '자기기만' 행위라 부른다.

이처럼 힐링캠프를 통해 얻는 자기만족이란 현실의 문제는 외면한 채 자기기만을 통해 심리적 위안만을 얻는 것이기에 실질적인 치료 효과가 없을 뿐 아니라 또 다른 심각한 문제로 이어진다. 그것은 순간적인 위안 때문에 문제를 계속 방치하게 만듦으로써 더욱 심각하게 키우게 된다.

결국 자기기만을 통한 치료는 오히려 조치를 취하지 않는 것보다 더 위험할 수도 있다. 이는 마치 돌팔이 의사에게 찾아가는 것이 아무런 치료를 하지 않는 것보다 더 위험한 것과 같다. 니체는 이러한 '자기만족' 행위에 대해서도 일침을 가했다.

> 자기만족이라는 '금으로 된 양 모피'는 매질은 막아내지만, 바늘로 찌르는 것은 막지 못한다. ―《인간적인 너무나 인간적인 1》

니체가 보기에도 매사에 만족하는 태도는 그럴싸해 보였나 보다. "금으로 된 양 모피"를 걸친 사람이라고 표현했을 정도니 말이다. 하지만 이러한 자기만족적 태도는 보기에 좋고 두루뭉술한 매질 정도는 막아내지만, 날카로운 바늘은 막지 못한다. 단순히 피상적인 수준에서 보면, 자기만족은 긍정적인 삶의 태도처럼 보이기도 한다. 하지만 실제적 수준에서는 현명한 삶의 태도가 아니다. 주어진 모든 현실에 만족하는 태도는 정작 중요한 삶의 질문에는 답하지 못하기 때문이다. 요컨대 자기만족이 최후의 피난처가 되어서는 안 된다는 말이다.

이제 처음으로 돌아가 보자. 신입사원 시절의 원대한 꿈은 사라지고, 지금은 평범한 대기업 직원으로 살아가는 오 과장은 잘살고 있는 것일까? 단정적으로 말하기 어렵다. 하지만 중요한 사실은 '자기만족'적 태도로 일관해서는 안 된다는 것이다. '나 정도면 괜찮지 않아?'라는 위안으로 삶의 문제를 덮어버리는 태도는 외려 중요한 문제를 방치함으로써 병을 더 키울 수도 있기 때문이다. 심지어 이러한 태도는 스스로를 기만하는 행위일 수도 있다. 즉 현실은 그대로 둔 채 자신의 기대(꿈)를 낮춤으로써 현재 상태를 만족스럽게 해석하는 지극히 기만적 태도일 수 있다.

이제 오 과장은 스스로에게 진실하게 질문해야 한다. 나의 꿈은 무엇인가? 내가 진정으로 원하는 삶은 어떤 것인가? 지금 오 과장에게 필요한 것은 원치 않는 삶을 위로해주는 '진통제'가 아니라, 현실을 직면하고 삶의 문제를 해결할 수 있는 '치료제'다. 가짜 약은 필요 없다.

프랑스의 실존주의 철학자 사르트르도 《존재와 무》에서 인간에게 "자기기만 행위가 만연해 있다"고 주장했다. 그에 따르면, 현 존재인 인간은 불안을 회피하고, 자신이 갖는 절대적 자유를 감추기 위해 스스로를 속이는 행위, 즉 '자기기만' 행위를 일삼는다는 것이다. 한번 생각해보자. 직장인 10년차 오 과장이 신입사원 시절에 가졌던 꿈은 너무 허황된 것일까? 10년이 지난 지금도 그 꿈을 계속 유지하는 것은 어리석은 일일까? 혹시 오 과장은 자신이 그 꿈을 이루지 못하지 않을까 하는 불안감을 감추기 위해 스스로를 속이고 있는 것은 아닐까? 나는 이미 너무 늦었노라고, 다른 사람도 다들 그렇게 살고 있노라고, 인생이 원래 그런 거라고 위로하면서.

시인 김달진도 비슷한 말을 했다.

"남을 속이지 않고 속일 줄도 모르는 꿋꿋하고 정직한 사람이 의외로 자기 자신을 잘 속이는 정직하지 못한 데가 있다. (……) 정직한 이는 한 사람도 없다."

사람들은 대체로 어른이 되면서 거짓말쟁이가 된다. 꿈에 관한 한, 스스로에게. 꿈을 이루려고 노력하기보다는 현실에서 만족할 부분을 찾기에 급급하다. 그렇게라도 해야 내 존재에 대한 변명이라도 가능하기 때문이다. 나도 나름 노력했지만 어쩔 수 없었노라고. 이 정도만 해도 잘사는 것이라고.

거듭 강조하지만, 이러한 자기만족은 일시적으로 위안은 되겠지만, 본질은 '변명'에 불과하다. 스스로 뭐라고 위로하든 불만족스러운 현실은 그대로 남는다. 아니, 오히려 점점 더 심각해진다. 지금 우리에게 필요한 것은 마음의 위안이 아니라 확실한 치료제다. 스스로에게 한번 물어보자. 나는 내 삶에 대해 스스로를 속이고 있지는 않는가?

아모르파티amor fati, 네 운명을 사랑하라!

"어이! 철학자 친구, 오늘 시간 되면 소주나 한잔 할까?"

죽마고우인 친구 녀석이 모처럼 '벙개'를 치면서 내게 건네는 말이다. '그냥 친구'보다 '철학자 친구'와 먹는 술이 더 맛난가 보다. 졸작이긴 하지만 철학이나 인문학을 읊조리며 쓴 몇 권의 책 덕분에 나는 가까운 지인들로부터 '철학자'라는 소리를 가끔 듣는다. 아닌 게 아니라 인문학에 관심을 갖기 시작한 이래로 철학을 공부한 지도 벌써 여러 해다. 비전공자인 탓에 제도권 밖을 전전하긴 했지만 나름 열심히 공부했다. 해서, 문외한들 앞에서는 고매한 철학자 흉내를 내기도 하고 비록 얼치기이긴 하지만 유명한 철학자의 표현을 빌려 그럴싸한 조언을 늘어놓을 수준은 되었다.

하지만 아무리 열심히 공부한들, 아무리 오랜 시간을 투자한들 나는 전문철학자는 못 될 듯싶다. 나름 열심히 공부했다지만, 철학은 여전히 내게는 오르기 힘든 고산高山이며, 건너기 힘든 대양大洋이다. 아직 들어도 이해되지 않는 사상도 많고, 집중해서 읽어도 책장이 좀처럼 넘어가지 않는 책도 부지기수다(해서, 사놓고 못 읽은 책도 허다하다). 혼자 공부하기 힘들어 온라인 강의도 듣고 철학자가 진행하는 오프라인 강좌도 열심히 좇아다니지만, 그곳에서 나는 여전히 초보자요 아마추어다. 그런고로 나는 철학에 있어서는 어쩔 수 없이 야누스다. 지인들에게는 철학자, 선수들(?) 사이에선 초보자(아마 시간이 지나도 이러한 이중생활은 청산하기 힘들지 싶다).

> 지금까지 철학자들은 세계를 단지 여러 가지로 해석해왔을 뿐이다. 이제 우리가 할 일은 세계를 변화시키는 것이다. ___마르크스, 〈포이어바흐에 관한 테제〉

이런 내가 감히 철학을 말한다. 이번 책에서도 니체 철학을 가지고 직장생활을 논한다. 이것은 내가 보기에도 무척이나 용감한 일이다. 어디서 이런 용기가 생긴 것일까? 마르크스는 말한다. "지금까지 철학자들은 세계를 단지 여러 가지로 해석해왔을 뿐이다. 이제 우리가 할 일은 세계를 변화시키는 것이다." 그가 보기에 당시 철학자들의 사상과 이론은 단지 그럴싸해 보일 뿐 세상을 변화시키는 데는 별 도움이 되지 않았다. 위대한 사상가이면서 동시에 혁명가였던 그의 관점에서는 이론과 실천이 하나여야지 따로 놀아서는 곤란하다. 아무리 탁월한 이론이라도 그것이 현실 세계의 문제를 해결하는 데 도움을 주어야만 비로소 그 의미가 생긴다. 마르크스의 이러한 생각은 내게는 외려 용기를 주었다. '현실 문제에 도움을 줄 수만 있다면 나도 철학을 할 수 있겠구나!' 하고.

이것이 비전공자인 내가 철학을 기반으로 책을 쓴 이유다. 오늘날에도 많은 철학이론들이 세상사를 여러 가지 방법으로 해석하긴 했지만, 그것이 정작 우리의 삶을 변화시키는 데까지 이르지는 못했다는 것이 나의 분석이다(물론 이는 매우 피상적 수준의 분석에 불과하지만, 큰 맥락에서 보면 크게 틀린 말은 아니라고 본다. 대다수 직장인들이 철학에 관심을 갖지 않는 현실이 그 증거다). 좀 더 구체적으로 말하면, 자본주의 구조 속에 깊숙이 발을 담그고 있는 직장인에게 철학이란 그저 먹고사는 문제와는 별 관계가 없는 고리타분한 언설이거나 실생활과는 무관한 지적 유희에 불과할 뿐이다. 요컨대 오늘날 직장인에게 철학은 여전히 '딴 나라' 이야기다. 이런 이유로 나는 (비록 비전문가이지만) 니체 철학을 통해 직장인의 현실 문제를 깊이 해석하고 올바른 해법을 찾는 데 도움을 주고자 했다. 마르크스에게서 얻은 용기 때문임은 앞서 밝힌 바이다.

독일 철학자 칸트의 관점을 빌리면, 철학이란 '철학함philosophieren'의 학문이다. 철학이 이론이나 지식을 배우는 것이 아니라 '철학하는 법'을 깨우치는 학문이란 뜻이다. 따라서 철학[함]이란 구체적인 삶의 현장에서 철학적 사유를 '적용하는 것'이다. 적용하지 못한 '앎'은 철학이 아니다. 칸트의 관점으로도 철학은 이론이 실천(적용함)으로 이어져야 한다. 결국, 철학[함]이란 삶에서 만나게 되는 여러 고민이나 문제점에 대해 그러한 현실을 어떻게 해석하고, 어떤 선택을 내릴 것인지를 '깊이 고민하는 것'이다. 물론 철학을 한다고 해서 당장 눈앞의 현실 그 자체가 바꾸지는 않겠지만, 현실을 해석하는 관점과 그것에 대처하는 태도를 선택함으로써 보다 나은 삶으로 나아갈 수 있다. 요컨대 철학을 하면 삶을 변화시킬 수 있다.

나는 오늘날 직장인들이 겪는 고민이나 문제점에 대해 깊이 성찰하고 올바른 방향을 선택하게 하는 데 있어 니체만한 철학자가 없다고 확신한다. 이미 책을 읽은 독자라면 충분히 공감하겠지만, 니체 철학은 오늘날 대다수 직장인들이 겪는 고민에 대해 희망과 위안 그리고 기쁨을 준다. 니체는 삶이 아무리 힘겹더라도 자신 앞에 놓인 운명을 사랑하고, 운명의 참된 주인이 되라고 주문한다. "아모르파티amor fati, 네 운명을 사랑하라!" 평소 철학(또는 니체)에 관심이 없었던 사람도 이 책을 통해 절망과 고통보다는 희망과 기쁨의 환희를 만끽하였기를 바란다. 끝으로 19세기를 살았던 니체가 《차라투스트라는 이렇게 말했다》에서 21세기를 살아가는 오늘날 직장인을 위해 남겼을 법한(순전히 내 생각이다), 애정 어린 한마디로 마무리할까 한다.

> 나의 사랑과 희망을 걸고 간청하노니 네 영혼 속에 있는 영웅들을 몰아내지 말라!

참고문헌

니체 관련 도서

- 프리드리히 니체, 이진우 옮김, 《비극의 탄생, 반시대적 고찰》(니체전집 02), 책세상, 2005.
- 프리드리히 니체, 최상욱 옮김, 《유고(1869년 가을~1872년 가을)》(니체전집 04), 책세상, 2001.
- 프리드리히 니체, 김미기 옮김, 《인간적인 너무나 인간적인 1》(니체전집 07), 책세상, 2001.
- 프리드리히 니체, 김미기 옮김, 《인간적인 너무나 인간적인 2》(니체전집 08), 책세상, 2002.
- 프리드리히 니체, 박찬국 옮김, 《아침놀》(니체전집 10), 책세상, 2004.
- 프리드리히 니체, 안성찬 · 홍사현 옮김, 《즐거운 학문, 메시나에서의 전원시, 유고(1881년 봄~1882년 여름)》(니체전집 12), 책세상, 2005.
- 프리드리히 니체, 정동호 옮김, 《차라투스트라는 이렇게 말했다》(니체전집 13), 책세상, 2000.

- 프리드리히 니체, 김정현 옮김, 《선악의 저편, 도덕의 계보》(니체전집 14), 책세상, 2002.
- 프리드리히 니체, 백승영 옮김, 《바그너의 경우, 우상의 황혼, 안티크리스트, 이 사람을 보라, 디오니소스 송가, 니체 대 바그너》(니체전집 15), 책세상, 2002.
- 프리드리히 니체, 박찬국 옮김, 《유고(1882년 7월~1883/84년 겨울)》(니체전집 16), 책세상, 2001.
- 프리드리히 니체, 강수남 옮김, 《권력에의 의지》, 청하, 1988.
- 프리드리히 니체, 홍성광 편역, 《니체의 독설》, 을유문화사, 2013.
- 고명섭, 《니체극장》, 김영사, 2012.
- 고병권, 《니체의 위험한 책, 차라투스트라는 이렇게 말했다》, 그린비, 2003.
- 김정현, 《니체의 몸 철학》, 문학과현실사, 2000.
- 박찬국, 《그대 자신이 되라》, 부북스, 2012.
- 박찬국, 《니체 인간에 대해서 말하다》, 철학과현실사, 2008.
- 박찬국, 《해체와 창조의 철학자, 니체》, 동녘, 2001.
- 발타자르 토마스, 김부용 옮김, 《우울할 땐 니체》, 자음과모음, 2013.
- 백승영, 《니체, 건강한 삶을 위한 긍정의 철학을 기획하다》, 한길사, 2011.
- 백승영, 《니체, 디오니소스적 긍정의 철학》, 책세상, 2005.
- 이수영, 《니체를 읽는 아홉 가지 키워드, 명랑철학》, 동녘, 2011.
- 질 들뢰즈, 박찬국 옮김, 《들뢰즈의 니체》, 철학과현실사, 2007.
- 질 들뢰즈, 이경신 옮김, 《니체와 철학》, 민음사, 1998.
- 키스 안셀 피어슨, 서정은 옮김, 《How To Read 니체》, 웅진지식하우스, 2007.

기타 도서

- 강신주, 《철학 VS 철학》, 그린비, 2010.
- 공자, 김형찬 옮김, 《논어》, 홍익출판사, 1999.
- 김달진, 《법구경》, 현암사, 1999.
- 김달진, 《산거일기》, 문학동네, 1998.
- 김수영, 《김수영 전집 1》, 민음사, 1981.
- 김영진, 《공이란 무엇인가》, 그린비, 2009.
- 김용규, 《백만장자의 마지막 질문》, 휴머니스트, 2013.
- 김찬호, 《돈의 인문학》, 문학과지성사, 2011.
- 니콜라이 하르트만, 하기락 옮김, 《윤리학》, 형설출판사, 1988.
- 디팩 초프라, 김병채 옮김, 《성공을 부르는 일곱 가지 영적 법칙》, 슈리크리슈나다스아쉬람, 2010.
- 리처드 도킨스, 이한음 옮김, 《만들어진 신》, 김영사, 2007.
- 마가렛 암브레스터, 윤덕순 역, 《사무엘 울만과 청춘》, 삶과꿈, 2007.
- 마르틴 하이데거, 전양범 옮김, 《존재와 시간》, 동서문화사, 2008.
- 막스 호르크하이머, 박구용 옮김, 《도구적 이성 비판》, 문예출판사, 2006.
- 몽테뉴, 손우성 옮김, 《몽테뉴 수상록》, 동서문화사, 2007.
- 미셸 푸코, 이희원 옮김, 《자기의 테크놀로지》, 동문선, 2002.
- 바뤼흐 스피노자, 강영계 옮김, 《에티카》, 서광사, 2012.
- 박민영, 《인문 내공》, 웅진지식하우스, 2012.
- 박완서, 《도시의 흉년》, 세계사, 2012.
- 비트겐슈타인, 이영철 옮김, 《철학적 탐구》, 서광사, 1994.

- 사뮈엘 베케트, 오증자 옮김, 《고도를 기다리며》, 민음사, 2000.
- 아르투르 쇼펜하우어, 권기철 옮김, 《세상을 보는 방법》, 동서문화사, 2005.
- 알랭 드 보통, 정영목 옮김, 《불안(Status Anxiety)》, 은행나무, 2011.
- 알랭 드 보통, 정명진 옮김, 《철학의 위안》, 청미래, 2012.
- 알랭, 이화승 옮김, 《알랭의 행복론(Propos sur le Bonheur)》, 빅북, 2010.
- 알베르 카뮈, 오영민 옮김, 《시시포스 신화》, 연암서가, 2014.
- 앙드레 지드, 김화영 옮김, 《지상의 양식》, 민음사, 2007.
- 에리히 프롬, 차경아 옮김, 《소유냐 존재냐》, 까치글방, 1996.
- 에리히 프롬, 원창화 옮김, 《자유로부터의 도피》, 홍신문화사, 2006.
- 에밀 시오랑, 김정숙 옮김, 《해뜨기 전이 가장 어둡다》, 챕터하우스, 2013.
- 오 헨리, 김희정 엮음, 《오 헨리 단편선》 인디북, 2006.
- 요한 볼프강 폰 괴테, 이인웅 옮김, 《파우스트 2》, 문학동네, 2010.
- 이사야 벌린, 안규남 옮김, 《칼 마르크스: 그의 생애와 시대》, 미다스북스, 2012.
- 이성복, 《네 고통은 나뭇잎 하나 푸르게 하지 못한다》, 문학동네, 2001.
- 이현우, 《로쟈의 인문학서재》, 산책자, 2009.
- 장 폴 사르트르, 정소성 옮김, 《존재와 무》, 동서문화사, 2009.
- 정명환, 《현대의 위기와 인간》, 민음사, 2006.
- 존 호킨스, 김혜진 옮김, 《창조 경제》, FKI미디어, 2013.
- 찰스 다윈, 송철용 옮김, 《종의 기원》, 동서문화사, 2009.
- 카를 마르크스, 강유원 옮김, 《경제학-철학 수고》, 이론과실천 2006.
- 황견 편, 이장후 외 공역, 《고문진보》, 을유문화사, 2007.
- 헤겔, 임석진 옮김, 《법철학》, 한길사, 2008.

니체 씨의 발칙한 출근길
: 직장인을 위한 제대로 먹고사는 인문학

©이호건 2015

1판 1쇄 2015년 3월 13일
1판 4쇄 2022년 12월 1일

지은이 이호건

기획 · 책임편집 김성수 **디자인** 최윤미 **교정** 네오북(정난진)
마케팅 김선진 배희주 **저작권** 박지영 형소진 이영은 김하림
브랜딩 함유지 함근아 김희숙 고보미 박민재 박진희 정승민
제작 강신은 김동욱 임현식 **제작처** 한영문화사(인쇄) 한영제책사(제본)

펴낸곳 (주)교유당 **펴낸이** 신정민
출판등록 2019년 5월 24일 제406-2019-000052호

주소 10881 경기도 파주시 회동길 210
문의전화 031-955-8891(마케팅) 031-955-3583(편집) 031-955-8855(팩스)
전자우편 gyoyudang@munhak.com

인스타그램 @thinkgoods **트위터** @thinkgoods **페이스북** @thinkgoods

ISBN 978-89-546-3528-8 03320